Érotisme et sexualité
dans l'art rupestre du Sahara préhistorique

François Soleilhavoup
avec la collaboration de Jean-Pierre Duhard

Érotisme et sexualité dans l'art rupestre du Sahara préhistorique

L'Harmattan

Du même auteur

Sahara. Visions d'un explorateur de la mémoire rupestre, Editions Transboréal, Paris, 1999

Art rupestre de l'Aatlas saharien, préface de Jean Clottes, Pilote 24, Périgueux, 2003

Dictionnaire du mot désert, préface de Béatrice Monod, Educaweb, Paris, 2006

L'art mystérieux des Têtes Rondes au Sahara, préface de Henri-Jean Hugot, Editions Faton, Dijon, 2007

Curiosités géologiques au Sahara, avant-propos de Jean-Pierre Adolphe, Ibis Press, coll. « Sahara et Sahel », Paris, 2010

5-7, rue de l'Ecole-Polytechnique, 75005 Paris

http://www.librairieharmattan.com
diffusion.harmattan@wanadoo.fr
harmattan1@wanadoo.fr

ISBN : 978-2-336-00723-6
EAN : 9782336007236

Préface

Denis Vialou
Professeur au Muséum National d'Histoire Naturelle

Dans les brumes persistantes des origines s'estompent les plus anciens comportements symboliques de l'homme. Sans nul doute n'était-il plus alors le Singe nu que lui faisait confraternellement voisiner sa parenté primate. Mais sans doute avait-il déjà donné à son corps ce plus que la nature lui avait dérobé, cette chose qui protège le corps de ses contacts avec l'extérieur, du regard, du soleil ou des frimas : un couvre-chef, ce qui nous semblerait d'un anachronisme dérisoire, ou tout au plus un cache-sexe, ce qui satisferait nos illusions idéologiques du Sauvage tropical.

L'archéologie qui sauve de l'inconnu de ce passé des hommes mille petites choses en dur a gardé des témoignages, modestes ou spectaculaires, de traitements du corps, ceux qui lui donnent une intelligibilité individuelle et sociale : une fosse creusée dans le sol pour y enfouir le corps du mort, des objets qui éventuellement lui furent confiés pour son voyage, infra-terrestre, des pigments minéraux pour colorier son destin... Ainsi, les sépultures préhistoriques fouillées offrent parmi les plus anciennes manifestations (vers 100 000 ans et peut-être davantage) de la symbolique du corps humain. Les parures précèdent de plusieurs millénaires les plus anciennes représentations figuratives et géométriques (actuellement) connues, des peintures et gravures pariétales comme à Chauvet (vers 30-32 000 ans). Les perles, pendeloques, parfois anneaux, bracelets ou serre-têtes..., en ivoire, ramures, os ou pierres des chasseurs paléolithiques en Europe des derniers temps glaciaires montrent l'importance que revêtait la parure corporelle dans leurs sociétés : la bague au doigt en est un avatar hérité, encore chargé de sens dans nos sociétés occidentales. Des interventions mécaniques, limages, incisions, etc. sur des dents de vivants, des avulsions dentaires, parfois des pratiques, plus ou moins mutilantes de parois crâniennes, avant ou après la mort, rencontrées chez des peuplades préhistoriques, moins anciennes, attestent clairement de la charge symbolique à finalité sociale du corps. La conservation exceptionnelle de tissus organiques fragiles, comme des végétaux tressés, ajoute d'autres exemples, plus variés, de parures concernant le corps dans sa totalité : parmi eux des étuis péniens (datés de 4000 ans dans un site préhistorique brésilien) qui font un écho évocateur à des cache-sexes féminins en coque de calebasse ou en céramique...

Tout au long de la préhistoire des Sapiens, et probablement bien avant lui sous des formes restées sans traces, le corps fut au centre de l'univers senti et pensé des hommes. L'irrépressible profondeur du sexe s'y engouffre.

François Soleilhavoup, partagé entre érotisme et sexualité préhistoriques, offre une lecture attentive, détaillée, exhaustive des représentations sexuelles et humaines de l'art rupestre saharien. Il le fait de la façon savante de celui qui a parcouru sans cesse depuis une quarantaine d'années ces horizons rocheux, souvent vertigineux de beauté, plongés depuis quelques millénaires, dans une aridité minérale, pour y découvrir et voir ces milliers et milliers de peintures et gravures créées par les chasseurs et pasteurs néolithiques et leurs successeurs jusqu'à l'aube de l'histoire. Avec une constante délicatesse, souvent rehaussée d'un humour lapidaire, il décortique les images poussant ses lectures volontiers réalistes aux confins de l'anatomie des sexes et des ressorts des comportements sexuels humains.

Il a bien mis en contexte archéologique son immense connaissance de l'iconographie rupestre saharienne. C'est ainsi que d'entrée il explore rapidement mais justement les images humaines et sexuelles des grottes ornées et de la statuaire paléolithiques aussi bien que celle de l'Antiquité péri-méditerranéenne. Par ailleurs, il n'hésite pas à prêter à son étude archéologique des éclairages anthropologiques, voire sociologiques, médicaux parfois. En cela, il souligne une certaine universalité des comportements humains, sans en masquer l'essentielle diversité, celle qui ressort fondamentalement de l'analyse comparative des iconographies préhistoriques, pas seulement celles plantées sur les rochers sahariens.

François Soleilhavoup constate qu'il est un des premiers préhistoriens à aborder, avec une réelle liberté de réflexion et de langage, ce champ iconique de la sexualité humaine. Avant, on n'en parlait pas, rappelle-t-il avec raison. Il suffirait pour s'en convaincre d'évoquer ici la désignation donnée dans les années 1860 à une élégante petite sculpture en ivoire de mammouth trouvée dans les fouilles alors pionnières du grand abri de Laugerie-Basse, en bordure de Vézère (Dordogne) : « Vénus impudique » !

Cette rupture chronoculturelle, dont témoigne cet ouvrage, dans l'abord de la sexualité, dont l'érotisme est une déclinaison mobile de formes multiples et fugaces (danse, gestuelle, musique, image, etc.), est précisément la démonstration que la sexualité est instable, éminemment sociale et culturelle, vécue, pensée, rêvée ou déniée… par les individus qui en sont les porteurs. La sexualité n'est pas un phénomène symbolique mais bien un vécu, à la fois singulier au niveau de l'individu et pluriel à celui du groupe social auquel il appartient. Ce vécu est une histoire, celle de l'individu dont la sexualité accompagne toutes les étapes de la vie, de sa psyché entre Éros et Thanatos, depuis la première enfance jusqu'à la déclination physique ultime. Ce vécu est une histoire sociale, celle qui norme les rapports entre individus selon leurs genres sexuels, selon leurs regroupements, familiaux, socio-identitaires (confréries, ordres religieux ou civils, etc.). Ce vécu de la sexualité est aussi fondamentalement culturel, dans ses expressions multiples, au cœur des mythes fondateurs, des religions et croyances, et de façon manifeste des expressions artistiques.

C'est en cela que les iconographies préhistoriques offrent l'opportunité d'un peu mieux connaître et comprendre les hommes de ces passés sans paroles, de leurs sociétés et de leurs cultures, irrémédiablement différenciées à travers le temps et à travers l'espace. Les images génitales sont apparues dès l'aube des arts préhistoriques : elles concrétisent l'union intime entre l'expression graphique, qui commence à se formuler ici et là dans les sociétés de chasseurs et leur vécu sexuel. Ces images se ressemblent car ce sont reproductions des segments anatomiques : il y aurait illusion à croire qu'elles recouvrent les mêmes réalités sémantiques, ou une sexualité pérenne ou universelle ! Même exigence critique à observer pour apprécier et comparer les scènes sexuelles représentées : les gestuelles des bipèdes que nous sommes se sont imposées, avant même que l'Hominidé qui les pratiquait ne devienne l'Homme ! À bien considérer les divers ensembles rupestres, révélés dans cet ouvrage, ou d'autres de l'Europe paléolithique aux territoires des Bochimans, des paléoAborigènes de Terre d'Arnhem ou ailleurs dans le monde, il apparaît distinctement que les images renvoyant ou évoquant plus ou moins explicitement une sexualité participent d'ensembles iconiques et de dispositifs pariétaux pleinement originaux. Ce que l'on privilégie comme image (s) du sexe et comme illustration (s) de la sexualité, plus ou moins narrative ou symbolisée, n'est que le reflet donné des sociétés dans la diversité irréductible de leurs structurations culturelles.

À la lecture bénéfique de cet ouvrage, on se convainc aisément que les représentations sexuelles préhistoriques placent l'humain au centre de lui-même, au cœur de l'univers symbolique des images, d'hier et de toujours.

Introduction

L'humain figuré

Le corps est le premier et le plus naturel instrument de l'homme, écrivait Marcel Mauss (1872–1950), considéré comme le père de l'anthropologie française, dans les *Techniques du corps* (1936), on peut dire que le corps est le premier moyen d'expression de l'humain, puisqu'il lui permet à la fois de se montrer – et c'est tout l'intérêt des figurations du Sahara que nous allons étudier –, et de s'exprimer dans ses manifestations utilitaires, sociales et artistiques.

Dans les sociétés traditionnelles du monde entier et particulièrement en Afrique, cette phrase traduit une réalité évidente et universelle, et cela avec une ostentation notable au travers des images rupestres gravées ou peintes qui montrent, en fragments, des moments de la vie quotidienne des peuples premiers, des illustrations de leur vie sociale, spirituelle et/ou religieuse.

L'art préhistorique et protohistorique du continent africain est surabondant, du nord au sud. C'est par dizaines de milliers de représentations sur les rochers que les populations anciennes ont laissé les messages de leurs activités et de leurs préoccupations. À côté des animaux sauvages ou domestiqués qui, parfois, dominent l'imagerie rupestre, la figure de l'être humain est infiniment variée et souvent très libre dans son expression. Des hommes, des femmes, des groupes offrent beaucoup d'aspects de leur vie. Dans l'art rupestre, ils nous montrent des corps armés ou non, animés ou immobiles, occupés à des tâches domestiques ou à des actes religieux, des corps ornés (parés), des corps vêtus ou dénudés, avec des attitudes, des actions représentées et mises en scène.

La vie sexuelle, et ce depuis les temps paléolithiques, ne fait pas exception dans cet ensemble d'activités, bien que, numériquement, la proportion des images à caractère sexuel soit toujours plus faible que celle d'autres fonctions humaines, et ce, quelle que soit la région considérée. On ne saurait cependant en conclure que la sexualité avait moins d'importance pour ces populations préhistoriques que les autres activités individuelles ou collectives.

Cette relative faiblesse numérique dans les arts rupestres d'Afrique pourrait peut-être expliquer l'absence d'ouvrages exclusivement consacrés à ce sujet.

La raison en est-elle que les auteurs, spécialistes de l'art rupestre africain, ont délibérément exclu de leurs écrits les sujets concernant les images sexuelles, à cause du souci de préserver leur réputation de « sérieux » ? Depuis longtemps et encore maintenant, le mot sexe connote une idée de « légèreté », voire de grivoiserie, sans parler d'érotomanie ou de pornographie, ce qui ne siérait pas à un universitaire. La carrière d'un chercheur institutionnel ne peut admettre de tels écarts à la bienséance, même à notre époque plutôt complaisante.

Si certains ont traité de ce sujet, en général brièvement, c'est avec beaucoup de précautions dans la rédaction. Tout au plus, quelques chercheurs « professionnels » ont-ils abordé le sujet de la « préhistoire du sexe » dans des paragraphes d'articles disséminés dans la littérature scientifique. Le propos de ce livre est de pallier ce vide thématique.

Parmi des inventeurs (= les découvreurs) de scènes à caractère sexuel dans l'Atlas Saharien, après le milieu du XIXe siècle, ou dans les années 1970 au Sahara central, certains ont refusé de publier de telles images jugées obscènes, d'autres comme Henri Lhote, pour certaines images du « Rocher Ahana » dans l'Oued Djerat (voir fig. 297 à 300) ont parlé « d'enchevêtrements indescriptibles » de « scènes priapiques » et « particulièrement dépravées (...) exprimant des mœurs outrepassant la saine nature ». Au XIXe siècle et jusqu'au milieu du XXe, il est vrai que la morale publique interdisait de montrer, voire de parler de telles images...

Le temps est peut-être venu d'aborder le propos de cet ouvrage : l'érotisme et la sexualité dans l'art rupestre du Sahara préhistorique. Considérant que le sujet méritait largement d'être traité de façon quelque peu extensive, il m'a paru utile de considérer l'Éros africain par le biais de l'imagerie sexuelle pré et protohistorique au Sahara, dans ses différents aspects qui sont, on le verra, fort variés.

On sait que la séquence chronologique de l'art rupestre saharien débute au Néolithique ancien, vers 9 à 10 000 ans avant nos jours et qu'elle s'étend jusqu'aux marges de l'Histoire. On ne trouvera donc pas d'images paléolithiques au Sahara, sauf, semble-t-il, à Qûrta, en Égypte. Les images à caractère sexuel sont, pour la plus grande partie, néolithiques, une faible proportion concernant des images post-néolithiques, paléoberbères. L'invasion des Arabes, après l'Hégire, en l'an 622 de l'ère chrétienne a apparemment marqué la fin de la figuration de la sexualité humaine au Sahara – des figurations humaines et animales en général, la figuration de l'image du vivant étant prohibée par le Coran – et l'apparition d'inscriptions alphabétiques sur les rochers.

On le verra, la fréquence des images sexuelles varie selon les époques, les cultures et les zones géographiques, mais ces images ne sont jamais totalement absentes jusqu'à la période islamique.

Si la littérature scientifique spécialisée est peu abondante pour l'art du Sahara et de l'Afrique, elle est en revanche assez fournie pour l'art paléolithique de la Province Franco-Cantabrique et plus généralement pour l'Europe. Nombreux sont les articles et les ouvrages qui traitent de l'image sexuelle masculine et féminine sur des supports mobiliers ou pariétaux, avec des sculptures en ronde-bosse ou en bas-relief, dont est dépourvu l'art saharien. Plusieurs auteurs ont consacré d'importants travaux à ce sujet, comme Léon Pales, Henri Delporte, Gilles et Brigitte Delluc et Jean-Pierre Duhard (trois d'entre eux étant médecins et préhistoriens).

Avant d'aller plus loin dans l'étude des manifestations rupestres se rapportant à la sexualité, au sens large du terme, qui comprend surtout – c'est l'objet de ce livre – celle de l'humain, mais aussi la sexualité animale et ses manifestations dans plusieurs groupes zoologiques, il importe de définir ce qu'on entend par « images sexuelles » ou « images érotiques ».

Mais débarrassons-nous d'une idée – ou d'un jugement – que certains auraient tendance à émettre en considérant certaines de ces scènes gravées ou peintes comme des œuvres pornographiques. Deux sens sont donnés au terme pornographie. D'abord celui de « Traité sur la prostitution » ; ensuite celui de « représentations (par écrits, dessins, peintures, photos) de choses obscènes destinées à être communiquées ou vendues au public » (Dictionnaire Le Grand Robert, 2001). André Gide a écrit : « il y a des productions éhontées qui n'ont rien à voir avec l'art ; allons-nous affirmer à cause d'elles que l'art n'a rien à voir avec la pornographie ? Inutile d'aller citer Aristophane et les Grecs. Je prétends qu'entre une de ces productions incriminées et la *Chemise enlevée* de Fragonard, par exemple, ce n'est pas le sujet qui diffère, ni la "noblesse" ou l'"idéal", mais le talent. Où celui-ci fait un chef-d'œuvre, tel autre n'eût peint qu'une obscénité » (*op. cit.*, p. 958-959).

On constate que cette définition ne peut guère correspondre aux images rupestres paléolithiques ou néolithiques. Il n'est pas néanmoins tout à fait impossible d'admettre que des graveurs, des peintres ou des sculpteurs préhistoriques aient eu l'idée de montrer des images obscènes à leurs contemporains et, pourquoi pas, d'en faire commerce !

« En réalité, c'est une entreprise infinie que de définir la pornographie et de marquer ses différences et ses similitudes avec son distingué voisin l'érotisme (…). D'une culture à une autre, les frontières de la pornographie sont variables. Les Suédois regardent tout sans honte ni surprise quand certains pays musulmans ou socialistes détestent le plus timide des strip-teases (…). Chacun sécrète sa propre pornographie. Ce qui choque l'un réjouit son voisin ou le laisse de marbre » (Encyclopaedia Universalis, 1980)

« L'histoire de ce mot remonte à Restif de La Bretonne qui le forge, sous la forme objectivale en 1769. Il faut attendre 1842 pour qu'il apparaisse comme substantif (…). Si le mot était absent avant 1769, l'activité qu'il désigne était bien plus ancienne, du moins si l'on se réfère à l'étymologie.

"Pornographie", venu du grec pornê (prostituée) et graphè (écriture), vise moins la sexualité que le discours qui se tient sur elle, l'image qui la présente, la symbolise, la sublime ou la dégrade, le regard qu'elle porte sur elle-même. C'est dire que la pornographie se repère tout au long de l'aventure humaine » (*op. cit.*, p. 480).

Cette dernière assertion confirme ce qu'on affirmait plus haut à propos des artistes préhistoriques. Le mot n'existait pas, certes, mais le concept a pu être présent dans la réalisation de certaines œuvres rupestres. Disons simplement que nos actuelles conceptions de la pornographie ne sauraient correspondre à celles de nos lointains ancêtres.

Georges Bataille, dans L'érotisme (p. 15) indiquait que : « l'activité sexuelle de reproduction est commune aux animaux et aux hommes, mais apparemment, les hommes seuls ont fait de leur activité sexuelle une activité érotique, ce qui différencie l'érotisme et l'activité sexuelle simple (...) ».

Eros, nom du dieu grec de l'amour est, en psychanalyse, le principe d'action, le symbole du désir dont l'énergie est la libido. Eros, pour Sigmund Freud est opposé à l'instinct de mort, Thanatos.

« On peut distinguer deux formes d'érotisme dans l'art : d'une part les images érotiques qui sont l'expression d'une religion primitive, d'une croyance magique ou les symboles d'une opération alchimique ; d'autre part les images profanes suggérées par l'idéalisation artistique de la beauté du corps humain, ou bien par le désir d'exciter les appétits sensuels ou encore par l'âcre plaisir de représenter les aspects grotesques de l'homme. Dans ce deuxième cas, il est facile de glisser vers la pornographie (...). Par contre, il serait impropre de parler de pornographie lorsque l'image a une connotation religieuse ou symbolique (...). » (Encyclopaedia Universalis, 1980).

L'érotisme est une forme d'amour, et le philosophe André Conte-Sponville (2012) rappelle la définition de trois mots grecs dont les Anciens se servaient pour désigner trois types d'amour différents :

– le premier est très connu, y compris en français, même s'il est souvent mal compris : c'est éros ;

– le second n'est guère connu que de ceux qui ont fait au moins un peu de grec ou de philosophie : c'est philia ;

– le troisième n'est connu que de ceux qui ont une éducation religieuse, en l'occurrence chrétienne, point trop déficiente : c'est agapè.

Les psychanalystes opposent éros à thanatos et se servent du premier pour désigner la pulsion de vie, dominée selon Freud, comme chacun sait, par la sexualité.

Selon A. Conte-Sponville, il y a un risque de confusion (p. 39) : « Une pulsion n'est pas un sentiment, l'amour pas un instinct (...). Bien avant Freud la confusion était inscrite dans la langue : comme substantif, éros a donné, par dérivation les adjectifs "érotique" ou "érogène" ; on en conclut volontiers que le mot éros porte sur la sexualité. Or, pour les anciens Grecs, on vient de le dire, éros n'est pas le sexe, mais l'amour. Le dieu de la sexualité était Priape ; celui de la passion amoureuse était Éros.

Le mot sexualité, en français, n'apparaît qu'au XIXe siècle. En biologie, c'est tout ce qui concerne la reproduction sexuée ; pour notre espèce pensante c'est l'ensemble des affects, des fantasmes et des comportements qui sont liés, fut-ce de façon seulement imaginaire, à la jouissance du corps d'un autre ou bien du sien propre, en tant qu'il est sexué. Au sens où nous prenons ordinairement le mot, la sexualité a moins à voir avec la reproduction qu'avec un ensemble de désirs (ceux qu'un être humain peut ressentir pour un autre, dans sa réalité charnelle et sexuée) et de plaisirs (ceux que procurent les organes génitaux et autres zones érogènes). Il s'agit moins de fécondité que d'éroticité, moins de reproduction que de jouissance, moins de perpétuer l'espèce que de prendre ou donner du plaisir (...) ». (p. 157).

On s'aperçoit donc que les définitions données pour pornographie et érotisme sont complexes et polysémiques. Il y a interpénétration des notions, des conceptions et parfois des motivations. Dans l'examen des scènes préhistoriques à caractère sexuel, il sera souvent difficile de distinguer l'un et l'autre et cela d'autant plus que ces images sont coupées de tout discours et de toute tradition orale. Seul, parfois, le comparatisme ethnographique avec certaines pratiques actuelles dans des sociétés d'Afrique noire pourra donner quelques pistes de réflexion pour interpréter des scènes érotiques anciennes dans l'art saharien. Mais on sait combien cet exercice peut être sujet à caution, la comparaison de pratiques actuelles avec celles, supposées, montrées par des images préhistoriques étant particulièrement conjecturale.

Définition des « images sexuelles »

Afin d'éviter toute confusion dans les termes qu'on utilisera par la suite et de permettre l'analyse précise des scènes et des sujets, il importera de définir les principaux éléments que l'on retrouve le plus souvent dans les représentations rupestres érotiques.

On devra alors considérer les organes génitaux externes (vulve et phallus), les critères diagnostiques du sexe : caractères sexuels secondaires féminins (CS II : vulve, seins, fesses, adiposité) et masculins (pénis, muscles, thorax élargi), l'acte sexuel enfin.

Les études sur l'art paléolithique européen tendent bien à montrer une prédominance des images féminines. En revanche, au Sahara, il n'y a pas eu d'études quantitatives et nous pouvons simplement indiquer que sur l'ensemble des documents présentés dans cet ouvrage, les représentations sexuelles masculines sont deux fois plus nombreuses que les représentations féminines.

Ce qui ressort aussi c'est que dans le Néolithique saharien, il y a une plus grande fréquence des images sexuelles que dans d'autres régions du monde, pendant la même période. Durant plusieurs millénaires le subcontinent saharien fut peuplé de noirs (négroïdes) et de mélanodermes (populations à peau sombre du type éthiopien), les images rupestres l'attestent, montrant des types anthropologiques correspondants. Certaines époques ont connu des métissages de populations noires autochtones et blanches (europoïdes) venues du nord et du nord-est. Dans certaines régions dominent les Méditerranéens (blancs). Pendant la protohistoire les anciens Berbères ont commencé à occuper le Sahara, d'est en ouest, par vagues successives.

Compte tenu de la très grande quantité d'images rupestres dans l'ensemble des massifs rocheux du Sahara, comme d'ailleurs dans l'Afrique australe, il faut constater que la proportion d'images à caractère sexuel reste faible, voire très faible. En Afrique, comme dans tous les autres arts rupestres du monde, les représentations sont surtout animalières, venant loin devant les images d'humains, souvent sans connotations sexuelles, suivies des signes et des symboles. On sait que l'art animalier ne décrit pas une faune locale, mais toujours un bestiaire de grands mammifères, très rarement des poissons et des reptiles, c'est-à-dire une sélection d'ordre culturel d'animaux dont on ne sait s'ils étaient « bons à manger » ou « bons à penser » ou les deux à la fois. Au Sahara il y a quasi absence de végétaux représentés, sauf des palmiers dans les périodes libyco-berbères et arabo-islamiques, quand le Sahara avait acquis son aspect actuel. Aucun invertébré n'est dessiné sur les rochers. La petite faune n'est montrée que très rarement (rats, oiseaux, etc.). On a donc affaire à un art sélectif dans ses thèmes et dans ses sujets. Cela renforce l'importance du choix des figurations sexuelles.

Il semble que l'artiste rupestre saharien n'ait pas été animé par la recherche du beau dans le domaine des images sexuelles, ni par le souci du vrai, c'est-à-dire de la copie anatomique exacte et, parfois, on a des difficultés à identifier le sujet. Cette appréciation doit cependant être corrigée par la prise en compte du style, parfois descriptif et permettant une identification immédiate, parfois elliptique ou schématique, où l'identification mimétique n'est pas toujours aisée.

On le verra dans le chapitre VII, les interprétations de l'art rupestre érotique en Afrique, et plus encore au Sahara, sont difficiles car on ignore tout du contexte mental, social, religieux... des peuples contemporains de ces œuvres. Aussi, ces interprétations ne pourront être proposées, et avec grande prudence, que par des références ethnographiques dont on sait qu'elles sont hasardeuses du fait de l'absence de traditions orales transmises des peuples préhistoriques du Sahara aux peuples africains actuels. Et aussi par quelques références physiologiques.

L'analyse iconographique d'une assez large sélection d'images à caractère sexuel montrera que la sexualité et la reproduction constituent la trame de toute société et l'un des sujets majeurs de toutes les cultures, même si elles ne constituent pas le thème majoritaire de l'iconographie rupestre.

Chapitre I

Exemples de figurations sexuelles dans l'art depuis le Paléolithique supérieur

Dans l'art universel, depuis ses origines, les représentations sexuelles sont infiniment nombreuses et variées : sexe et sexualité sont instigateurs et principes actifs de toute société, de tout individu, au moins depuis Homo sapiens.

Si la sexualité purement biologique de l'homme est comparable à celle de l'animal, elle s'en distingue fondamentalement par l'invention de l'érotisme. Toutes les époques de l'art depuis les plus lointaines ont montré, même discrètement, l'érotisme mêlé à la sexualité reproductrice, soit sous des formes allusives, soit sous des formes explicites.

Il est utile d'aborder rapidement cet immense domaine car il contient des universaux et des constantes de la nature humaine. En même temps, quelques images à caractère sexuel à diverses époques et dans des cultures très différentes peuvent aider à saisir des conceptions distinctes et une évolution dans les manières de concevoir et de représenter le sexe et la sexualité.

1. Corps nus et sexualité dans l'art paléolithique européen. Brève revue

Le Paléolithique supérieur (de ~ 35 000 à 10 000 ans) est divisé en quatre grandes périodes : l'Aurignacien qui débute vers 35 000 ans, le Gravettien, vers 25 000, le Solutréen à 18 000 et le Magdalénien à partir de 15 000. Il s'achève à la fin des temps glaciaires où commence le Néolithique (à ~ 10 000 ans).

Les travaux sur les images sexuelles féminines et masculines depuis plus de 30 000 ans, de l'Aurignacien jusqu'au Mésolithique, notamment ceux de J.-P. Duhard, de B. et G. Delluc, de H. Delporte… font ressortir quatre caractères particuliers qu'on ne retrouve pas (ou peu) au Néolithique et dans l'Antiquité :

– la grande majorité des humains sont nus, sauf très rares exceptions ;

– il y a très peu d'actes sexuels avérés ;

– les organes génitaux externes sont assez peu représentés, tant sur les corps que de façon isolée ;

– les vulves sont représentées en plus grand nombre que les phallus.

Dans son texte, sous l'intitulé : « L'image humaine : sexe et imaginaire », Jean-Pierre Mohen (2002, p. 186) indique : « l'image humaine n'est pas toujours explicite car elle se confond avec des figures composites et imaginaires pour les hommes ou de stylisations extrêmes pour les femmes ». Il précise qu'« une autre manière d'évoquer l'être humain de façon abstraite est d'en représenter une partie significative, la main, la vulve et le phallus, dès l'époque aurignacienne, le visage seul à l'époque magdalénienne (…) ». Cette stylisation et l'image d'un seul élément, symbole du tout, semblent propres à l'art paléolithique, contrairement à celui du Néolithique, comme on le verra, où la représentation de l'humain est totale, même si parfois elle est simplifiée ou schématisée, que les corps montrent des caractères ou des postures, sexuels ou non. L'abstraction et la symbolisation des sexes étaient propres à l'art aurignacien et magdalénien. Il n'en est pas de même au Néolithique, notamment au Sahara.

Jean-Pierre Mohen fait le même constat que d'autres auteurs : « la sexualité humaine occupe une place essentielle dans la naissance de la créativité esthétique. La représentation féminine, graphique ou plastique, est traitée différemment de la représentation masculine. L'image de l'une et de l'autre montre une préoccupation élaborée qui varie selon les périodes et selon les types de sites. Les variétés culturelles de l'expression de la sexualité humaine présentent une signification géographique, souvent régionale (...) ». C'est là une indication intéressante qu'on pourra retrouver dans les sites sahariens où se trouvent des images sexuelles : très peu à l'ouest du Sahara, beaucoup plus à l'est, avec ici des manières de représenter variables en fonction des sites.

Pour Denis Vialou « Le symbolisme primaire d'un nombre significatif de représentations sexuelles préhistoriques n'échappe pas à l'analyse : nul doute que cela ne vienne de ce que Homo sapiens sapiens fossilis a exprimé en termes pour nous intelligibles sa sexualité (...). Dans l'imagerie sexuelle des préhistoriques, le sens est primordial et le demeure dans des formes qui se stéréotypent sans perdre leur valeur signifiante. Les dessins aurignaciens de la Vézère, les plus anciens qui soient sur paroi lithique, montrent à l'évidence que l'idée préexiste à l'œuvre ; elle en est l'origine fécondante (...)(1991, p. 93). Si l'art paléolithique, – celui qui montre les organes de la reproduction – est allusif, celui du Néolithique, au Sahara ou ailleurs, est plutôt démonstratif : les exemples qu'on verra plus loin le montreront amplement, même si dans le cas de la symbolique féminine, le stéréotype de la "femme ouverte" (fig. 242) est souvent utilisé dans certaines régions sahariennes, comme sur le plateau du Messak, au Fezzân libyen. Il reste que les réflexions formulées ici par Denis Vialou gardent d'un bout à l'autre de la préhistoire leur valeur profonde.

Dans l'ordre des objets sexuels, on empruntera encore à D. Vialou la description d'une très remarquable pendeloque gravettienne, en ivoire, trouvée dans un lot de huit en Moravie, à Dolni Vestonice (fig. 1). On voit dans cet objet le "lien intrinsèque du sens et de l'œuvre aux temps préhistoriques de l'art". L'objet mesure 3 x 3 x 1,8 cm. "La forme de ces pendeloques évoque indubitablement un organe sexuel masculin ; la suspension se faisait par un anneau découpé sur le verso de la pendeloque de sorte qu'elle n'interférait nullement dans la perception visuelle directe de l'objet. La symbolisation sexuelle d'un objet de parure est banale dans le cas des formes naturelles (...) ; elle l'est beaucoup moins pour des formes construites, surtout quand elle désigne l'homme (...). Sur la face antérieure de la grande pendeloque, l'artiste a gravé avec une précision parfaite de tracé un organe sexuel féminin. Le triangle pubien commence à la base du pénis ; ses côtés sont matérialisés par des doubles traits : les testicules de la symbolique masculine deviennent des cuisses ouvertes de la symbolique féminine ; sur leurs bords inférieurs, et seulement là, des hachures parallèles pourraient fort bien illustrer la pilosité inguinale ; le sommet du triangle pubien jouxte une profonde incision : la fente vulvaire, ainsi placée ne laisse planer aucune équivoque sur l'interprétation de cet objet, sculpté et incisé, répété en plusieurs exemplaires. Les deux formes ainsi conjuguées donnent son sens à l'œuvre, c'est-à-dire ce qui correspond à l'idée qui préexista à la création plastique et qui, à cause de cela, émane de l'objet achevé : dans le cas présent, l'idée est celle que l'artiste donna à la sexualité humaine dans sa complémentarité organique" (Denis Vialou, *op. cit.*, p. 78-79).

La "vénus" XII qui est reproduite en fig. 1 est l'une des quinze pendeloques en ivoire, hautes de 7 à 20 mm, perforées ou portant un anneau sur une face, trouvées en contexte gravettien (Delporte : L'image de la femme dans l'art préhistorique, édition de 1993, p. 141). Celle reproduite porte le même décor que la vénus XIV, considérée comme un bâton à seins (Delporte, *ibid*) mais où d'autres ont vu des testicules. J.-P. Duhard qui en avait discuté avec H. Delporte, pencherait plutôt pour des seins.

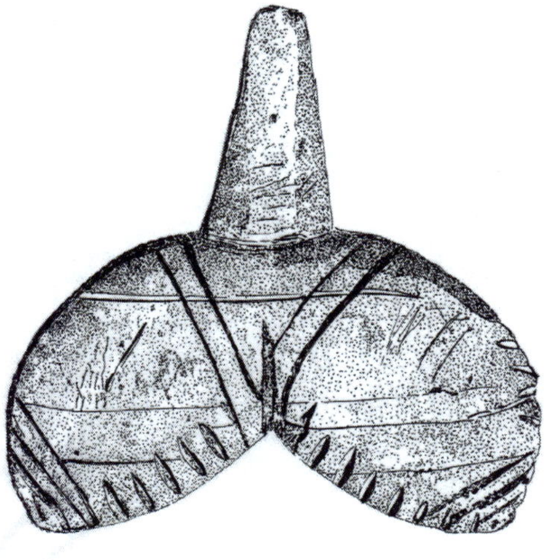

Fig. 1 — Pendeloque en os [3 x 3 x 1,8 cm] d'âge gravettien, Paléolithique supérieur. Site de Dolni Vestonice, Tchécoslovaquie. L'ambivalence sexuelle de ce petit objet est manifeste. D'après D. Vialou (1991, p. 81).

Au-delà de cette remarquable description, il est évident que cette pendeloque est un authentique objet d'art dont l'épure réunit le masculin et le féminin dans une sorte de calembour plastique avec une forte charge symbolique. À propos de ce type de figure, pour la "vénus" de Mauern, L.F. Zotz a parlé d'Idoles

Paléolithiques de l'Être Androgyne (B.S.P.F., t. XLVIII, 1951, n ° 7-8, p. 333-340, fig. A et B, p. 335) ; il y a effectivement des figures d'une certaine ambiguïté.

À propos de terminologie, notons tout de suite que le mot pénis est habituellement employé pour désigner l'organe au repos et phallus quand il est en érection. Dans la suite de cette étude, il apparaît que le mot mégaphallus devrait être remplacé par mégapénis.

Parmi les nombreuses représentations sexuelles paléolithiques, l'ithyphallisme, c'est-à-dire le pénis en érection, est peu montré. On connaît la fameuse scène du puits de Lascaux au fond duquel l'abbé Breuil et S. Blanc avaient récupéré de longues sagaies du Magdalénien. Ce célèbre ensemble de peintures a fait l'objet de nombreuses explications. À gauche, on voit un rhinocéros, puis un homme aux bras étendus, renversé par un bison barré d'une longue sagaie et perdant ses entrailles. Sous la scène se trouve un signe barbelé à deux points latéraux vers la base et un autre signe semblable mais dont l'extrémité, au lieu d'être crochue, porte une figure d'oiseau (fig. 2).

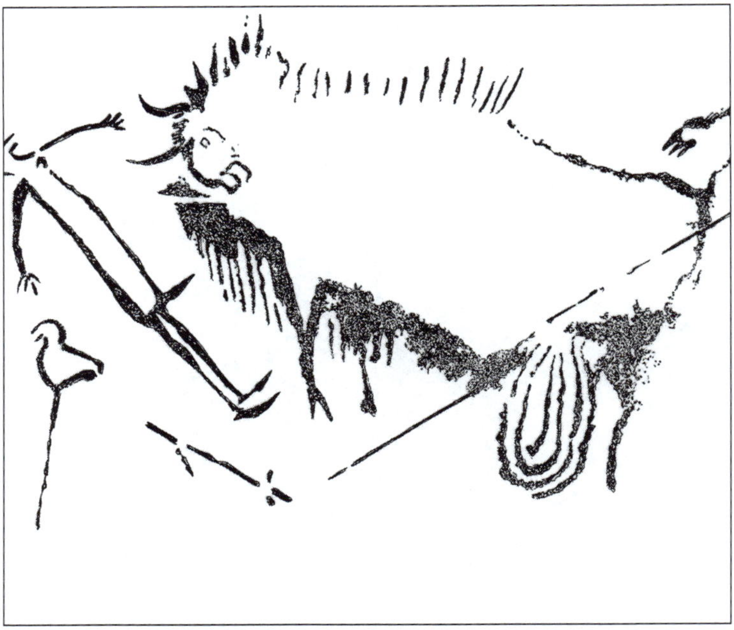

Fig. 2 – Peintures (détail) au fond du puits dans la grotte de Lascaux. Un homme ithyphallique devant un bison éventré. Magdalénien.

Selon André Leroi-Gourhan (1971), le signe qui gît aux pieds de l'homme pourrait être son propulseur ; en est-il de même pour la hampe à tête d'oiseau ? Cet auteur indiquait par la suite que « le premier signe appartenait à une série morphologique très complète dans laquelle on passe du phallus réaliste au bâton à deux points latéraux (voir fig. 342, chapitre VII) » ; il est donc certain qu'il s'agit d'un signe masculin. Ce n'est d'ailleurs peut-être pas fortuitement que les intestins qui sortent de la blessure du bison affectent la forme d'ovales emboîtés. L'assimilation sagaie-phallus, blessure-vulve pourrait se trouver exprimée ici (...). Le signe masculin suppose-t-il une assimilation phallus-propulseur ? (...) (p. 258). La symbolique sexuelle imaginée par Leroi-Gourhan pour cette scène peinte cachée au fond du puits de Lascaux est élaborée et elle repose sur la théorie des signes de l'auteur. Séduisante, elle peut cependant être réfutée car elle appartient au domaine de la spéculation – une spéculation bien construite, certes.

La spéculation est voisine de l'imagination littéraire. La scène du puits de Lascaux, peut-être davantage que dans les grandes compositions de cette caverne se prête aux exercices et à toutes les fantaisies interprétatives. Dans un délicieux petit texte à l'humour léger, Jean Rouaud (2007) raconte comment les peintures au fond du puits de Lascaux sont vues et interprétées par le bossu difforme, auteur des fresques et son apprenti porteur de lampe : « descendant de son échafaudage le maître de cette ménagerie s'étonne soudain de la disparition de son apprenti, l'appelle. Une voix lui répond provenant d'une étroite galerie, l'invitant à le suivre. Où celui-là s'engage, manquant soudain de tomber dans un puits. Mais qu'est-ce qu'il fait au fond de ce trou ? Je ne sais pas dessiner comme toi mais regarde, dit l'amuseur que son ami a rejoint, tout en promenant la flamme de sa lampe à graisse devant une curieuse scène où un bison furieux, semant ses entrailles, renverse un homme à terre. La fin du grand chasseur, précise-t-il. Mort ? interroge l'autre. Pas encore, et d'un trait de charbon au bas du ventre il le gratifie d'une érection. À côté, il a aussi esquissé le sceptre à tête d'oiseau que promène partout comme un hochet Monsieur Je-sais-tout. Attends, dit le petit peintre, et prenant le crayon des mains de son ami, il dessine à hauteur du bec le derrière d'un rhinocéros d'où s'échappent six points noirs, comme un chapelet d'injures » (p.55-56).

Mis en scène et en dialogues par un maître de la littérature, cet épisode vivant de la création de peintures pariétales de la grotte de Lascaux apporte le plaisir d'un récit vécu et l'intérêt d'une possible explication, pas plus et pas moins fantaisiste qu'une autre.

Et l'ironie, dans ce texte, c'est que l'imagination de l'auteur ne saurait être démentie, même par ceux qui se targuent d'être des grands spécialistes de l'art paléolithique. C'est à la fois le plaisir d'imaginer et la frustration de ne jamais s'approcher de la vérité.

L'homme très stylisé du puits de Lascaux est manifestement ithyphalle et ce n'est pas le seul exemple au Paléolithique. Celui, gravé sur une rondelle fragmentée taillée dans une omoplate d'un possible boviné, montre une érection très probable (fig. 3) : « la verge est raide, pointant vers l'avant, avec une partie du contour scrotal visible. Un détail très rarement observé est la pilosité pubienne indiquée par une série de courts traits incisés » (J.-P. Duhard, 1996, p. 107). Cette petite gravure sur fragment de 78 x 37 mm appartient au Magdalénien IV. Elle provient des fouilles Piette (1887-1900), dans la grotte du Mas d'Azil (Ariège).

Fig. 3 – Fragment d'une rondelle osseuse (omoplate de boviné ?) [7,8 x 3,7 x 0,2 cm] portant la gravure d'un ithyphalle. Ce personnage à profil bestial fait face à un ours probable (patte). Relevé d'æ. photo in D. Vialou, 1991, p.39. Grotte du Mas d'Azil. Magdalénien IV.

Dans son analyse, J.-P. Duhard remarque que « les proportions du corps ne sont pas tout à fait respectées : le tronc est long, avec un centre du corps qui tomberait nettement au-dessus de la région pubienne. Piette faisait observer en 1907 que les bras, probablement par suite d'une erreur de dessin, sont très courts ; les avant-bras très longs (...) » (*op. cit.*, p. 107). Devant cet homme, au niveau de son ventre, une patte griffue est gravée, probablement celle d'un ours dressé, en position de combat. Denis Vialou indique que, dans sa mise en page, l'artiste réunit des adversaires face à face : debout, ils occupent au maximum la dimension verticale de l'espace graphique si l'on se réfère à l'emplacement de l'homme et à la taille de l'ours imaginaire. Une reconstitution imaginée de la plaquette entière est publiée par J.-P. Duhard (1996) (fig. 4).

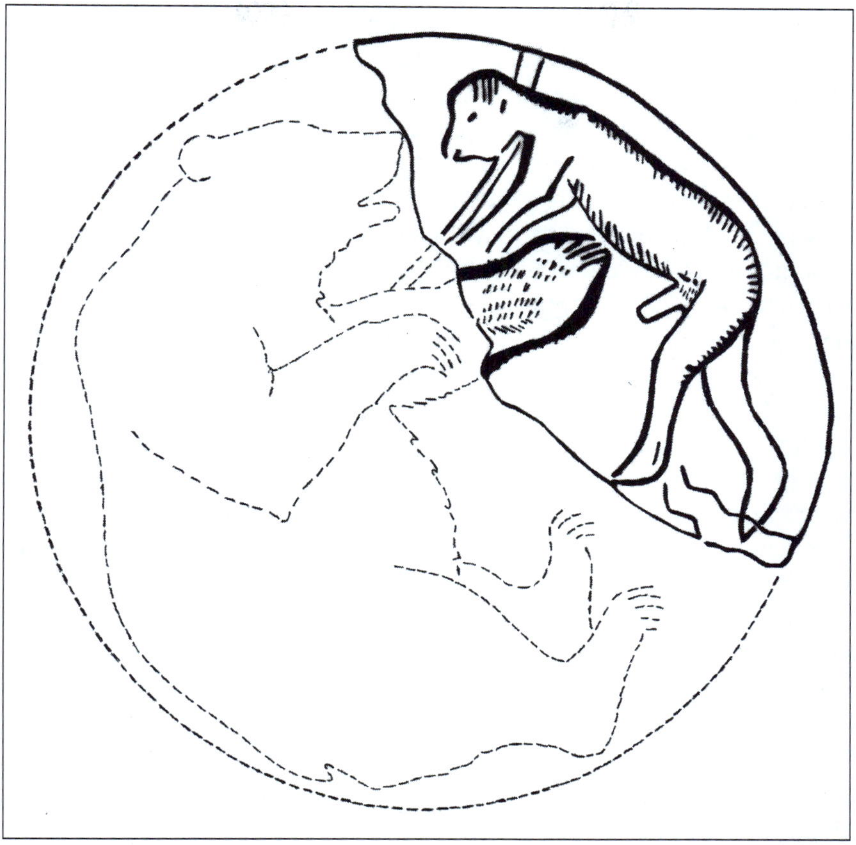

Fig. 4 – L'interprétation par J.-P. Duhard, 1996, p. 107, de la rondelle osseuse du Mas d'Azil (fig. 3) montre l'ours en entier, devant l'ithyphalle.

Elle permet de se faire une idée acceptable de la scène. L'homme tient à deux mains un objet rectiligne qu'il semble opposer à l'ours. Cet objet matérialisé par deux traits parallèles et passant au-dessus de l'épaule de l'homme a été qualifié de bâton (Piette), d'épieu (Capitan), de lance (Delporte) ou de perche (Marshack). Duhard fait remarquer qu'au Magdalénien et dans une société de chasseurs, le graveur a peut-être voulu représenter une arme. Le même auteur a insisté sur la dichotomie sociale sexuelle apparaissant dans l'art des origines avec un rôle pacifique et non sanglant pour la femme, par opposition à l'homme parfois armé et/ou en situation d'affrontement avec un autre humain ou avec un animal. Une association symbolique peut dès lors être proposée, celle de l'arme brandie et du sexe érigé, sachant que seuls les hommes reconnus comme tels portent des armes et non pas les femmes. Et les femmes forcées contre leur gré connaissent bien le caractère vulnérant d'un pénis en érection...

Il est intéressant de noter que depuis la fin du XIXe siècle, aucun des auteurs qui se sont intéressés à ce petit fragment d'os gravé ne s'est interrogé sur l'ithyphallisme du personnage. Qu'un chasseur nu affronte un ours des cavernes, au Magdalénien, quoi de plus naturel à l'époque ? Mais pourquoi en érection ? On peut imaginer qu'un chasseur concentré sur sa proie a d'autres idées en tête que des pensées érotiques entraînant une érection. Ou peut-être le graveur a-t-il simplement représenté un pénis flaccide que le froid (?) rendait rigide à moins que la représentation relativement précise de ce détail dans un dessin plutôt sommaire ne symbolise la virilité, le courage de l'homme qui ose affronter le danger. Ce n'est pas érotique : on est dans une scène d'affrontement entre l'homme et l'animal et l'érection serait là pour nous indiquer que le premier en sortira vainqueur. La même réflexion peut-être faite pour l'homme du puits de Lascaux où la gravure du chasseur à l'aurochs de Laugerie-Basse (dans son état initial relevé par Breuil).

Le fait que les paléolithiciens spécialisés dans l'art pariétal et mobilier ne parlent pas (ou très peu) d'ithyphallisme dans leurs travaux (Duhard et voir bibliographie) tient certainement au fait qu'il n'y a pratiquement pas d'hommes figurés dans cet état bien que de nombreux objets phalliques, pendeloques, bâtons, hampes, propulseurs... soient sculptés de façon à évoquer l'érection. Le bâton percé magdalénien en bois de cervidé de la grotte d'Abzac, dans le petit vallon de Gorge d'Enfer, affluent de la Vézère (Dordogne), est très évocateur de deux pénis en érection (fig. 5, page suivante). Ce n'est pas un cas isolé : d'après le recensement de 361 bâtons percés décorés effectué par P. Noiret (1990), les objets phalliformes représenteraient 3,4 % de ceux-ci. Mais ils ont pu être en plus grand nombre, les trois quarts des supports étant le siège de fractures mutilantes.

S'agissant maintenant de pénis flaccides, l'art paléolithique est également fort pauvre en représentations et il en va de même, on le verra, dans le Néolithique saharien. Il est vrai que ces images de l'homme dans cet état flaccide ne valorisent guère sa glorieuse virilité ou sa puissance génésique. On peut comprendre alors que dans les sociétés où la génération avait une importance primordiale, les artistes ne représentaient pas beaucoup leurs contemporains « au repos ».

On peut faire deux observations :

– l'érection est recherchée d'abord pour le plaisir sensoriel qu'elle va procurer, mais aussi pour la satisfaction de la possession d'un corps (généralement humain et féminin), et parce qu'elle seule permet d'engendrer s'il y a éjaculation intravaginale ;

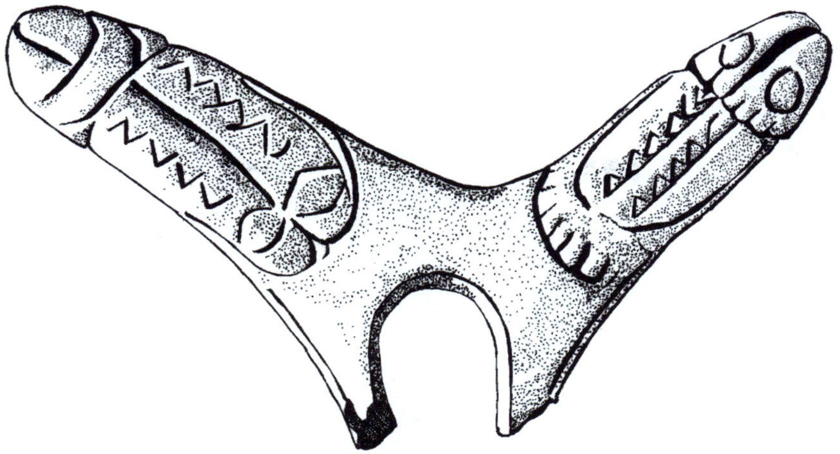

Fig. 5 – Sommet d'un bâton percé en bois de renne trouvé grotte d'Arzac (Gorge d'Enfer, Les Eyzies), sculpté en double phallus. 9,5 cm. Magdalénien.

– lors d'un récent colloque à Bordeaux (novembre 2011), avec une majorité de femmes, l'un de nous (J.-P. D.) a noté que ces dernières défendaient l'idée que les Préhistoriques avaient comme préoccupation l'évitement de la grossesse, la femme perdant alors son efficacité dans la collecte et les enfants constituant une charge alimentaire supplémentaire. Jean-Pierre Duhard a manifesté son désaccord en expliquant qu'une femme enceinte peut avoir le même rendement (il n'y a qu'à voir en Afrique !) et qu'un groupe ne pouvait subsister qu'à condition de maintenir un nombre suffisant d'individus, voire de l'augmenter.

Un exemple, semble-t-il probant, d'un homme au pénis flaccide est fourni par l'une des gravures magdaléniennes fines sur plaquettes exhumées de la grotte de La Marche (Vienne). Cette figure dite « le danseur » (fig. 6) sur un support (une dalle) de calcaire dur, gris, de forme lancéolée, a été découverte lors des fouilles Péricard en avril 1940.

Une description pour le moins fantaisiste comme l'Abbé Breuil savait en produire fut donnée : « Une grande figure masculine, vociférant les bras levés, paraissant évoquer ou exorciser des esprits, figurés par des masques grotesques ». Le relevé de Breuil est incomplet : à droite du personnage debout se profile la partie supérieure d'un autre. Ce n'est qu'en 1965 que Frank Bourdier a donné une description plus juste – plus complète au moins – de ce « danseur ». Contrairement à l'observation de Breuil à qui pourtant ce détail n'aurait pas dû échapper, Bourdier indique que « avec un phallus tourné en direction du sol (...) [Ces personnages] pourraient symboliser la fécondation de la Terre par le Ciel qui laisse échapper de son phallus des gouttes de liqueur fécondante, thème qui semble garder un écho dans la mythologie grecque

(...) » (!). Le relevé le plus complet de cette représentation fut réalisé par L. Pales et M. Tassin de Saint-Péreuse (1976).

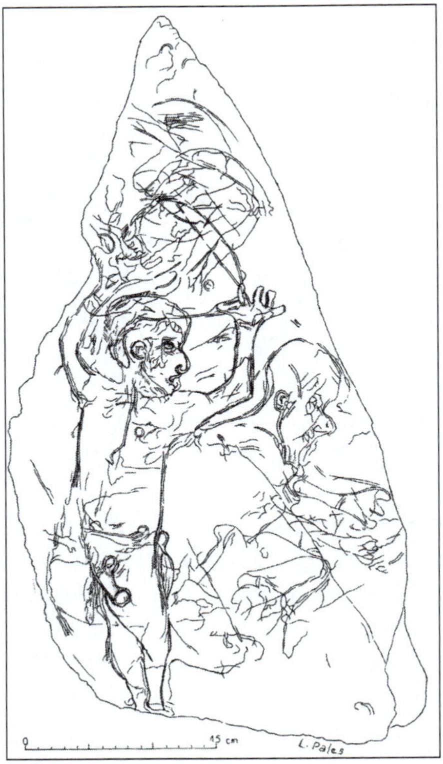

Fig. 6 – Un homme au pénis flaccide finement incisé sur une plaquette calcaire, dans la grotte de La Marche. Relevé Dr L. Pales, 1976, pl. 156. Magdalénien.

Pour Léon Pales « cette interprétation est embarrassante. On aurait attendu une éjaculation d'un membre viril en érection ; la semence en provenance d'un penis pendulus est peu conforme à la physiologie de la procréation. Il est possible que le symbolisme se satisfasse de pareils accommodements. Mais alors, si dans un lointain avenir nos successeurs ont la même optique, la statuaire masculine de nos monuments, de nos musées et de nos jardins publics, lorsque la pudique feuille de vigne ne masque pas ses attributs, verra consacrer leur flaccidité à la ferveur pour la terre nourricière de deux millénaires d'humanité » (L. Pales, 1976). Reconnaissons que dans ses commentaires le Dr Pales ne manque pas d'humour ! Quelles que soient les interprétations données par les auteurs depuis 1940 il est évident que le personnage décrit ici possède un pénis flaccide. Sur le relevé de détail par L. Pales (fig. 7), les deux petits traits à l'extrémité inférieure du pénis pourraient figurer le méat urinaire, même si l'anatomie exacte n'aurait montré qu'un seul trait (sauf méat ouvert avec ses deux lèvres !).

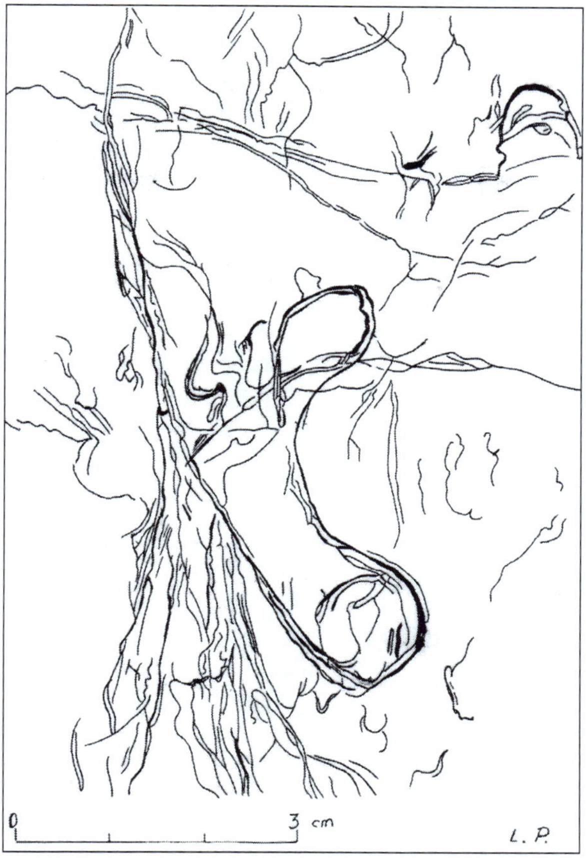

Fig. 7 – Détail du pénis flaccide de l'« homme de La Marche ».
Relevé L. Pales, 1976, pl. 165a.

Les gravures de La Marche montrent des animaux et des humains des deux sexes. 113 humains ont été gravés sur 62 pierres (37 plaquettes, 14 dalles, 6 blocs et 5 galets). Dans cet ensemble abondant, ne figure qu'un seul homme au pénis flaccide ; aucun en érection. L'observation 39 du livre de L. Pales (1976), reprise par Duhard (1996, p. 87, fig. 57) serait en faveur d'un accouplement humain hétérosexuel avec un long pénis érigé. L'observation 34 (reprise par Duhard, 1996, p. 73, fig. 48) montrerait un « pénis pendulus bien dessiné en bonne place » écrivait Pales ; pendulus peut-être mais pas minus !

On l'a déjà remarqué, la totalité des hommes et des femmes représentés dans l'art paléolithique, quel que soit le support, sont nus. À partir du Néolithique, en Afrique ou ailleurs dans le monde, on trouve, dans des proportions non chiffrées des corps nus et des corps vêtus, même sommairement. Cette différence – peut-on parler d'évolution ? – peut sembler paradoxale car les climats, pendant les âges glaciaires et même post-glaciaires, en Europe, étaient rudes, les froids hivernaux intenses ; ceux du Néolithique africain étaient beaucoup plus cléments. On aurait pu s'attendre alors à trouver dans l'art paléolithique des humains vêtus et logiquement plus dénudés au Néolithique. La nudité au Paléolithique a-t-elle eu une raison ? Et dans ce cas laquelle ? J.-P. Duhard (1996, p. 142-143) voit quatre explications à l'absence de vêtements et à la discrétion de la pilosité corporelle, y compris celle des organes génitaux :

– Des motivations esthétiques ou artistiques. La nudité a toujours séduit les artistes, depuis les temps les plus anciens. Cette proposition peut paraître discutable pour les artistes néolithiques qui représentaient des personnages habillés avec un grand talent.

– Des motivations érotiques. J.-P. Duhard indique que « si les paléolithiques avaient les mêmes goûts érotiques que les lecteurs de "Play-Boy", seins et organes génitaux externes devraient être très fréquemment représentés, or il n'en est rien ». Il ne semble donc pas que les paléolithiques aient eu des motifs érotiques de montrer des corps nus, ou alors leurs conceptions de l'érotisme étaient fort différentes des nôtres, actuellement. Dans les cultures du monde, l'érotisme ne se place pas nécessairement là où l'Occidental en fait objet de désir. Les chevilles d'une femme musulmane voilée jusqu'aux yeux sont l'objet des regards masculins concupiscents... Paraphrasant Saint-Exupéry, on pourrait dire que « l'érotisme est invisible pour les yeux ».

– Des motivations diagnostiques : selon Schmidt (1984), ne disposant que de dépouilles d'animaux pour se couvrir, ils ont voulu se représenter nus pour ne pas être confondus avec eux.

– La nécessité expressive. Les corps sont dénudés volontairement afin de révéler des détails anatomiques qui, autrement, ne se verraient pas, et cela pour permettre de reconnaître la nature du sujet, pénis et ithyphallisme éventuel chez l'homme, identité physiologique chez la femme. Cette raison, avec la précédente, serait, pour Duhard les raisons principales.

La nudité des femmes paléolithiques, lorsque leur corps est représenté en entier, est donc générale avec très peu d'exceptions (« femme à l'anorak » de Gabillou et « femme à la capuche » de Bédeilhac, de sexe féminin non avéré, et quelques statuettes de Mal » ta en Sibérie).

Un exemple significatif est celui des sculptures rupestres du Roc-aux-Sorciers à Angles-sur-l'Anglin (Vienne). L'abri du Roc-aux-Sorciers, exposé en plein midi, est creusé dans un calcaire jurassique au pied des falaises de Dousse, dont les parois dominent d'une vingtaine de mètres la rive droite de l'Anglin. Classé monument historique en janvier 1955, il est fermé au public. Son extension horizontale est d'une cinquantaine de mètres.

Le Magdalénien III du Roc-aux-Sorciers a été daté de 12 000 ans environ avant notre ère, à partir d'os brûlés prélevés dans une couche archéologique au pied de la paroi. Suzanne de Saint-Mathurin et H. de Vries ont obtenu la date de 14 160 ± 80 BP, en 1958 (Saint-Mathurin, 1984). La contemporanéité du Roc-aux-Sorciers et de la grotte de La Marche et l'affinité du matériel archéologique de ces deux sites permettraient, selon Saint-Mathurin, d'envisager « la fusion de différents éléments culturels et des contacts entre des groupes humains qui n'étaient pas de même tradition » (1984, p. 536). Le matériel rupestre – fines gravures sur plaquette calcaire et sculptures pariétales en ronde-bosse – est en effet très différent dans l'un et l'autre site.

La frise sculptée du Roc-aux-Sorciers a une quinzaine de mètres de longueur. Elle comprend plus d'une vingtaine d'animaux, bisons, chevaux et bouquetins. Pour notre sujet, l'élément important est le 3e panneau en partant de la gauche de l'abri dit des « Trois Vénus ». À gauche de ce groupe une quatrième forme féminine a peut-être été sculptée.

La première des femmes, représentée debout (fig. 8) de la base du thorax jusqu'aux mollets, mesure 120 cm.

Fig. 8 — Un élément de la frise sculptée du Roc-aux-Sorciers à Angles-sur-l'Anglin (Vienne). Troisième panneau dit des « Trois Vénus ».

Son corps est tourné d'environ 30° vers sa droite (ou vers la gauche du panneau), ainsi que le montre l'orientation du triangle pubo-génital. Son ventre est légèrement bombé. Dans la description de J.-P. Duhard (1989, p. 95) « un repli hypogastrique et un sillon du même nom [sont] nettement marqués ; la hanche visible est large, contrastant avec des membres minces et évoquant une surcharge adipeuse fémorale ». Selon cet auteur, gynécologue, la morphologie de cette femme est « celle rencontrée chez les multipares, les grossesses et l'âge relâchant la sangle abdominale et rembourrant les hanches ».

La seconde femme, grandeur nature, est remarquable : c'est un exemple unique dans les sculptures rupestres féminines. J.-P. Duhard précise que « l'abdomen volumineux pointe en avant et en haut, avec une saillie tout à fait évocatrice d'un état gravide, ce que n'avait pas manqué de relever Mlle de Saint-Mathurin (...) ». L'auteur estime que « cette femme svelte est enceinte d'au moins 6 ou 7 mois ».

La troisième femme est surchargée par un bison, la queue redressée qui lui masque les genoux. Elle a le ventre creux, à l'inverse des autres. La moitié inférieure du corps d'une quatrième femme occupe le panneau aux bouquetins (Duhard, 1993, pl. XXVIII et p. 92-93).

Par leur sveltesse, les femmes sculptées du Roc-aux-Sorciers sont très éloignées des femmes obèses et aux seins lourds, finement gravées sur les plaquettes de La Marche (fig. 12, 13). Bien que chronologiquement contemporaines, ces figurations montrent de profondes différences plastiques, correspondant probablement, comme on l'a dit, à des groupes de traditions culturelles distinctes.

Dans l'art paléolithique, la femme est généralement représentée en pied comme dans l'abri du Roc-aux-Sorciers bien que, dans ce site, les thorax et les têtes n'aient pas été représentés. Mais la « femme au renne » de Laugerie-Basse est couchée ; un certain nombre de femmes de La Marche le sont probablement aussi ; les « personnages opposés » de Laussel paraissent en décubitus ; les deux « Vénus » de la Magdeleine des Albis sont allongées, etc. Il y a d'autres exemples d'images pariétales sculptées ou peintes. Cependant le nombre et la variété des statuettes de femmes dominent largement, dans toute l'Europe. Nombre d'auteurs ont étudié et publié ces statuettes, qualifiées pour certaines de « Vénus ». Pour tous, la signification de ces figures reste énigmatique ; la protection de la grossesse, la fertilité de la femme, des images érotiques, la magie de la fécondité... toutes ces hypothèses peuvent être recevables, mais aucune n'est démontrable (Monique Goudet-Ducellier et Colette Delporte, 1991 ; J.-P. Duhard, 1993 ; Claudine Cohen, 2003, etc.).

Parmi ces nombreuses statuettes, six cas de femmes à gros ventre et vulve ouverte sont connus au Paléolithique, en France, cinq au Gravettien et une au Magdalénien. J.-P. Duhard explique que « chez une femme gravide, la vulve n'est ouverte qu'au moment de l'accouchement, quand elle commence à se distendre sous l'effet de la poussée exercée. Dans ces vulves démesurément ouvertes, hors de proportions avec la stature présumée du sujet et lorsqu'il existe en même temps un gros ventre (fig. 9), nous voyons une exagération conventionnelle destinée à évoquer l'idée de parturition (...) ».

Il y a deux extrêmes dans les représentations pariétales ou mobilières des vulves. Ou bien des signes vulvaires, simples triangles gravés avec ou sans trait marquant la fente, qui sont la schématisation – ou la symbolisation ultime – de l'organe génital féminin, ou bien l'image très réaliste, anatomiquement conforme de la vulve, une représentation à vrai dire peu fréquente.

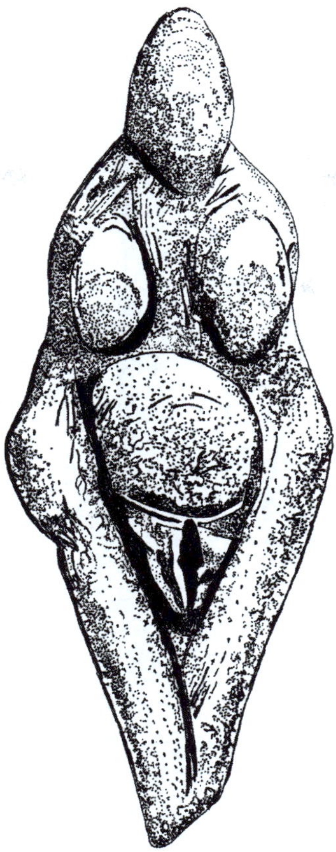

Fig. 9 – L'une des six femmes à gros ventre et vulve ouverte connues dans l'art mobilier du Paléolithique. D'après J.-P. Duhard, site Internet « In Libro Veritas ».

L'exemple sans doute le plus remarquable de cette dernière catégorie est certainement la vulve anatomique sur un bâton percé magdalénien du Roc-de-Marcamps (Gironde) étudiée par J.-P. Duhard et A. Roussot (2011). Le gisement d'où provient l'objet (fig. 10, 11) a été découvert en 1929. De nombreuses radiodatations ont été obtenues, toutes se rapportant au Magdalénien ancien et moyen (17 700 ± 430 BP à 14 200 BP). L'objet appartiendrait au Magdalénien moyen (Dryas ancien).

Il s'agit d'un fragment de 7,9 cm de longueur et de 3,3 cm dans sa plus grande largeur. La vulve (fig. 11) mesure 3,2 cm de hauteur, gravée dans un bois de renne. Les grandes lèvres sont marquées, doublées par la gravure ovalaire un peu triangulaire du contour des petites lèvres (ou « nymphes »). La fente vulvaire est ouverte, correspondant au vestibule anatomique ; le relief triangulaire de la partie supérieure correspond au capuchon clitoridien qui surplombe l'orifice vaginal. Dans la partie inférieure, une dépression creusée jusqu'à la spongiosa de l'os pourrait correspondre à l'hymen rompu, à l'entrée du vagin.

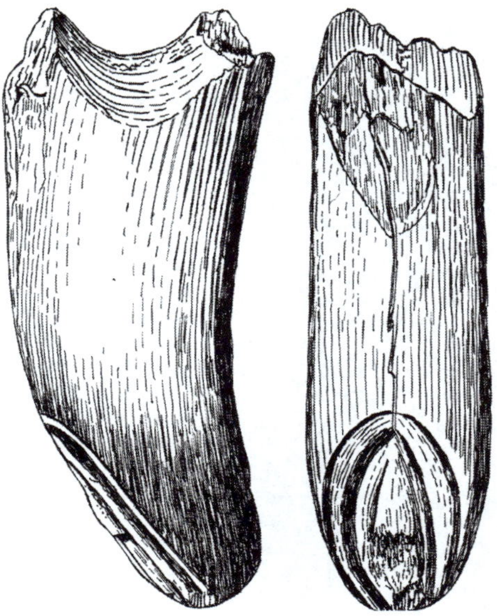

Fig. 10 – Une vulve anatomique trouvée à Roc-de-Marcamps [Gironde]. Fragment d'un bâton percé du Magdalénien, profil et face. Dessins de A. Roussot, 2011).

Fig. 11 – Détail de la vulve anatomique de Roc-de-Marcamps. Relevé F.S. d'après photo A. Roussot.

L'anus (cupule postérieure) et le capuchon clitoridien sont représentés dans cette sculpture de vulve ouverte. Ces deux détails anatomiques sont rarement représentés dans les figurations génitales féminines du Paléolithique, ce qui rend cet objet exceptionnel par son réalisme. On verra que dans l'art rupestre saharien, néolithique, ce réalisme anatomique est également très rare.

Cette description de la vulve de Roc-de-Marcamps, montre que l'artiste avait fait une observation très précise et exacte de l'organe génital féminin externe. La précision et la qualité de la sculpture attestent qu'il pouvait avoir le modèle sous les yeux ou qu'il lui était familier. Les auteurs de la note rappellent la grande rareté des « vulves tridimensionnelles et de réalisme anatomique dans le vaste corpus des représentations génitales féminines ».

Revenons, pour terminer cette brève revue des images féminines paléolithiques sur quelques exemples de gravures dans la grotte de La Marche.

À l'opposé des femmes élancées de la frise du Roc-aux-Sorciers, on l'a dit, celles de La Marche sont grosses de fesses, de ventre et de seins (fig. 12, 13). Ces corps lourds sont cependant équilibrés. Comme au Roc-aux-Sorciers, la tête n'est pas constamment représentée. Léon Pales (1976) pense que cette acéphalie est volontaire car le bord de la pierre où prend fin la région cervicale n'a pas été fracturé postérieurement à la gravure. Dans ces formes généreuses, on peut retrouver les critères des statuettes fortement adipeuses dont la « Vénus de Willendorf » est l'exemple emblématique, mais cependant non représentatif de la morphologie paléolithique qui offre aussi des corps sveltes, comme souligné par Duhard (1993).

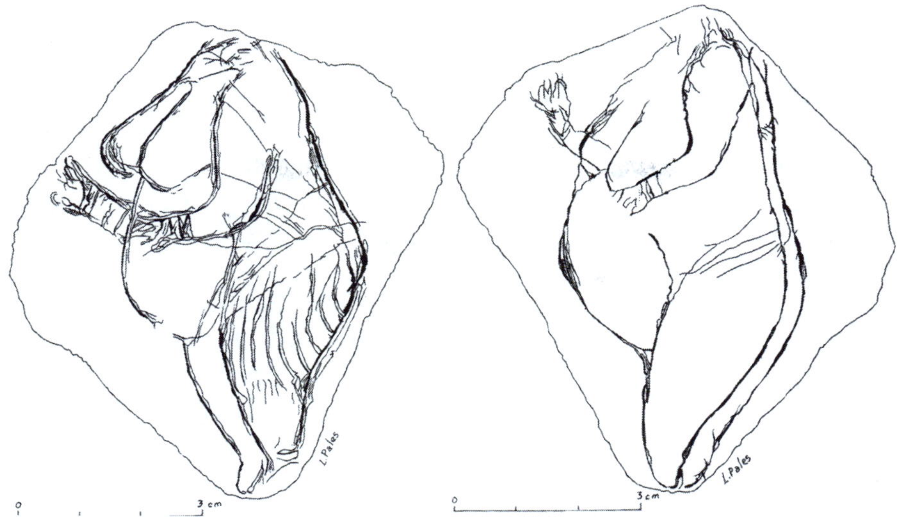

Fig. 12 et 13 – Femmes à grosses fesses, gros seins et gros ventre finement incisés sur plaquettes calcaires dans la grotte de La Marche. Magdalénien.
Relevés du Dr L. Pales, 1976, pl. 65a et b.

Selon H. Delporte (1979) « plus encore que les questions de distribution géographique, de chronologie, de technique ou de style, ce sont les problèmes posés par la raison d'être des figurations féminines qui sont les plus intéressants, en même temps que les plus significatifs. Il est frappant de constater la contradiction flagrante entre la pauvreté de l'information objective et l'exubérance de la littérature ».

L'auteur préfère le terme de « motivation » (réponse à la question : pourquoi ?) à celui de « fonction » (réponse à la question : pourquoi faire ?). Même s'il y a confusion entre « nature » et « motivation » chez E. Saccasyn della Santa (1947) qui étudiait les statuettes qu'elle nomme « aurignaciennes », cette auteure distingue cinq interprétations possibles :

- les statuettes sont l'image de la réalité ;
- elles représentent un idéal esthétique ;
- elles sont des images de la fécondité ;
- elles figurent des prêtresses ;
- elles sont des figures d'ancêtres.

Dans chacune de ces interprétations, il existe très nettement un pourcentage variable de nature et un pourcentage variable de motivation : la première – hypothèse des portraits – ne possède pratiquement pas de motivation explicite, alors que les trois dernières, par l'appel qu'elles lancent vers des idées magiques, participent largement de la motivation.

Ces interprétations gardent toute leur valeur dans les arts rupestres pariétaux ou mobiliers d'autres régions du monde et d'autres époques.

Images d'hommes, de femmes, de sexualité ou d'autres activités, nous serons constamment confrontés au choix d'une ou de plusieurs de ces interprétations.

2. Images sexuelles dans l'Antiquité

Sexe et sexualité, dans les temps post-préhistoriques, sont souvent inscrits dans des contextes mythologiques, religieux ou symboliques, ce qu'on peut supposer, d'ailleurs, pour la Préhistoire, mais qui, ici, ont des bases plus explicites grâce à des textes et à des récits à l'appui de leur signification.

Antiquité égyptienne

Dans l'Égypte ancienne, l'amour est partout, chez les dieux, chez les rois, chez les hommes. Mais il était contrôlé, réglementé et de nombreux textes en définissent la morale sociale et individuelle. Le rôle de la femme étant essentiellement de procréer, l'amour physique hors du mariage était banni.

Dans son livre *L'amour au temps des pharaons*, Florence Maruéjol (2011) nous dit que « les ébats érotiques des divinités remplissent une fonction très sérieuse, celle de contribuer à la création du monde et à son fonctionnement. De même que, ici-bas, la sexualité assure la succession des générations et la perpétuation du culte des défunts (...) ».

Dans l'Égypte antique, comme d'ailleurs plus tard, dans la Grèce ou la Rome antique, la vie quotidienne, les évènements qui marquent son déroulement, toute cérémonie profane ou sacrée est empreinte de religiosité et la sexualité y est constamment présente.

« Les textes mythologiques, en particulier les livres funéraires à l'usage du roi et des particuliers (textes des Pyramides, Textes des Sarcophages, Livre des Morts) évoquent sans détour, parfois crûment, la sexualité des divinités (...) » (*op. cit.*, p. 11).

La cosmogonie égyptienne regorge de formules où les organes de la génération, vulve et phallus, et où les pratiques sexuelles sont évoqués ou invoqués comme participant à la création du monde. Ainsi une formule du Texte des Sarcophages affirme que le grand architecte de l'univers s'est formé lui-même : « je suis venu à l'existence alors que les vulves n'étaient pas encore créées, que les vagins n'étaient pas encore créés » (P. Barguet, 1986, p. 486).

Dans le Livre des Morts (chapitre 15), deux des sept âmes de Rê s'appellent « âmes à la semence pure » et « âme qui copule ». Le chapitre 17 évoque l'âme de Rê « au moyen de quoi il coïte ».

« Atoum, le démiurge, se livre à la masturbation ; Geb, le dieu de la terre, est condamné à l'autofellation », etc. Ces formules citées par F. Maruéjol illustrent la constante préoccupation du sexe et de la sexualité dans la cosmogonie égyptienne.

Comme dans d'autres mythologies, partout dans le monde, les organes sexuels masculins et féminins sont valorisés pour leur pouvoir fécondant autant que pour leur rôle dans la génération et l'enfantement. Certains dieux sont représentés avec les phallus bien en évidence, généralement ithyphalliques, de façon à proclamer leurs pouvoirs sur la fertilité et sur la fécondité. Il en est ainsi du dieu Min, une très ancienne divinité associée à la vigueur de la procréation des hommes et en premier lieu de Pharaon – comme du cosmos, dont il assure la génération. Ses temples loin des régions luxuriantes du Delta sont érigés aux confins du pays, là où commence le désert arabique. Originaire de Coptos et d'Akhmîm, en Haute Égypte, Maître des oasis, Min est naturellement le protecteur des voyageurs et des caravanes qui partent affronter l'inconnu. Les villes d'Akhmîm, Qift et surtout Coptos lui sont dédiées. Proches de l'Arabie, du Soudan et de la Nubie, ces petites cités des confins du pays, là où les hommes changent de couleur, et où l'on ne s'aventure qu'avec crainte, sont en quelque sorte les portes du monde. Depuis cette région, les caravanes empruntent les routes du désert, celles où l'on s'engage sans savoir si l'on en reviendra. Les caravaniers rendent un culte particulier à ce dieu de la fertilité qui est leur plus fidèle allié : capable de féconder le désert, Min est le père des oasis qui ponctuent les vastes étendues arides.

Mais, dans ce monde égyptien centré sur le Nil, Min reste une divinité des marges et de la périphérie. Si son culte s'étend au Moyen Empire sur l'ensemble du pays, il ne s'imposera jamais complètement, et le dieu s'effacera peu à peu devant les grandes divinités comme Amon et Horus. Comme chez les Grecs, le grand Pan, Min était voué à disparaître. Les statuettes ou les bas-reliefs de Min le montrent toujours de profil, en érection, le bras droit levé en équerre derrière la tête et tenant un flagellum, insigne divin et royal (fig. 14). Il est longiligne, souvent à la peau noire, enveloppé d'une gaine momiforme. Sa couronne est surmontée de deux grandes plumes, parfois ornées d'un disque solaire.

Au Nouvel Empire, Min est particulièrement honoré au moment des fêtes de couronnement des pharaons. Sous sa protection, le roi est certain de conserver sa vigueur sexuelle et de donner au royaume l'héritier qui assurera sa succession (éditions Atlas, 2003).

La légende de la fig. 14, extraite du livre de Françoise Héritier (1996) est ainsi libellée : « La figure asymétrique symbolise et connote l'intensification de la force, mais pas de n'importe laquelle : la force créatrice ou procréatrice ». Min, le dieu égyptien de la fécondité n'a qu'une seule jambe et un seul bras (bas-relief, temple de Louxor) ».

Dans cette image, comme dans de nombreuses représentations de l'antiquité grecque où l'on voit des figures unilatérales, fortement sexuées, la figure unilatérale masculine, vue du côté droit n'a pas le sexe clivé en deux sur sa longueur. La moitié d'homme possède un pénis entier. La conclusion de F. Héritier (1996, p. 188) est intéressante : « l'unilatéralité, ici, n'est en effet rien d'autre que la représentation figurée de l'asymétrie fondamentale : la différence des sexes » et l'auteure ajoute : « (…) l'existence du primat de la puissance sexuelle masculine qui est au fondement de cette représentation particulière, condensé de valeurs symboliques (...) ».

Ce long développement sur le dieu Min peut aider à comprendre la prééminence de la sexualité, masculine notamment, dans la pensée égyptienne antique, ainsi que sa complexité. Sans les textes, bien sûr, il eut été impossible aux égyptologues de pénétrer dans cette pensée et, on ne saura trop le souligner par la suite, la plupart des images sexuelles préhistoriques, celles du Sahara notamment, ne nous permettront guère d'avoir un discours aussi construit.

En Égypte, les divinités féminines sont chargées de symboles qui font de la sexualité une source inépuisable de bienfaits.

La déesse Hathor, par exemple, règne sur les cœurs, le désir et l'érotisme. Le « mythe de l'œil » de Rê explique comment cette fille du dieu solaire Rê, à l'aspect de lionne, incarne l'œil du soleil, avec Tefnout et Sekhmet. Ce fauve sanguinaire et impitoyable s'est transformé en une belle jeune femme, douce et aimante. Invoquée par les amoureux, elle est aussi appelée « Dame de la Vulve ».

Fig. 14 – Bas-relief du dieu égyptien Min avec son ithyphallisme, symbole de la fécondité. Temple de Louxor. Reproduit de F. Héritier, 1996, p. 184.

L'une des grandes caractéristiques de la religion égyptienne tient à la présence fréquente de divinités associant un corps d'homme et une tête d'animal. D'autres mythologies mettent en scène de tels êtres mi-humains, mi-animaux. On le verra, dans la préhistoire saharienne, ces « théranthropes » semblent avoir une grande importance, comme en témoignent de nombreuses représentations rupestres. Comme dans l'Égypte Antique, ils ont une activité sexuelle souvent hors normes. Quelques millénaires avant les premières dynasties, le Sahara central connut certainement des mythologies dans lesquelles la relation symbolique homme-animal était particulièrement élaborée et complexe. Si, en Égypte, on a pu associer les animaux à la virilité et à la fertilité divines, il ne sera malheureusement pas possible d'établir des comparaisons avec les « religions » préhistoriques au Sahara.

Un autre aspect de la sexualité dans l'Antiquité égyptienne est celui des humains sur la terre. Pendant les quelque trois millénaires de l'histoire égyptienne, les représentations de l'acte sexuel sont rarement figurées dans les tombes ou ailleurs. Seul un document étonnant, le papyrus érotique de Turin (conservé dans cette ville) qui a peut-être appartenu à un personnage important de l'époque ramesside (XIXe – XXe dynasties), montre des scènes de sexualité active, sinon débridée, entre des personnages sans caractères divins.

Fig. 15 – L'une des douze séquences du Papyrus de Turin qui représente un coït face à face. Époque ramesside. Dessin dans R. Schumann Anselme et S. Rossini, 1999.

Ce papyrus, unique en son genre actuellement – d'autres existant peut-être, si on considère le nombre élevé d'ostraca (singulier, ostracon), tessons de poteries ou éclats de calcaire servant souvent de support au dessin ou à l'écriture –, a un contenu satirique et érotique. Il est pornographique dans le sens originel du terme puisque l'action se déroule dans un lupanar. Malgré les mutilations du support, ce papyrus est certainement dû au calame d'un seul artiste, avec un trait sûr, enlevé et très personnel. Parmi les douze séquences de la partie érotique de ce papyrus qui montrent essentiellement des relations sexuelles, souvent dans des postures acrobatiques, la séquence 10 (fig. 15) montre un coït face à face, sur un matelas confortable. Notons que les termes « coït », « copulation » ou « accouplement » seront indifféremment employés, avec le même sens de rapprochement génital de deux individus sexuellement complémentaires ; cette définition sera reprise plus loin. Dans ce recueil (le papyrus de Turin), c'est la position la moins sophistiquée, comme si elle avait été placée là pour mémoire. Sur l'original, l'image est fortement dégradée : de la femme il ne reste que de faibles traces, mais la tête, le bras et le pagne de l'homme sont bien conservés ; il y est figuré affreusement hirsute et non rasé depuis plusieurs jours (R. Schumann Anselme et S. Rossini, 1999).

Fig. 16 – L'une des scènes érotiques du Papyrus de Turin (séquence 11). Coït face à face. Dessin dans R. Schumann Anselme et S. Rossini, 1999. Cette position est à rapprocher de celle d'une scène gravée à Ti-n-Lalan, dans l'Akakus (Libye) (voir fig. 293)

La séquence 11 (fig. 16) nous intéressera particulièrement lorsque nous aborderons les images de relations sexuelles dans l'art saharien. En effet une scène gravée (fig. 293) appartenant à une longue frise érotique, dans le site de Ti-n-Lalan (Akakus, Fezzân libyen) montre une même posture d'accouplement. La différence entre ces deux scènes tient essentiellement à l'élément masculin : sur le papyrus de Turin, c'est un homme « à part entière » ; à Ti-n-Lalan, il s'agit d'un théranthrope ou d'un homme à masque de chacal. La ressemblance de ces deux scènes est cependant troublante, sans qu'on puisse en tirer de conclusion quant à d'éventuels liens chronoculturels.

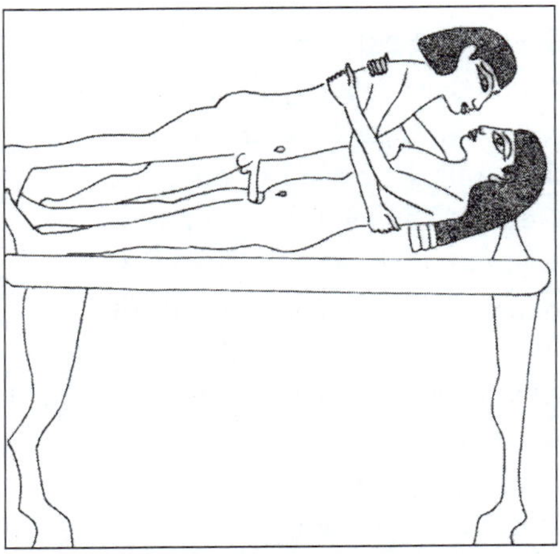

Fig. 17 – Un accouplement « classique ». Reproduit de R.S. Anselme et S. Rossini, 1999.

L'accouplement « classique » n'est donc pas absent de l'art érotique égyptien. C'est le cas, par exemple de cette peinture dans une tombe (fig. 17). À la fois rituel et libre, ce rapport sexuel sur un lit montre que la sexualité des humains, à l'époque, ne différait en rien de celle d'aujourd'hui. Cependant, la tête de la femme repose sur un chevet (ou appui-tête) très inconfortable, et le lit, bizarrement, a les pieds en dedans ! On a donc ici une composition inspirée de scènes rituelles, mais librement interprétée.

Antiquité grecque

On connaît l'extraordinaire foisonnement de l'art grec antique, dans tous les domaines : architecture, sculpture, peinture, céramique et aussi littérature, théâtre (comédie, tragédie), poésie, musique... Berceau et foyer de la Civilisation occidentale, la Grèce recèle d'inépuisables trésors artistiques. De ce fait, les études, travaux et publications sont innombrables. L'histoire de la Grèce a été subdivisée en plusieurs périodes étalées sur au moins six siècles et demi :

– l'époque archaïque, du IXe siècle au VIe av. J.-C., à partir de – 800 ans ;
– l'époque classique, de la fin du VIe au IVe siècle, à partir de – 510 ;
– l'époque hellénistique, de la fin du IVe au Ier siècle, à partir de – 323 ;
– la Grèce Romaine, à partir de – 146.

Les objets et les peintures à caractère sexuel et phallique sont nombreux dans l'art grec, depuis ses commencements. On en trouve dès la civilisation mycénienne, développée à partir de l'âge du Bronze, vers 1700 ans av. J.-C.

Dans les arts dits industriels, c'est-à-dire de la terre cuite et de la céramique, très prospères chez les Grecs, les vases peints ont été fabriqués à profusion. Ce sont des céramiques usuelles (vases, coupes, cruches) et il est très rare de trouver des objets non fonctionnels et par conséquent leur décoration relève du pur plaisir esthétique. Vers la fin du VIIe siècle apparaît la technique de la « figure noire » ;

la peinture noire est utilisée sur un fond de terre qui, passée au feu, devenait orangée, voire jaune ou rouge. Puis, au VIe siècle, la « figure rouge » : un vernis noir recouvre le vase sur lequel le dessin peint en rouge se détache. En moins de vingt ans, les céramiques à figures rouges éclipsaient totalement leurs aînées.

Il existe partout des ateliers et chaque région développe un style qui lui est propre : il y a des vases attiques, corinthiens, apuliens... Seules Corinthe et Athènes parviennent à produire des objets exceptionnels.

Presque toujours décorés, ces vases sont de véritables œuvres d'art. La décoration emprunte ses thèmes à la mythologie (dieux, héros), à la vie quotidienne de la cité (guerre, sports, banquets, sacrifices, scènes érotiques), mais jamais à la vie politique.

Parmi les représentations sexuelles, nombre d'entre elles montrent des scènes homosexuelles et pédérastes (hommes qui ont des relations sexuelles avec de jeunes garçons et, par extension, avec des hommes faits).

L'art grec dépeint souvent les relations sexuelles, mais il est impossible de faire une distinction sur ce qui était illégal ou immoral puisque les Grecs antiques ne connaissaient pas le concept de pornographie. Leur art reflète simplement des scènes de la vie quotidienne, certaines plus sexuelles que d'autres. Des phallus circoncis sont visibles dans des lieux de culte, tel que le Temple de Dionysos à Delos.

Le *herma*, petite statuette composée d'une tête sur un socle rectangulaire d'où se dresse un phallus (fig. 18, 19, 20) constituait un objet courant et une amulette de protection. Cet objet fut adopté par les Romains. On le retrouve pendant la Renaissance sous le terme d'Atlantes.

Ces statues avaient une fonction apotropaïque et elles étaient placées aux carrefours des chemins ; elles formaient des bornes dans les champs, comme protections.

Hermès, une des divinités de l'Olympe, est le dieu du commerce, le gardien des routes et des carrefours, des voyageurs, des voleurs, celui qui guide les héros ; dieu de la chance aussi, conducteur des âmes aux Enfers et le messager des dieux (plus particulièrement de Zeus). Parmi les dieux grecs, il est le plus proche des hommes et le plus bienveillant. C'est un dieu phallique. Ses stèles ou bornes en pierre montrent sa tête, son sexe, parfois ses sandales, mais on a trouvé aussi, selon le même modèle, des têtes de Démosthène, par exemple, celle qui est sur la place du marché à Athènes – sculptée par Polyeuktos (280 BC) – ou celle du Métropolitan Museum of Art de New York (fig. 19, 20).

Des colonnes antiques montrent ce dieu avec le bras et le phallus dressés (fig. 21). Selon G. Zwang (1994), « lorsque l'arme fut retournée contre ses congénères, lorsque la domination physique fut imposée aux femmes et lorsque le mâle tenta d'identifier le pouvoir de son bras, dressable sur commande et son pouvoir de pénétration virile dans la femme, ce n'était (...) qu'un

Fig. 18 – Herma, petite statuette ou stèle à socle rectangulaire où est figuré un phallus. Objet apotropaïque chez les Grecs, puis les Romains. Dans Cl. Sintes /Merm, 2010.

Fig. 19 et 20 – Stèle ou borne en pierre ithyphallique avec la tête de Démosthène, vue de face. D'après photo. Metropolitan Museum of Art, New York. Copyright A.K.

exorcisme. Le plus vaillant guerrier n'a jamais pu commander le redressement du "bras viril" le plus avantageux (...) ».

Les amulettes apotropaïques ou votives sont fréquentes dans l'art grec, comme dans l'art romain. Certaines sont particulièrement suggestives, entre le réalisme cru et une remarquable stylisation du système pileux. C'est le cas de ce flacon de parfum en forme d'appareil génital externe d'un homme, en terre cuite, daté du VIe siècle av. J.-C. (fig. 22), conservé à la Ny Carlsberg Glyptotek de Copenhague au Danemark (J. Mattelaer, 2000).

La virilité était couramment exaltée dans le monde antique. Outre les amulettes et autres ex-voto, de nombreux objets montraient des organes masculins, plus rarement féminins. Ces objets pouvaient avoir une simple fonction domestique. Un étonnant vase ithyphallique, par exemple, conservé au Musée de Spina dans la région de Ferrare (Italie), montre trois phallus dressés (fig. 23). L'ouverture de son couvercle nécessitait de prendre en main l'un de ces phallus. On notera que ces phallus présentent tous un phimosis (ou rétrécissement terminal du prépuce).

Parlons de phimosis. Un urologue madrilène, le Dr Angulo (2008, 2009) défend l'idée que les prépuces terminés en pointe en avant du gland sont phimotiques. J.-P. Duhard ne partage pas ce diagnostic pour avoir observé des pénis à prépuce long, sans rétrécissement, et ne découvrant pas le gland lors de l'érection. Un de ses amis, médecin, était porteur de cette conformation et lui en a fait une démonstration convaincante. De la même façon qu'existait une pratique d'étirement manuel des petites lèvres de la vulve dans certaines ethnies, on pourrait défendre un semblable usage chez l'homme. Cela présenterait deux avantages : constituer un fourreau naturel où le gland peut coulisser grâce à la lubrification prostatique dans les cas de vagins secs et permettre une occlusion protectrice du gland, pratiquée par les athlètes grecs par ligature ou fibule.

Des lampes à huile en terre cuite montrent des scènes familières du quotidien, en particulier de véritables catalogues des positions de l'amour ; elles évoquent le sexe avec leur réserve d'huile et leur flamme...

Les thèmes mythologiques dans les décors céramiques grecs sont nombreux et variés. En particulier le dieu Pan, protecteur des bergers et des troupeaux. Figuré avec des pieds de bouc et des cornes, on le confond souvent avec les satyres (hommes à demi caprins, avec oreilles, queue et pieds de chèvre). Il est caractérisé par sa laideur et sa sauvagerie. Un cratère attique en cloche le montre, fortement ithyphallique en train de poursuivre un jeune pâtre (A. et H. Metzer, P.-P. Sicre, 1984) (fig. 24). Ce vase daté de 470-460 av. J.-C. est conservé au Museum of Fine Arts de Boston, États-Unis. On voit ici qu'il est associé à un pilier (herma), fortement ithyphallique. Comme souvent dans les

Fig. 21 – Colonnes antiques. Le phallus et le bras dressés. Dans G. Zwang, 1994.

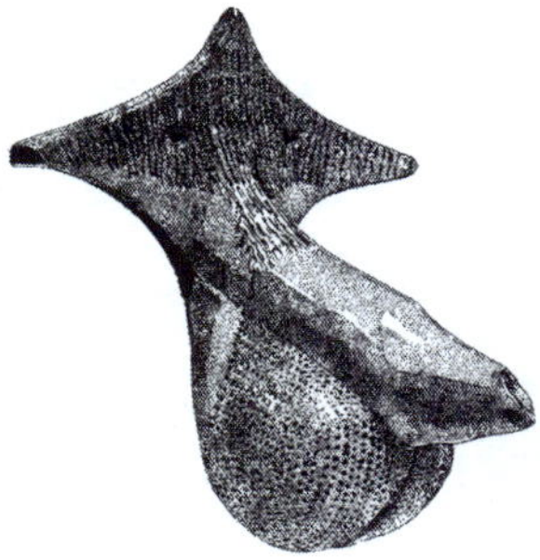

Fig. 22 – Flacon de parfum en forme d'appareil génital externe masculin. D'après photo. Glyptothèque de Carlsberg, Danemark. Copyright A.K.

Fig. 23 – Vase conservé au Musée de Spina, province de Ferrare (Italie). Trois phallus réalistes, affligés d'un phimosis ou allongement du prépuce, ont été modelés sur le couvercle.

représentations masculines grecques, l'ithyphallisme est très prononcé, parfois démesuré, symbolisant de façon exagérée la forte puissance virile. Cette dernière n'est pas propre à l'art grec. On verra, pour le Sahara préhistorique, que nombre de gravures possèdent les mêmes caractères – des caractères, soulignons-le, inventés bien avant les arts antiques.

La céramique montre aussi des satyres et des silènes, là encore en érection (fig. 25). Créatures sylvestres de la mythologie, les satyres étaient représentés à l'origine sous les traits d'hommes rustres, avec queue, oreilles de cheval et phallus en érection. Dans les images présentées ici, les satyres montrent un possible phimosis à l'extrémité de leur pénis (voir plus haut).

À partir du Ve siècle, Silène devient le nom du père nourricier de Dyonysos, dieu du vin et de tous les liquides vitaux (sève, urine, sperme, lait), ce qui favorisera l'intégration graduelle des satyres et des silènes au culte dionysiaque souvent associé au bouc et au taureau, animaux jugés particulièrement

Fig. 24 – Détail d'un cratère attique décoré du dieu Pan, ithyphallique, poursuivant un jeune pâtre. D'après photo. Museum of Fine Arts de Boston (USA). Le gland est décalotté (circoncis ? ou prépuce seulement retroussé ?). Derrière, un pilier (herma), très fortement ithyphallique. Source : A. et H. Metzer, P.-P. Sicre, 1984.

prolifiques. Derrière ces personnages mythologiques et ces dieux, il y a toujours l'idée de la puissance génésique et de la virilité.

Dès la préhistoire, parmi les nombreux thèmes sexuels montrés dans les arts rupestres, celui de la zoophilie, quoique plus rarement dessiné, gravé ou peint, se retrouve dans l'art antique.

Sur le fond d'une coupe, une scène de zoophilie illustre parfaitement ce thème mi-réel, mi-mythologique (fig. 26). Cela montre que l'art de l'Antiquité ne connaissait pas d'interdits, pas plus d'ailleurs que celui de la Préhistoire. On le constatera plus loin en examinant plusieurs gravures sahariennes (voir fig. 287).

Pour en finir avec cette brève revue de l'art érotique grec et bien qu'il ne s'agisse pas, à proprement parler, d'images à caractère sexuel, il apparaît intéressant d'évoquer le décor peint de la célèbre « Tombe du Plongeur » à Paestum (Italie du Sud), notamment le couvercle de cette tombe.

« Le thème du banquet forme un lien entre l'Orient et l'Occident puisqu'il constitue [aussi] une grande partie du décor de la tombe du Plongeur, datée par son matériel de 480 av. J.-C. environ et qui fut découverte en 1968 à 1,5 km au sud des remparts de la cité grecque alors nommée Poseidonia (...). La nouveauté et l'étrangeté (en territoire grec) est la présence de peintures dans ce tombeau, une coutume qui

Fig. 25 – Silène (ou satyre) en érection appartenant aux décors d'un vase. Là encore, le phimosis est bien marqué.

Fig. 26 – Scène de zoophilie (de bestialité, plutôt) peinte sur le fond d'une coupe.

indique probablement une influence de la Campanie, elle-même sous l'emprise de la culture étrusque (...).

Sur les côtés longs se trouvent, disposés symétriquement, sur trois lits, les types habituels des convives : le chanteur accompagné du flûtiste, les joueurs de crotale (...).

La scène du couvercle qui a donné son nom à la tombe pose un délicat problème d'interprétation. À l'intérieur d'un cadre, orné en ses quatre angles d'une palmette, dans un paysage d'une sobriété extrême (fig. 27), se déroule une scène de plongeon (...). Pour R. Bianchi Bandinelli, l'édifice en pierre peint situé à droite du plongeur ne serait pas un plongeoir mais il symboliserait les Colonnes d'Hercule qui marquent, dans la représentation archaïque grecque, la limite du monde : en franchissant des bornes pour plonger dans l'océan, le petit plongeur quitterait le monde des vivants pour celui des morts (...). (Encyclopaedia Universalis, t. 17, p. 829).

Pour notre propos, la morphologie anatomique du plongeur est parfaite (fig. 28), conforme aux canons esthétiques grecs et, dans ces conventions artistiques, on constate que le pénis est de très petites dimensions, analogue en cela à la statuaire. Nudité et « micropénis » (du moins en apparence) constituent, on le sait, des critères esthétiques de l'homme grec, dans l'art.

Dans la collection des œuvres rupestres pré — et protohistoriques d'Afrique et du Sahara, on constatera la présence de très petits pénis dessinés à côté de mégaphallus en érection ou non. Pour ces périodes bien antérieures à l'art grec ou romain, on ne peut invoquer des critères esthétiques analogues, les images de pénis étant très variées, dans des cultures très diverses.

Antiquité romaine

Tout aussi riche que l'art érotique grec, celui de la Rome Antique montre une profusion d'images sur toute sorte de supports, sculptures, peintures, terres cuites, etc.

Les Romains étaient particulièrement superstitieux, plus peut-être que d'autres peuples de l'Antiquité. Dans « Le sexe et l'effroi », Pascal Quignard (1994) livre un texte d'une rare érudition. Il décrit la vie, les mœurs sexuelles des Romains, leur psychologie et leurs fantasmes érotiques. À propos de leurs superstitions, il développe l'explication sémantique et l'enracinement étymologique de mots en rapport avec le sexe. Ainsi (p. 83-84) : « Apotropaïon, veut dire en grec l'effigie qui écarte le mal (...). En latin [ce mot] se dit fascinum. Le fascinum (le fascinus artificiel), [équivalent grec de phallos est un baskanion (un préservatif contre le mauvais œil). Plutarque dit que l'amulette ithyphallique attire le regard du fascinateur (fascinator) pour l'empêcher de se fixer sur la victime. De là l'incroyable arsenal jamais exhibé dans les musées d'amulettes, de pendeloques obscènes, de ceintures, de colliers, de gnomes burlesques, tous de forme priapique, en or, en ivoire, en pierre, en bronze, qui font l'essentiel

Fig. 27 – Décor peint du couvercle de la « Tombe du Plongeur » à Paestum, en Italie du Sud.

des déblais des fouilles archéologiques (...). Le corps humain ne présente qu'une partie singulièrement tintinnabulante (les tintinnabulum de bronze étaient des fascinus auxquels étaient suspendues des petites clochettes et qui étaient accrochés à la ceinture, aux doigts, aux oreilles, sur les poutres, les lampadaires, sur les trépieds). C'est le pénis de l'homme et, à un degré moindre, les bourses, puis les mamelles et les fesses féminines lorsqu'elles sont marquées d'adiposité (...) ».

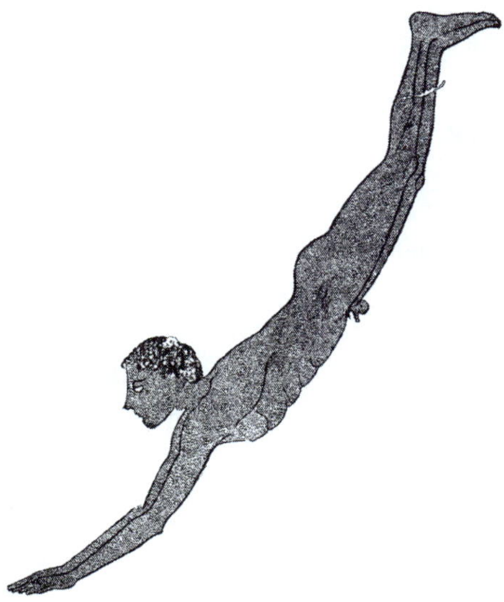

Fig. 28 – Détail du plongeur. Museo Archeologico Nazionale. Dans P. Quignard, 1997. Relevé d'après photo.

Cet auteur indique (p. 100) que « Fascinus ou Priapus fut honoré de stèles durant tout l'Empire. Priapus est le "premier des dieux", le dieu Prin, le dieu Priopoien (le dieu qui "crée-avant", la création elle-même). Priapus fut sans la moindre hésitation le dieu le plus représenté de l'Empire ». Le fascinus est-il bien le pénis dressé ? P. Quignard indique : « En reprenant les textes, je me suis aperçu que le mot phallus n'est jamais employé en latin. Les Romains appelaient fascinus ce que les Grecs nommaient phallos. Du sexe masculin dressé, c'est-à-dire du fascinus dérive le mot fascination, c'est-à-dire la pétrification qui s'empare des animaux et des hommes devant une angoisse insoutenable ».

Sous le règne d'Auguste qui réaménagea le monde romain sous la forme de l'empire, pendant 56 ans, s'opéra la métamorphose de l'érotisme joyeux et précis des Grecs en mélancolie effrayée (P. Quignard, *op. cit.*, p. 12). Cette remarque montre la différence fondamentale entre les conceptions de l'érotisme grec et celles de l'érotisme romain, en dépit de la similitude des objets et des images sexuels dans l'une et l'autre de ces civilisations.

Dans le vestibule de la Maison des Vettii à Pompéi, une peinture montre un Priape en train de peser son énorme phallus. Cet organe était considéré par les Romains comme ayant une fonction fécondatrice des fruits, des céréales ou des légumes qu'on vend au poids sur les marchés. Les fresques murales de la Maison des Vettii « montrent des couples divins à l'imitation des couples terrestres. C'est la fusion entre sensualité et morale, loin de tout penchant pour la luxure et la corruption » (Robert Etienne, 1987). L'une des peintures de cette villa luxueuse, magnifiquement conservée, montre une scène d'amours ancillaires qui pousse très loin le réalisme (fig. 29). Le maître de maison exerce son « droit de cuissage » sur une jeune servante, dans un décor sommaire qui contraste avec la richesse des coussins du lit (esquissée sur la fig. 30).

À Pompéi, dans les maisons closes, des peintures montrent diverses positions de coïts ; leur caractère érotique se double, peut-être, d'une fonction « pédagogique », compte tenu de l'endroit où elles se trouvaient (fig. 30, 31, 32, 33).

L'abondance des peintures, des bronzes et des statues érotiques trouvés à Pompéi a étonné et même scandalisé au XIXe siècle. L'un des premiers commentateurs en fut Stanislas-Marie-César Firmin (1799-1853), chancelier du Consulat de France à Palerme, à Gènes puis à Naples. Il publia ces documents qui forment la Collection du « Cabinet Secret » ou « Cabinet des objets réservés » de Naples. Il fallut attendre 1990 pour que les dames puissent accéder à ce cabinet ! Ce n'est qu'en 2000 que ce lieu fut ouvert au public, avec interdiction cependant aux mineurs non accompagnés.

Notre époque historique et contemporaine (occidentale) produit des images sexuelles aux significations différentes des anciennes, du moins peut-on le supposer.

Pour un pénis érigé, il n'y a pas beaucoup de possibilités de sens : l'excitation, le prélude coïtal, le signe de virilité ou de puissance. Pour une femme ouverte, assise ou accroupie, cuisses écartées, vulve apparente, il peut s'agir d'une posture de coït, d'une exhibition (?), d'une position de parturition ou encore d'un stéréotype de la génération, de la naissance. Dans tous les cas il y a des formes de symbolique sexuelle.

Pour clore notre revue rapide de quelques images et de scènes à caractère sexuel, depuis le Paléolithique supérieur, quelques exemples, dans le monde, nous montreront la formidable diversité de ces types de représentations, inscrites dans les cultures variées.

Représentations sexuelles dans le monde. Quelques exemples

Le sujet, comme son iconographie, est immense. Mais il n'est pas inutile de replacer ces images dans la perspective qui nous intéresse ici, celle de l'art rupestre saharien, ne serait-ce que pour montrer les constantes, en dépit des variations graphiques. Quelques exemples, en Europe et en Afrique, en Australie aussi, devraient permettre de se faire une idée de cette grande variété graphique.

En 1751 un historien du Comté de Dorset, sur la Manche (Angleterre), John Hutchins, relatait pour la première fois, dans une lettre, l'existence d'une grande figure humaine incisée dans la craie sur le flanc d'une colline (fig. 34). Il suggérait que cette gravure dans le paysage (on dirait maintenant du « land art ») avait été tracée au XVIe siècle.

De nombreuses théories spéculent sur le motif de cette figure et sur son âge ; la plus populaire y voit une image du dieu gréco-romain Hercule, sans doute à cause de la massue qu'il brandit. Pour les historiens, l'hypothèse la plus solide est celle que le « géant » (the « Rude Man ») aurait été créé pendant le règne de l'empereur Commode, entre 180 et 193 de notre ère. D'autres théories évoquent sa réalisation vers le Ier siècle avant J.-C.

Quoi qu'il en soit, ce grand personnage, haut de 180 pieds (environ 55 mètres) est ithyphallique, vu de face, avec les côtes saillantes et brandissant ce qui pourrait être une grande massue ou un gros gourdin. Vu sa très grande dimension, il est manifestement destiné à être observé de loin et par tous. Il est possible que cette figure d'ithyphalle soit la plus grande actuellement connue dans le monde. Si son ithyphallisme

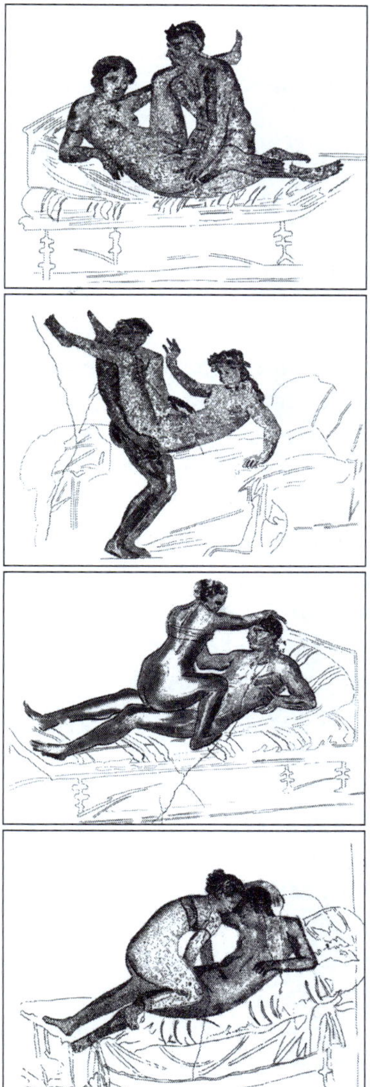

Fig. 29, 30, 31, 32, 33 – Peintures érotiques dans un lupanar de Pompéi. Source : P. Quignard, 1997. Relevés d'après photos.

n'a rien d'étonnant dans les arts, depuis l'origine de sapiens sapiens, sa taille, en proportion avec celle du corps pose question. Une telle effigie destinée aux foules inscrit le phallus dans une symbolique populaire ou communautaire.

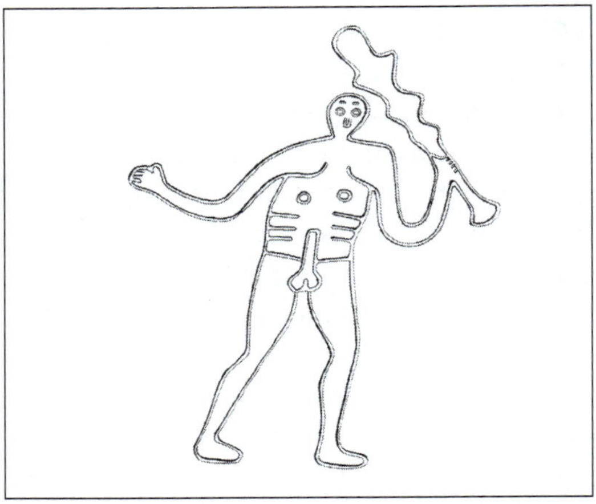

Fig. 34 – Le « Géant » ithyphallique du Comté de Dorset, Angleterre, sur le flanc d'une colline, mesure environ 55 mètres.

Dans les arts post-paléolithiques, l'ithyphallisme semble plus fréquemment représenté que les attributs sexuels féminins (vulves, femmes ouvertes, etc.). Peut-être faut-il voir dans cette plus grande proportion la prééminence de l'homme et sa domination de la femme. La préhistoire finale, à partir du Néolithique, et bien sûr les temps protohistoriques et l'Antiquité, ont connu la disparition progressive du « divin féminin ». Au Néolithique encore, la femme était source de la religion. James Mellaart (1971) l'a bien démontré. L'abondance de la statuaire féminine le confirme dans des aires géographiques très diverses : qu'il s'agisse de la « Maîtresse des animaux » de Çatal Höyük (Anatolie) ou de la déesse crétoise aux serpents et mère de toutes les divinités ou l'Inanna à Sumer (...) des figurines de pierre de l'Helladique ancien ou des Cyclades, celles en terre cuite de Bulgarie, etc. » (Françoise Gange, 2002).

L'homme (= le mâle) détrône la Déesse Mère dont le culte probable remonte au Paléolithique et, de ce fait, partout dans le monde, l'image de la puissance virile s'impose progressivement.

L'âge du Bronze scandinave, par exemple, dans la province de Scanie, au sud de la Suède, se caractérise entre autres, par une grande quantité de haches. Dans le secteur d'art rupestre de Simrishamn étudié en 1945 par Althin, on trouve une scène gravée d'un ithyphalle tenant à deux mains une grande hallebarde, avec des armes (haches) à son voisinage (fig. 35). Il est intéressant de remarquer ici la courbure prononcée de l'extrémité du pénis qui peut faire penser à la maladie dite de Lapeyronie comme on l'évoquera plus loin pour quelques images d'ithyphalles sahariens. Sans pouvoir poser un diagnostic d'ordre médical, il sera intéressant d'évoquer la question d'éventuelles anomalies génitales représentées dans les arts rupestres.

Fig. 35 – Ithyphalle gravé tenant une grande hallebarde. Scandinavie. Âge du Bronze.

Des gravures de l'âge du Bronze selon certains auteurs ou du premier âge des Vikings (800 – 930 ans avant notre ère), selon d'autres, montrent, en Suède, de nombreux personnages armés de lances, avec des bateaux (drakkars). Les hommes sont souvent ithyphalliques, comme celui-ci (fig. 36), dont l'abdomen est curieusement dessiné par des cercles concentriques. On peut suggérer que ces cercles figureraient un bouclier accroché à la ceinture, comme le personnage qui lui fait face. On remarque qu'ils portent une épée au côté. Une ligne de cupules sépare les deux principaux combattants (?). Des drakkars sont figurés.

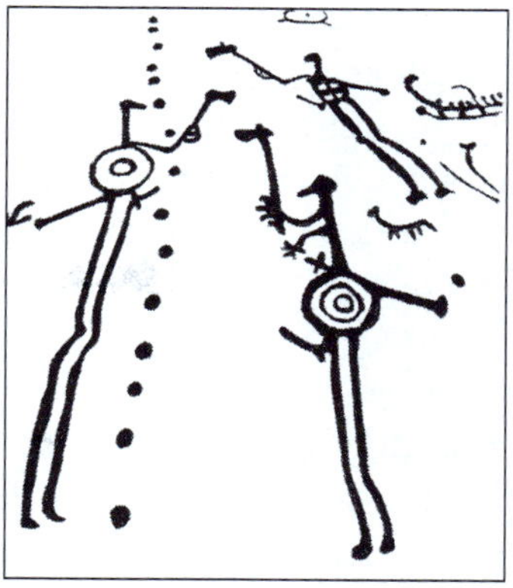

Fig. 36 – Gravures de guerriers vikings, ithyphalliques, armés de haches. Suède. Âge du Bronze.

Dans la symbolique sexuelle, les armes perforantes et tranchantes — les poignards, les lances, les épées, tous attributs du guerrier — sont souvent associées à la virilité et suggèrent la pénétration du pénis dans le rapport sexuel. Dans les temps modernes, le pistolet Colt du cow-boy de l'Ouest américain n'est-il pas aussi un emblème de sa virilité, remplaçant ainsi l'arme blanche par l'arme à feu ?

En Arabie centrale, sur un gros rocher, on voit des guerriers qui brandissent un « sceptre » à crochet (fig. 37), objet datant de la fin du Chalcolithique à la fin du IVe millénaire avant J.-C., dans une grande scène « illustrant probablement le culte du bovidé ou du Taureau » selon E. Anati (1997, p. 132).

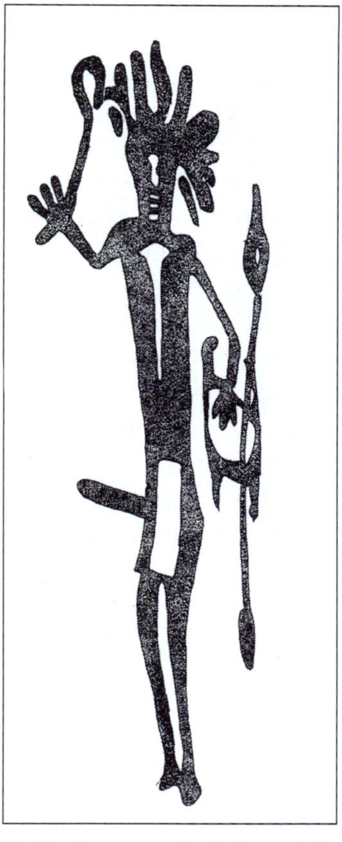

Fig. 37 – Personnage ithyphallique gravé tenant une crosse, un bouclier et une lance. Arabie Centrale. Début de l'Âge du Bronze.

En Afrique, du nord au sud, les scènes à caractère sexuel ont une diversité et une liberté qu'on ne rencontre que rarement ailleurs. L'homme africain, au corps souvent paré, tatoué ou scarifié, mais généralement peu habillé, subit, comme dans toutes les sociétés traditionnelles, les contraintes, les obligations, les interdits et les règles de la vie communautaire et religieuse. Les codes culturels sont nombreux, mais il semble que sa sexualité soit libre (en dehors des règles du lignage) : son expression rupestre, du moins, semble bien le montrer.

Sur ce continent, pendant toute la préhistoire et la protohistoire, l'ithyphallisme était couramment représenté, quels que soient l'époque et le lieu.

L'art rupestre du Zimbabwe est d'une grande richesse, à l'instar de celui de toute l'Afrique australe (Namibie, Afrique du Sud, Lesotho, Malawi, etc.). Les images masculines, féminines aussi, montrent souvent des personnages nus ou seulement pourvus d'un pagne ou d'un cache-sexe, quelle que soit leur activité (guerre, élevage, recherche d'aliments, récolte, cueillette, etc.). Les modes de représentation des individus sont très variés, jusqu'à une extrême stylisation. C'est par exemple le cas de cet homme au bonnet pointu, très longiligne (fig. 38), dans le site de Gwangwadza, au centre du Zimbabwe. Malgré l'extrême simplification du trait, on remarque que le pénis est en érection, son angle avec le bas de l'abdomen et la petite fesse ronde étant caractéristique. Mais il est difficile de dire si c'est un « micropénis » ou un pénis « normal » compte tenu du dessin général de la silhouette du personnage.

Le site de Manemba Cave, dans la région des Matopos, au sud du Zimbabwe, comme d'autres dans ce riche secteur rupestre, contient de nombreuses parois à peintures. Sur l'une de ces parois, une scène de chasse se déroule, montrant des buffles précédés de chasseurs (fig. 39). Nus, au corps orné (tatouages, scarifications, peintures ?), ils brandissent à la main gauche un arc à simple courbure et des flèches. Le bras droit, tendu, semble indiquer la direction à suivre. En proportion de leur corps, le pénis paraît plutôt petit, sans qu'on puisse le qualifier de « micropénis ». Sur la fig. 39 on remarque que le chasseur de gauche a un pénis qui paraît plutôt flaccide, celui de droite, un pénis qui paraît en érection. Ces deux dispositions physiologiques peuvent-elles être possibles pour deux individus qui accomplissent en même temps la même action ? Cela ne paraît pas impossible. Ou bien le peintre n'a pas été d'une grande précision dans son dessin, ou encore il n'avait pas ses modèles sous les yeux, quoi qu'il soit assez facile de se remémorer la morphologie d'un pénis, davantage que celle d'une vulve et ce, d'autant plus si le peintre est un homme… Au milieu d'une grande majorité d'hommes au pénis flaccide sur une plage de nudistes, on peut rencontrer un individu en érection, un facteur psychologique, une pensée érotique intervenant alors, fortuitement, dans cet état.

Dans l'art foisonnant du Zimbabwe, plusieurs catégories de figures sont représentées : les humains, les animaux, les objets, les signes (symboles et emblèmes). Ce n'est pas original : partout les arts rupestres offrent de telles représentations. Les peintures d'êtres humains sont des archétypes en ce qu'elles révèlent le rôle des hommes et des femmes dans la société. Elles mettent en valeur les mouvements, la posture, les gestes et des actions comme le repos, la course ou la danse.

Il n'y a pas ou très peu de scènes à caractère délibérément sexuel, notamment des accouplements, dans cet art, contrairement à l'art du Sahara où, sans être très nombreuses, elles sont néanmoins présentes. Peter Garlake (1995) publie un seul accouplement dans le site de Wedza, au sud-est de Harare (fig. 40). Il n'est d'ailleurs pas assuré qu'il s'agisse bien d'un rapport sexuel, la gestuelle de l'homme dont les bras n'apparaissent pas en rapport direct avec l'acte, n'évoquant pas vraiment l'intimité.

L'une des parois les mieux conservées, aux pigments les plus « frais » se trouve dans le secteur sud-est de Harare, dans le site appelé « Diana » s vow », région du Manicaland. Sur la haute paroi verticale d'un grand bloc de granite, un ensemble très abondant de peintures comprend de nombreux personnages et des objets, en particulier des paniers, dont la signification selon P. Garlake (1995) ressortirait d'états de transe. Le grand personnage allongé, selon cet auteur, serait en état de transe archétypal (fig. 41). La position de ses bras et de ses jambes démontre qu'il est totalement conscient et qu'il contrôle ses actions. Il peut s'agir d'un chamane. Son corps est couvert de points blancs de « puissance latente » comme l'est aussi l'« ovale de puissance » attaché à la chute des reins.

Ce qui peut se rapporter à notre sujet « sexuel » concerne une sorte de filament (ou un cirre, appendice faisant saillie sur des parties du corps de certains animaux) qui sort de son pénis, passe derrière ses jambes et se termine par une sorte de pompon ou de bouquet caractéristique. L'auteur ne hasarde pas d'hypothèse sur la signification de ce tracé mais il décrit précisément le personnage dont le visage est peint avec des marques d'hippotrague noir. Des analyses comparatives suggèrent que les lignes s'élevant de sa tête sont dérivées des défenses d'éléphant et ne sont pas des cornes. De la même manière, les « lignes tombant de sa tête peuvent avoir suggéré une crinière de lion. Les personnages peints sous ce grand individu allongé, accompagnés de paniers (...) représentent des participants à une danse de l'hippotrague qui atteint son paroxysme dans la transe du grand personnage allongé ».

L'art pictural du Zimbabwe est encore mal daté, tout au plus par des datations indirectes. Dans la région des Matopos, au sud du pays, des petits morceaux de granite desquamé portant des traces de peintures ont été datés de 13 000 et de 5 000 ans BP. Les méthodes indirectes de datation incluant le contexte de l'art en relation avec des périodes archéologiques connues, proposent une large séquence chronologique, entre 30 000 et 2 000 ans BP. Beaucoup de ces peintures sont attribuées aux chasseurs-collecteurs depuis le « Late Stone Age », jusqu'aux communautés agricoles de l'âge du fer. Ces peintures sont attribuées aux populations autochtones, les San (ou Boschimans) qui occupaient tout l'intérieur de l'Afrique méridionale et qui ont été refoulés jusqu'au désert du Kalahari. Ils parlent une langue khoisan.

Tous les chasseurs sont des hommes archétypaux. Ils portent souvent des arcs et des flèches et parfois un sac sur l'épaule ou sous le bras. Ils sont toujours figurés en groupes nombreux. Les femmes sont beaucoup plus rares que les hommes dans cet art. Elles sont généralement vêtues de courts tabliers de peau. Les cueilleuses ont de longs bâtons droits à fouir et des sacs sur l'épaule.

De nombreux animaux sont peints. Les koudous (Tragelaphus strepsiceros) et les sassabis (Damaliscus lunatus) dominent dans tout le Zimbabwe. On voit également des babouins, des éléphants, des rhinocéros, des antilopes et occasionnellement des zèbres. Les artistes ont surtout représenté des animaux femelles.

Notons enfin que l'art rupestre du Zimbabwe ne fait l'objet de recherches scientifiques approfondies que depuis environ une quinzaine d'années, alors que d'autres régions rupestres comme la Namibie ou l'Afrique du Sud sont connues et répertoriées de longue date, certaines depuis le XIXe siècle.

On l'a signalé, l'acte sexuel est rarement représenté dans l'art rupestre d'Afrique australe. Un exemple cependant mérite l'attention. Figuré par E. Anati dans l'un de ses gros livres sur l'art rupestre mondial (1989, p. 52) – des livres qui reprennent souvent les mêmes thèmes et la même iconographie –, il s'agit d'une scène gravée qui montre de manière allusive un coït : une femme aux bras courts et aux gros seins dessinés de part et d'autre du torse a un pénis de grande taille entre les jambes (fig. 42). La position des seins semble indiquer qu'elle est en décubitus dorsal, c'est-à-dire couchée sur le dos, une posture possible de coït. Leur forme indique qu'elle a allaité (femme pare). Des lignes au bas pourraient indiquer le profil d'une silhouette masculine (?). En haut, à gauche, près de la tête de la femme, on voit le profil d'une tête animale, sans doute un bovin sauvage (antilope ?) tirant la langue. Cette scène gravée se trouve dans un site près de la localité de Gobabis, région de Omaheke, dans l'est de la Namibie. Un rare exemple de sexualité active dans l'art extrêmement riche et diversifié de ce pays.

Les populations anciennes du subcontinent austral d'Afrique, – les San, principalement – ne représentaient pas de rapports intimes dans l'art rupestre ; peut-être y avait-il un interdit culturel ? Cela diffère notablement des images de cette sorte en Afrique du Nord et au Sahara où aucun interdit de cet ordre ne devait exister durant la préhistoire.

Bref retour en Europe, pour en finir avec cet aperçu des « arts érotiques » dans le monde. À propos de rapports sexuels figurés, une scène gravée sur la grande roche de Viteycke, près de Tanum dans le Götaland (Suède), — un site classé au patrimoine mondial de l'Unesco en 1994 —, montre ce que E. Anati (1997) appelle « une scène de consécration (?). L'union d'un homme et d'une femme semble s'accomplir sous la protection (?) d'un grand personnage ithyphallique qui tient en main une hache » (fig. 43). Des cupules parsèment la dalle de granite inclinée à 30°. Si les deux personnages sont étroitement liés par les bras, les sexes et une petite barre au niveau de leurs jambes, il n'est pas assuré qu'ils soient unis sexuellement, en dépit de la présence d'un ithyphalle à côté, ce qui donne un caractère sexuel à la scène. Cet ensemble gravé est daté de l'âge du Bronze, entre 1 500 et 500 av. J.-C.

En Australie les gravures et les peintures rupestres sont innombrables sur tout le continent. Des études nombreuses ont été menées par les chercheurs aus-

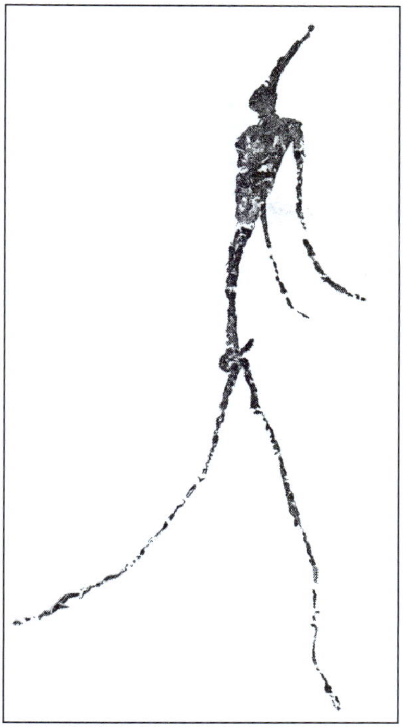

Fig. 38 – Peinture d'un personnage longiligne, filiforme, à petit pénis dressé. Centre du Zimbabwe.

Fig. 39 – Deux chasseurs précédant un buffle à Menemba Cave, Zimbabwe. L'un a le pénis flaccide, l'autre en érection probable. Relevé d'après photo F.S., 2007.

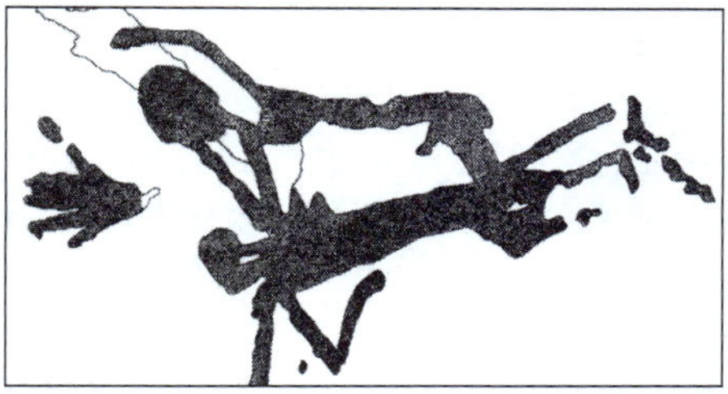

Fig. 40 – Un accouplement probable, gravé au sud-est de Harare, Zimbabwe. D'après P. Garlake, 1995.

Fig. 41 – Détail d'une des peintures du rocher de « Diana » s vow », dans la région du Manicaland, Zimbabwe. D'après photo F.S., 2007.

traliens et par quelques chercheurs européens qui ont établi une chronologie et distingué différents styles de peintures. Ce que le paléo-ethnologue trouve d'unique, ici, c'est que les Aborigènes d'aujourd'hui peuvent expliquer en partie l'art rupestre d'il y a quelques milliers d'années. Pour lui, ce qui s'est passé il y a trente mille ans (ou il y a trois cents ans), appartient à une même époque, – le « temps du rêve » (Tjukurpa en langue anangu) – qui commence dans la nuit des temps et dans laquelle les images, les types d'associations, les idéogrammes restent les mêmes. L'art rupestre d'Australie reste donc en partie « lisible ».

Fig. 42 – Un coït allusif gravé à Gobabis, est de la Namibie. D'après E. Anati, 1989.

L'un des styles picturaux dit « X – Ray ; Rayons X » appartient à ce qu'on appelle le complexe d'« Arnhem » (en Terre d'Arnhem). Ce sont des peintures au trait qui donnent l'impression de voir le corps des humains ou des animaux, par exemple des kangourous ou des poissons, comme à la radiographie : des organes internes sont dessinés. Ce style est daté de -400 (BC) à nos jours. Dans ce style, une scène de copulation a été relevée (fig. 44) dans un site de la Terre d'Arnhem. La femme est placée sur l'homme allongé. On a ici un exemple de « perspective étalée », terme proposé par J.— . Duhard : les deux sujets sont couchés sur le dos, une posture qui ne permettrait pas le coït, mais l'homme a les membres inférieurs de profil, indiquant qu'il est en réalité sur le côté gauche, et les deux membres supérieurs de la femme sont figurés de profil alors que le reste du corps est en décubitus dorsal. La latéralisation des seins peut être une convention graphique pour les isoler du thorax ou un effet de réalisme, les seins se plaçant latéralement dans le décubitus dorsal, et de façon marquée dans les seins ptosés de multipare, bien qu'ici leur aspect conique serait celui d'une femme jeune. L'ornementation des corps peut traduire une réalité (peinture, tatouage) ou résulter d'une convention graphique symbolique. On notera le grand développement de la vulve, dont l'épaisseur des reliefs correspondrait aux grandes lèvres et l'extrême abduction-flexion des cuisses.

Une autre peinture de la Terre d'Arnhem, dans les territoires du nord, en Australie, à l'ocre rouge et blanche, montre une femme aux cuisses écartées, dont la vulve possède des lèvres hypertrophiées, pendantes. Elles résultent peut-être d'un allongement rituel (fig. 45). On évoquera cette pratique plus loin. Selon une convention graphique, comme dans beaucoup d'arts rupestres dans le monde, les seins, très stylisés, sont peints de part et d'autre du torse, ici haut placés, comme sous les aisselles.

Cette image pourrait correspondre à la « Matrice de l'Humanité » dans la symbolique ou la mythologie aborigène. Dans le ventre de la femme, on voit en effet deux petits personnages, celui de gauche ayant l'aspect d'une femme ouverte, – un bébé masculin et un bébé féminin (?) –, emblématique du peuplement humain de la terre. Et même s'il ne s'agit pas de cette symbolique, il reste évident dans ce dessin que le ventre de la femme est le lieu de la génération, ce que les aborigènes comme tous les autres peuples de la terre ont vénéré, de tout temps.

Fig. 43 – Un possible accouplement, debout, en présence d'un grand personnage ithyphallique brandissant une hache. Gravures de Viteycke, Götaland, Suède. Âge du Bronze. D'après E. Anati, 1997.

Comme souvent dans l'art aborigène, ses seins sont dessinés de part et d'autre du torse. Schématiquement, le pénis introduit dans le vagin est visible. Une ligne de points est tracée sur la verge et le gland. On remarquera, dans une cuisse de la femme un très petit personnage, très schématisé (fig. 44). S'agit-il du symbole d'un enfant ? Comme toujours, dans le style « X-Ray » le décor interne des personnages est très riche. Dans l'art australien, les hommes et les femmes sont souvent représentés nus, dans la plupart des styles. Cela évoque une grande liberté d'expression dans laquelle la nudité n'était pas tabou.

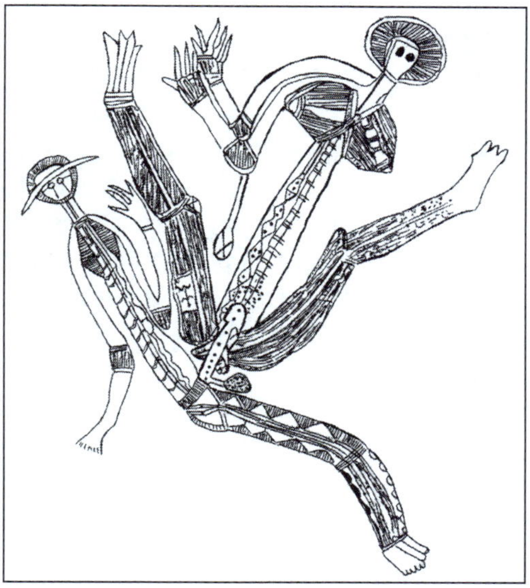

Fig. 44 – Peintures dans le style « X – Ray » montrant un accouplement. Terre d'Arnhem, Australie.

Dans toutes les cultures, depuis la préhistoire jusque dans les sociétés traditionnelles actuelles, hors de nos civilisations modernes, mécanisées (acculturées ?), on trouve des constantes dans les relations sexuées et dans les images qui les évoquent. Si de nombreuses religions modernes voient dans le sexe la raison de tous les maux, les religions primitives croyaient, au contraire, à un lien naturel entre le sacré – le religieux – et l'élément sexuel.

Comme le disent L. et J. Romé (*op. cit.*, p. 39), en Afrique noire, « le sexe, tant masculin que féminin fut l'objet d'un culte à travers presque tout le continent. Il imprégnait les structures sociales de la plupart des peuples. Le sexe et la force qu'il représente faisaient partie de tous les cycles de la vie : naissance, rites d'initiation, noces et mort. Il représentait la transmission de la vie et ne méritait pas d'être caché, tout comme ne méritaient pas d'être dissimilés le plaisir et la joie qu'il produisait ».

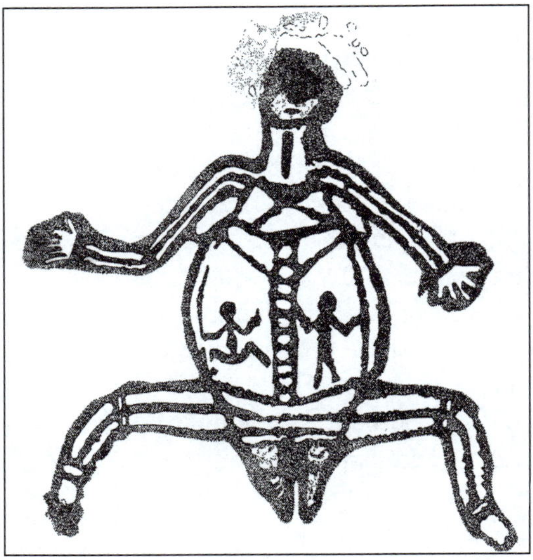

Fig. 45 – Peinture rouge et blanche d'une femme aux jambes ouvertes et à la vulve hypertrophiée portant deux personnages (l'un masculin ? l'autre féminin ?) dans son ventre. Terre d'Arnhem, Australie du Nord.

Le sexe masculin représente une force physique et vitale, mais d'une virilité fragile et incertaine (on ne « bande » pas sur commande) qu'il fallait consacrer par des gestes propitiatoires et qui rend compte du culte phallique. Alors que la femme a été l'objet d'un culte de la fertilité, sa sexualité pouvant s'exercer même en l'absence de désir et d'excitation vulvaire.

Outre les gravures et peintures rupestres, quantité d'objets, statuettes en bois, en bronze, en ivoire, représentaient des organes et des pratiques sexuels. Cela n'est d'ailleurs pas propre aux civilisations africaines. On en trouve en Indonésie, en Amérique centrale, chez les Mayas, les Aztèques, les Incas, en Amérique du Nord, chez les Celtes et les Vikings, bref, partout où Homo sapiens s'est répandu.

Chapitre II

L'art rupestre saharien

Avec l'Afrique australe et le continent australien, l'art rupestre du Sahara constitue la plus importante concentration de peintures et de gravures préhistoriques et protohistoriques de notre planète. Il est vrai que le Sahara – le plus grand désert chaud du monde – avec ses 8,5 millions de km² et ses multiples massifs rocheux, offre une innombrable quantité de surfaces où peintres et graveurs ont pu s'exprimer. En réalité, partout où il y a des rochers, parois, affleurements, dalles, gros blocs, abris sous roche, on a toutes les chances de trouver des peintures ou des gravures.

Périodisation de l'art saharien

Dès lors qu'on ne possède pas de moyens sûrs et fiables de donner un âge absolu à une surface rocheuse ornée de gravures ou de peintures, on en est réduit à réunir des faisceaux d'indices indirects qui aident à établir une périodisation de l'art, c'est-à-dire une chronologie relative. On estime, par exemple, que telle œuvre est postérieure ou antérieure à telle autre en appliquant les principes généraux de la stratigraphie aux superpositions apparentes des œuvres par recoupements ou entrecroisements de traits gravés, par additions et recouvrements partiels de couches picturales. La nature des sujets représentés peut également indiquer une ancienneté relative : des grands animaux de la faune sauvage, comme les hippopotames ou les éléphants, qui réclament beaucoup d'eau et de végétation pour vivre, dénotent non seulement des conditions climatiques passées humides, mais aussi une plus grande ancienneté que des animaux domestiqués comme le cheval ou le dromadaire – ce dernier étant bien adapté aux conditions arides du désert actuel – et dont on sait qu'il a été introduit tardivement au Sahara.

On peut aussi se baser sur les types anthropologiques et ethnographiques des personnages dessinés sur les parois ou dont on trouve, rarement, des vestiges fossiles, et qui représentent des populations différentes des actuels Touaregs : des négroïdes qui pourraient précéder des peuples europoïdes, méditerranéens et des peuples mélanodermes venant de l'est.

Les pollens fossiles recueillis dans les sédiments attestent non seulement des peuplements végétaux adaptés à des climats plus ou moins humides, mais aussi leur importance quantitative et leur extension territoriale.

Enfin, les cortex, les patines et les « crasses » naturelles qui recouvrent les surfaces rupestres et dont on tâche de déceler l'ancienneté relative par la couleur – les teintes sombres étant plus âgées que les teintes claires – et par divers moyens physiques, chimiques et microbiologiques, au laboratoire, peuvent donner des indications.

Tout cela aide, bien sûr, à déterminer une chronologie relative de l'art, mais on reste loin d'un accord entre les spécialistes selon que les uns ou les autres privilégient plus ou moins tel ou tel critère. C'est en effet ce que montre la littérature scientifique sur ce sujet. Par exemple, J.-L. Le Quellec (1998) oppose deux périodisations de l'art saharien, l'une longue, enracinée dans le Pléistocène, vers 12 000 ans BP, celle de Henri Lhote ou celle de Fabrizio Mori ; l'autre, courte, débutant vers 6 500 BP, celle d'Alfred Muzzolini et la sienne. Dans l'une et l'autre de ces chronologies, les arguments sont recevables. Autant dire qu'en l'absence de moyens techniques de laboratoire permettant d'établir une chronologie absolue des œuvres rupestres, par exemple par des radiodatations isotopiques, la controverse sur leur âge est loin d'être terminée, notamment pour déterminer les débuts de l'art au Sahara : Paléolithique final ou Néolithique ?

Quoi qu'il en soit, depuis longtemps on dispose d'une chronologie relative de cet art fondée sur les critères qu'on indiquait plus haut, en particulier l'analyse des sujets, des thèmes, des styles et de leurs éventuelles superpositions.

On s'accorde généralement sur l'ordre dans lequel se succèdent les principales phases de l'art – une logique d'apparition sur les rochers des principaux motifs qui caractérisent chaque période —. Il s'agit de cinq ensembles artistiques, depuis le plus ancien, préhistorique, jusqu'au plus récent, historique.

1. L'ensemble dit du « Bubalin naturaliste » (fig. 46 à 55) est essentiellement représenté par des gravures, des animaux de la grande faune sauvage : buffles antiques, éléphants, rhinocéros, girafes, hippopotames, antilopes, félins, etc. On y voit aussi des animaux déjà domestiqués (des bœufs, des vaches), des personnages dont un nombre assez important d'ithyphalles.

2. L'ensemble dit des « Têtes rondes » (fig. 56 à 61), exclusivement représenté par des peintures, souvent des personnages à tête discoïde qui ont donné le nom à la période, mais aussi des êtres imaginaires, des signes, des formes énigmatiques (symboliques ?). C'est un art empreint de mystère (F. Soleilhavoup, 2007).

3. L'ensemble dit « Bovidien » (fig. 62 à 67) comprend des peintures et des gravures. Il correspond à la principale phase climatique humide du Sahara et à une remarquable extension de l'élevage (bovins, puis ovins et caprins). Les œuvres sont généralement naturalistes. Nombreuses sont les images de troupeaux et de scènes de la vie domestique. Des animaux sauvages sont souvent représentés, notamment des buffles antiques, une espèce qu'on croyait disparue dès le Néolithique ancien (fig. 67). Plusieurs styles picturaux ont été définis dans cette période pastorale (A. Muzzolini, 1995).

4. La période du cheval (fig. 68 à 74) ; styles dits « caballins » ou « équidiens ». Au début de cette période, ce sont des représentations de biges, chars légers tirés par deux chevaux, dits « au galop volant » à cause de l'allure « envolée » des chevaux (fig. 68, 69). Par la suite, des chevaux, montés ou non, sont peints ou gravés (fig. 71, 72, 73). Les personnages, à cheval ou à pied sont schématisés, vêtus d'une longue ou d'une courte tunique serrée à la taille, ce qui leur donne une silhouette « bitriangulaire ». Ils sont porteurs de lances ou de javelots, de boucliers ronds. Au début de la période, un style caractéristique montre des peintures de personnages longilignes, debout ou assis, vêtus de longs manteaux rouges ou blancs. Les populations pratiquaient l'élevage et se combattaient parfois. Elles sont paléoberbères ; leurs descendants sont les ancêtres des Touaregs actuels. Vers la fin de la période apparaît l'écriture : des caractères libyques anciens dont les graphies consonantiques ont dérivé dans les caractères tifinar, l'actuelle écriture des Touaregs. Un style, fréquent au nord de l'Aïr, au Niger, est celui du « guerrier libyen », souvent représenté avec un casque surmonté de plumes (fig. 74).

5. La période du chameau (fig. 75 à 78) ; ce sont les styles dits « camelins ». Elle correspond à l'introduction du dromadaire au Sahara et débute entre 350 et 150 ans BC (Before Christ) (2350 -2150 BP, Before Present) et elle se prolonge dans les temps historiques jusqu'à nos jours.

En 1993, Ginette Aumassip, préhistorienne spécialiste de l'Afrique du Nord, publiait un tableau comparant les principales chronologies établies par des auteurs, Henri Lhote, Malika Hachid, Fabrizio Mori, Alfred Muzzolini, sur une échelle de temps de 12 000 ans qui voit se succéder deux périodes humides et trois périodes arides (fig. 79). Comme on l'a dit, ces chronologies sont très allongées (Mori) ou très resserrées (Muzzolini), mais on y trouve partout le même enchaînement des ensembles artistiques.

Fig. 46 — Gravure de deux grands buffles antiques affrontés. Période du Bubalin Naturaliste. Station d'El Richa, monts du Djebel Amour, Atlas saharien, Algérie.

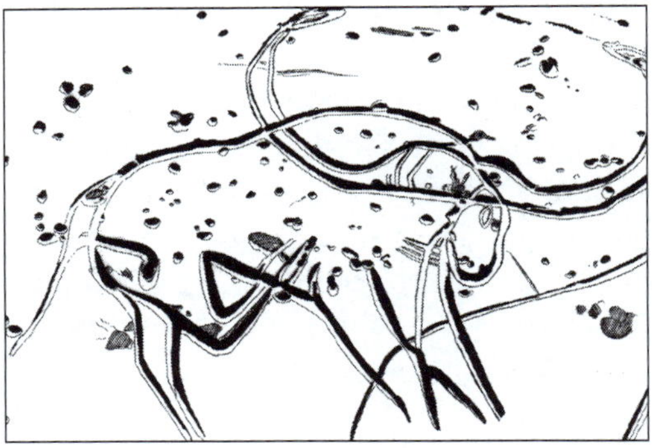

Fig. 47 – Gravure d'un grand buffle antique se grattant le ventre avec une patte postérieure, une attitude rarement représentée. Période du Bubalin Naturaliste. Station de Guébar Réchim, monts des Ksour, Atlas saharien, Algérie.

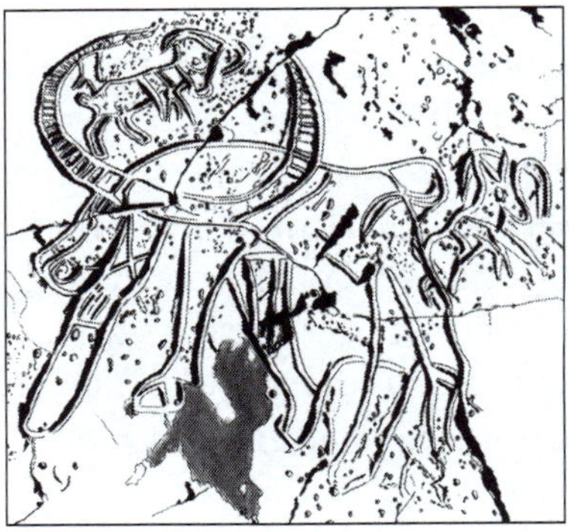

Fig. 48 – Grand buffle gravé, aux cornes annelées. Deux petits animaux (mouflons ?), l'un entre les cornes, l'autre, derrière, gravés dans le même temps. Wadi I-n-Elobu, Messak Settafet, Libye.

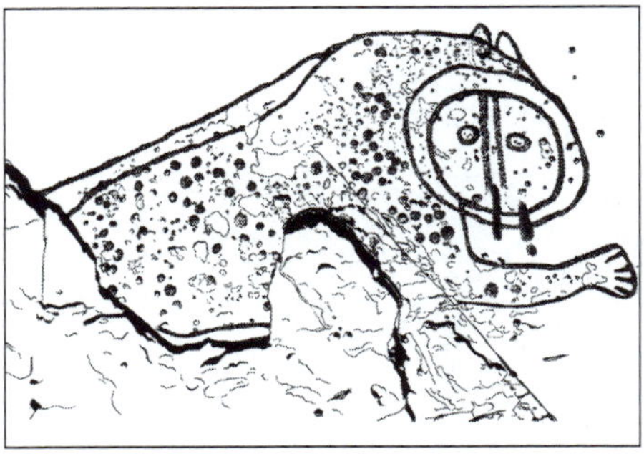

Fig. 49 – Une panthère gravée sur la face en partie desquamée d'un gros bloc. Représentation conventionnelle des félins dans l'art de l'Atlas Saharien : corps de profil et tête ronde vue de face. Période du Bubalin Naturaliste. Station de Hadjrat Mokhotma, monts des Ouled Naïl, Atlas.

Fig. 50 – Antilope attaquée par une lionne, surchargée par une autruche. Gravures du Bubalin Naturaliste. Rocher-champignon de Zaccar, monts des Ouled Naïl, Atlas saharien, Algérie.

Période du bubalin naturaliste

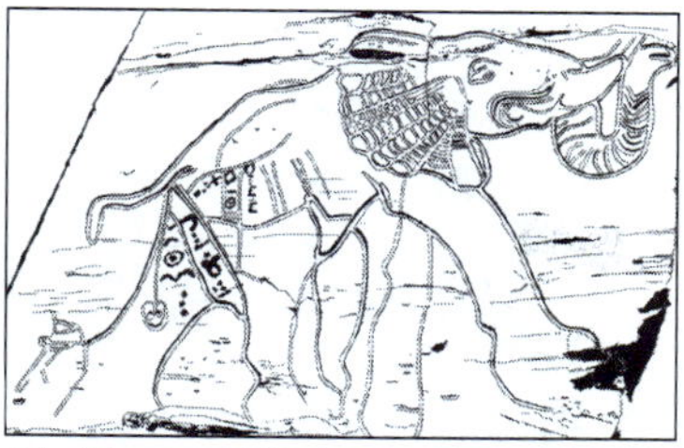

Fig. 51 – Grand éléphant gravé au trait large et poli, en train de charger, trompe levée. Période du Bubalin Naturaliste. Station de I-n-Galghewan, wadi I-n-Habeter, Messak Settafet, Libye. Les caractères d'écriture tifinar sont évidemment bien postérieurs.

Fig. 52 – Gravure d'un éléphant chargeant un personnage en fuite, sur une paroi verticale. Station de Ti-n-Merzouga, sud-est du Tassili-n-Ajjer, Algérie.

Fig. 53 – Belle scène gravée, réaliste, de la période du Bubalin Naturaliste. Un éléphant protège son petit de l'attaque d'une lionne. Station de Aïn-Sfissifa, près de El Richa, Djebel Amour, Atlas saharien, Algérie.

Fig. 54 – Frise gravée, au trait poli, dans le style naturaliste du Bubalin, mais qui date peut-être de l'époque suivante, le Bovidien. Une femme à bonnet conique ouvre le cortège d'animaux sauvages et domestiques (bœufs). Wadi Badaouel, secteur de l'Aramat, Libye. Relevé d'après photos F.S.

Fig. 55 – Hippopotames et crocodiles sont des animaux typiques d'une phase climatique humide du Sahara, étroitement inféodés aux eaux pérennes. Gravures de la période du Bubalin Naturaliste. Wadi Imrawen, Messak Settafet, Libye.

Période des têtes rondes

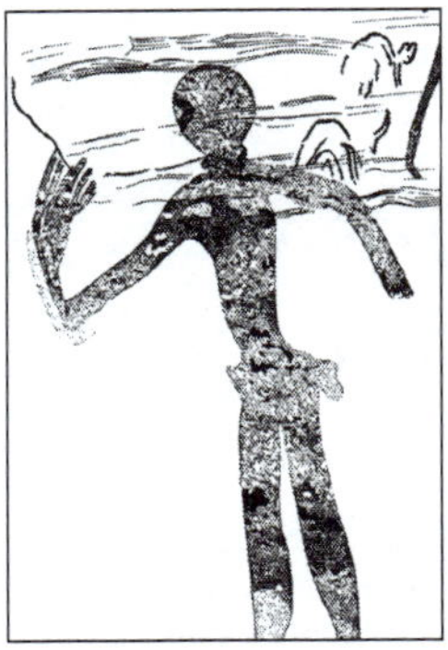

Fig. 56 – Peinture en aplat rouge, typique de la période des « Têtes rondes ». Site de Séfar, Tassili-n-Ajjer, Algérie.

Fig. 57 – Fresque à la peinture ocre-rouge du style « Têtes rondes », dans un abri de Ti-n-Tazarift, Tassili-n-Ajjer, Algérie.

Fig. 58 – Détail de la fresque précédente (fig. 57). Personnage « flottant » ou « volant » qui pourrait renvoyer à une interprétation d'ordre chamanique.

Fig. 59 – Trois personnages peints aux corps ornés (peints ou tatoués ?) de la période des « Têtes rondes ». Site de Séfar, Tassili-n-Ajjer, Algérie.

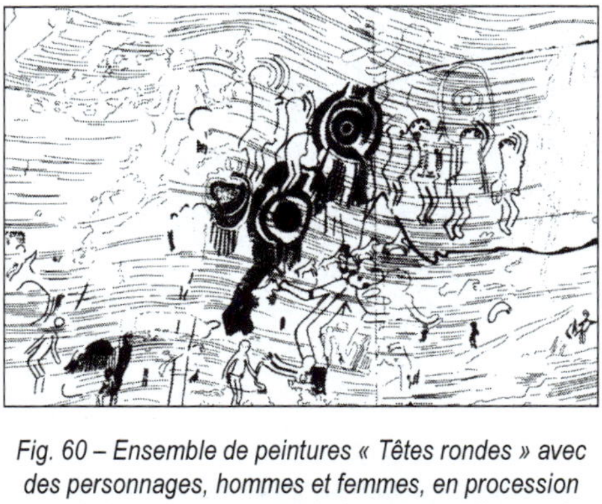

Fig. 60 – Ensemble de peintures « Têtes rondes » avec des personnages, hommes et femmes, en procession (orants), petits animaux et trois formes arrondies munies de franges qui évoquent des tambours de chamane. Site de Séfar, Tassili-n-Ajjer, Algérie.

Fig. 61 – Peinture d'une étrange double file de petits personnages courbés, les bras vers l'arrière, comme dans une danse (transe ?). Deux grands personnages sont placés à gauche. Station de Ti-n-Tériest, Tassili-n-Ajjer, Algérie. Période « Têtes rondes ».

Période du bovidien

Fig. 62 – Relevé d'après Henri Lhote (1957) de la grande fresque des vaches polychromes à Jabbaren, Tassili-n-Ajjer. Période Bovidienne.

Fig. 63 – Ensemble de peintures de la période pastorale (bovidienne) à Jabbaren, Tassili-n-Ajjer, Algérie. D'après photo F.S., 1974.

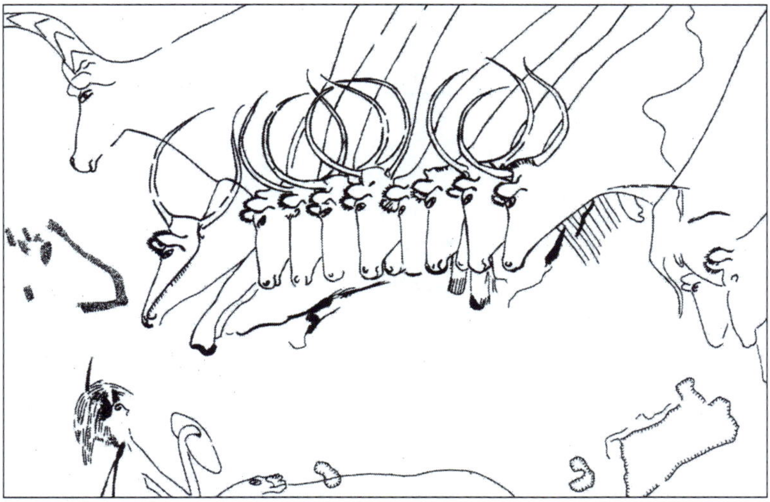

Fig. 64 – Peintures au trait d'un ensemble de vaches africaines (cornes en lyre) vues de profil, comme à l'abreuvoir. Période bovidienne. Site d'Ihéren, Tassili-n-Ajjer, Algérie.

Période du bovidien

Fig. 65 – Scène peinte, narrative, où un chasseur s'apprête à dépouiller avec son poignard un mouflon abattu et qui interpelle un berger près de sa vache. L'attitude de repos de l'autre chasseur et celle des chiens sont très naturelles. Période bovidienne. Abri Ebérère, Tassili du Nord, Algérie.

Fig. 66 – Une scène gravée typique de la période pastorale : la traite d'une vache, avec d'autres autour et des mâts fourchus auxquels sont suspendues des calebasses, sans doute pour le lait. Site de Tiksatine, Messak Settafet, Libye.

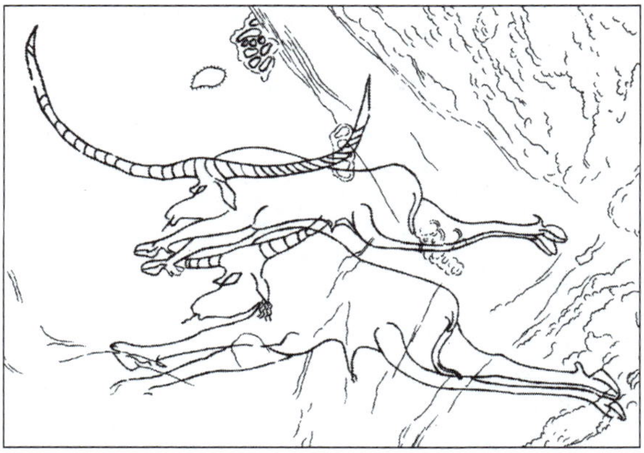

Fig. 67 – Peintures au trait dans l'un des styles du « Bovidien » de deux grands buffles antiques — une espèce qu'on pensait éteinte dès la fin du Bubalin. Wadi I-n-Lelen, région de l'Aramat, Libye.

Période caballine

Fig. 68 – Peintures de la période Caballine (ou équidienne) montrant une probable course de chars légers, des biges. Le char de gauche superpose une scène bovidienne marquant ainsi l'antériorité chronologique de celle-ci. Cavité dite « Akar-Akar » dans le site de Oua-n-Rechla, tassilis du sud.

Fig. 69 – Un char peint, dit « au galop volant », poursuivant une girafe ocellée. Période Caballine. L'aurige fouette ses chevaux. Les caractères tifinar sont probablement postérieurs. Abri Timeshral dans le wadi Aramat, Libye.

Fig. 70 – Dans la période Caballine, rares sont les représentations de bœufs attelés à un char léger. Peintures rouges ; les bœufs sont en blanc. Wadi Aramat, Libye.

Fig. 71 – Les chevaux montés ou non sont généralement représentés postérieurement aux chars. Ici, des cavaliers poursuivent deux autruches. Gravures de la période Caballine. Wadi Tissaloutine, nord de l'Akakus, Libye.

Période caballine

Fig. 72 – Deux beaux chevaux gravés non loin du puits de Anou I-n-Azaoua, Tassili de Ti-m-Missao, Algérie.

Fig. 73 – Ensemble de peintures d'époque caballine dans la cavité « Akar-Akar » où deux chevaux naturalistes encadrent un personnage schématisé (le « Maître des chevaux » ?). Autour, les autres personnages sont typiquement de style libyco-berbère (paléoberbère) avec leurs silhouettes bi-triangulaires, la taille serrée par une ceinture. Site de Oua-n-Rechla, tassilis du sud, Algérie.

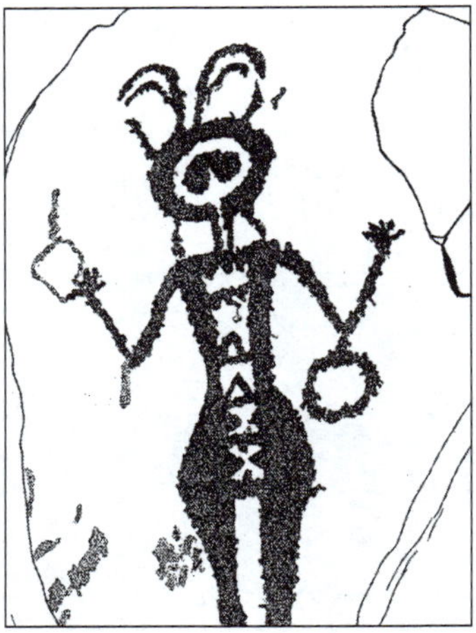

Fig. 74 – Dans la période caballine paléoberbère, les images de « guerriers libyens » sont caractéristiques dans le nord de l'Aïr oriental, au Niger, avec leurs casques emplumés. Kori Tagueï, massif du Takolokouzet.

Période cameline

Fig. 75 – Scène peinte à l'ocre rouge montrant le probable déplacement d'un campement. Chameaux et chamelles ; guerriers armés de lances, épées et boucliers ronds. Les colonnes de tifinar sont sans doute contemporaines. I-n-Etouami, Tassili-n-Ajjer, Algérie.

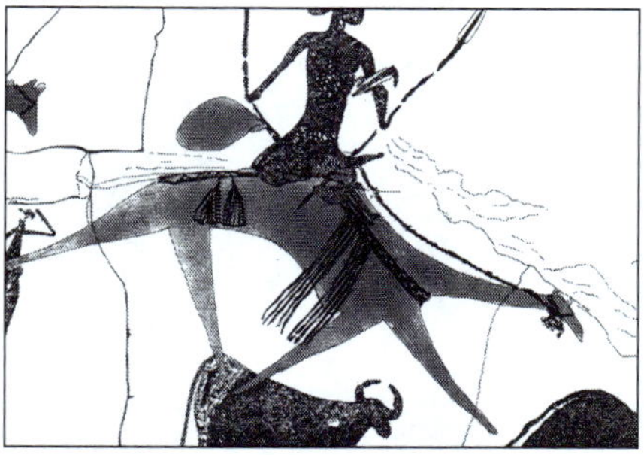

Fig. 76 – Un chameau richement harnaché, monté d'un guerrier libyen, superpose partiellement une vache de la période bovidienne. Peinture rouge et blanche. Site de Archeï, massif de l'Ennedi, Tchad.

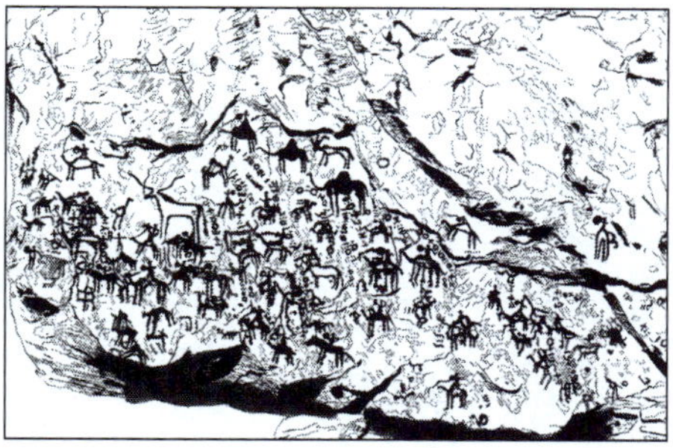

Fig. 77 – Le grand monolithe d'Oua-n-Tourha, dans le massif de l'Ahnet, au nord-ouest du Hoggar, Algérie, est surchargé de gravures de chameaux et de quelques chevaux, avec des écritures, ce qui indique la période de transition chronoculturelle entre le caballin et le camelin.

Fig. 78 – Dans la période transitoire caballine/cameline, les dromadaires sont assez souvent représentés avec un palanquin posé sur la bosse, une structure destinée à transporter femmes et enfants. Ici, au moins deux dromadaires portent un palanquin. Plusieurs chevaux sont gravés de façon stylisée. Station de Tahiouine Ti-n-Tamat, nord de l'Akakus, Libye.

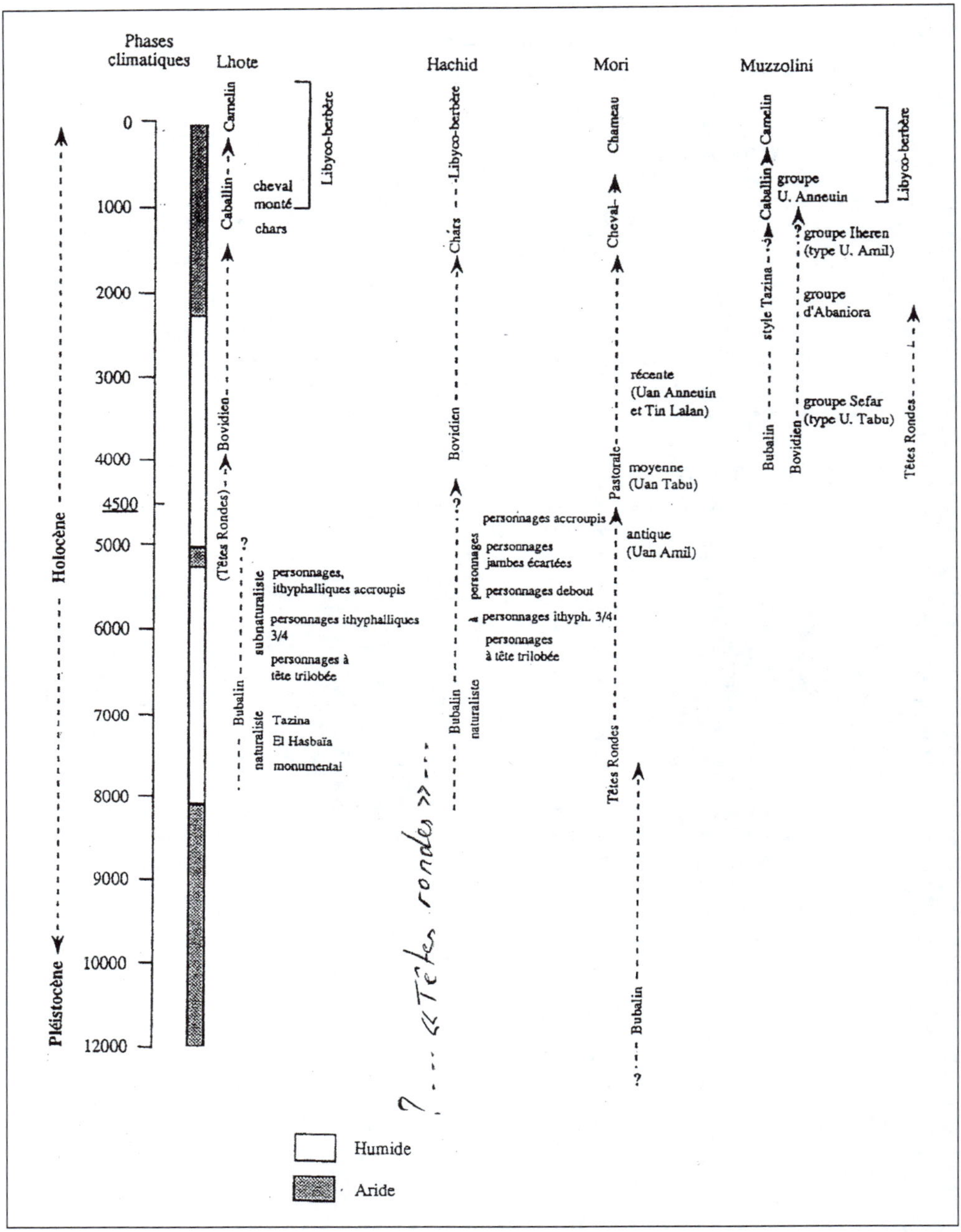

Fig. 79 – Tableau des chronologies comparées de l'art rupestre saharien, établi par G. Aumassip, 1993.

Les grandes régions rupestres

Une carte générale du Sahara (fig. 80) sur laquelle figurent tous les pays du subcontinent permet de se faire une idée de la répartition générale de l'art rupestre, mais on ne dispose pas encore d'une carte assez précise localisant les figurations à caractère sexuel.

La carte (fig. 81) montre les principaux reliefs du Maghreb septentrional, les chaînes telliennes au nord et atlasiques au sud encadrant les Hautes Plaines.

On l'a dit, l'art rupestre est présent partout où se trouvent des régions rocheuses et des massifs granitiques ou volcaniques, ainsi que dans toutes les régions gréseuses, comme les tassilis (plateaux).

C'est donc dans chaque pays qu'on trouvera – qu'on découvre encore – de l'art rupestre : au Sahara Occidental (Territoire Sahraoui), en Mauritanie, au Maroc (Anti-Atlas, Haut Atlas), en Algérie (Atlas saharien [fig. 81, 82], Sahara central : Hoggar, Tassili-n-Ajjer, Tassili oua-n-Ahaggar), au Mali (Adrar des Iforas), au Niger (surtout au nord, dans l'Aïr, et sur le plateau du Djado), en Libye (dans l'Aramat, dans l'Akakus, sur le plateau du Messak [fig. 83], au Tchad [Tibesti, Ennedi], en Égypte [Gilf Kebir, Djebel Uweinat], jusqu'au Soudan ; en Arabie également. Un immense espace, donc, qui est loin d'être totalement exploré et inventorié quant à son patrimoine rupestre.

Bien sûr, depuis des décennies — en réalité depuis le milieu du XIXe siècle – de nombreux explorateurs, aventuriers, chercheurs, missionnaires, etc. ont sillonné ces immensités, du nord au sud et d'est en ouest. Des travaux importants ont été réalisés, parfois ponctués de belles monographies dont certaines font toujours autorité. Des cartes régionales de répartition des stations rupestres ont été établies, par exemple dans l'Atlas saharien d'Algérie [Soleilhavoup, 2003] [fig. 82].

Répartition des images sexuelles

Dans cette matière, tout au plus, actuellement, peut-on considérer que les images à caractère sexuel, notamment les rapports, sont plus nombreuses à l'est du Sahara qu'à l'ouest. Des régions entières sont dépourvues de ce type de figurations à l'ouest. Du moins, cette observation résulte, pour ce qui nous concerne, de plus de quarante années de fréquentation assidue du Grand Désert...

Il faut signaler cependant qu'en 1952, Léo Frobenius publiait une intéressante carte du Sahara [fig. 84], jusqu'en Mésopotamie où il avait pointé les « images d'union sexuelle » et où il précisait : « motifs cosmogoniques du mythe des parents du monde ». Les commentaires de cette carte par ce grand précurseur faisant œuvre d'archéologue et d'historien des mentalités sont révélateurs de préjugés en vogue au début du XXe siècle. En effet, Frobenius a montré comment la « civilisation de l'époque moyenne de l'âge de pierre – celle-là même qui, voici des milliers d'années, créa dans un monde souterrain les œuvres d'art de l'Aurignacien jusqu'au Magdalénien et qui a

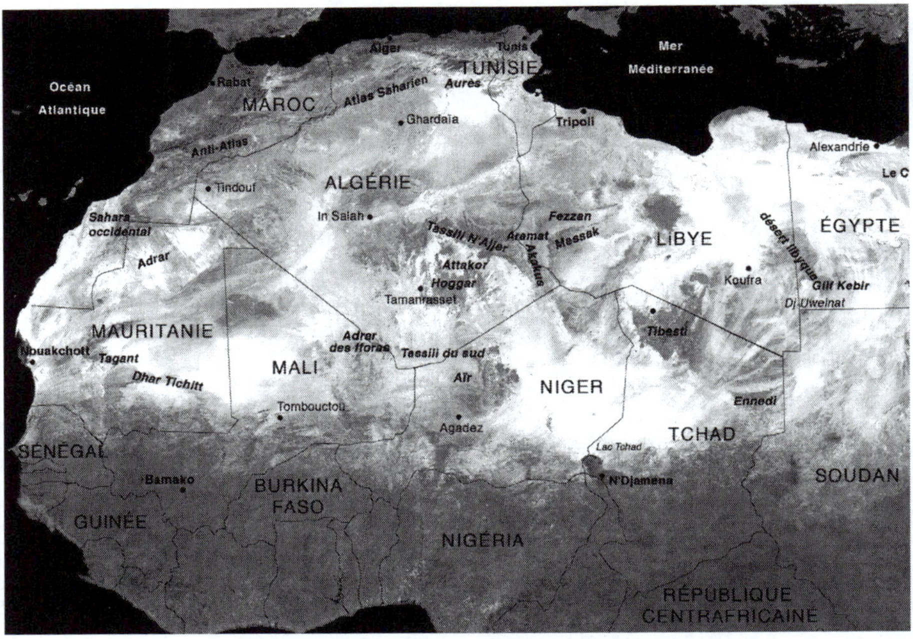

Fig. 80 – Carte générale du Sahara avec la localisation des principaux centres d'art rupestre. © Ibis Press éd., Paris

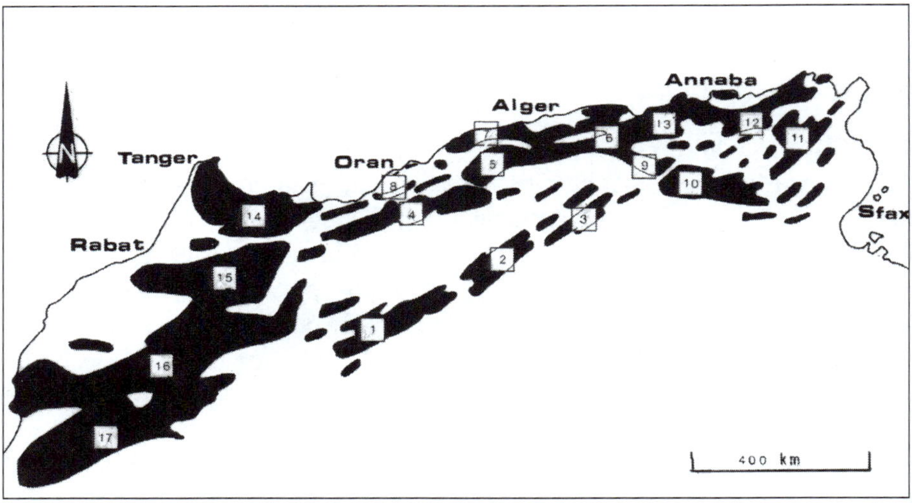

Fig. 81 – Les principaux reliefs du Maghreb septentrional. Les chaînes telliennes au Nord et atlasiques au Sud encadrent les Hautes Plaines.
1 : monts des Ksour ; 2 : Djebel Amour ; 3 : monts des Ouled Naïl ; 4 : chaînes telliennes ; 5 : Ouarsenis ; 6 : Djurdjura ; 7 : Dahra ; 8 : Tessala ; 9 : Hodna ; 10 : Aurès et Nemencha ; 11 : Dorsale tunisienne ; 12 : Kroumirie ; 13 : chaîne numidique ; 14 : Rif ; 15 : Moyen Atlas ; 16 : Haut-Atlas ; 17 : Anti-Atlas.
1, 2, 3 : Atlas pré-saharien ; 4 à 9 : Atlas tellien ; 11 à 13 : Tunisie ; 14 à 17 : Maroc

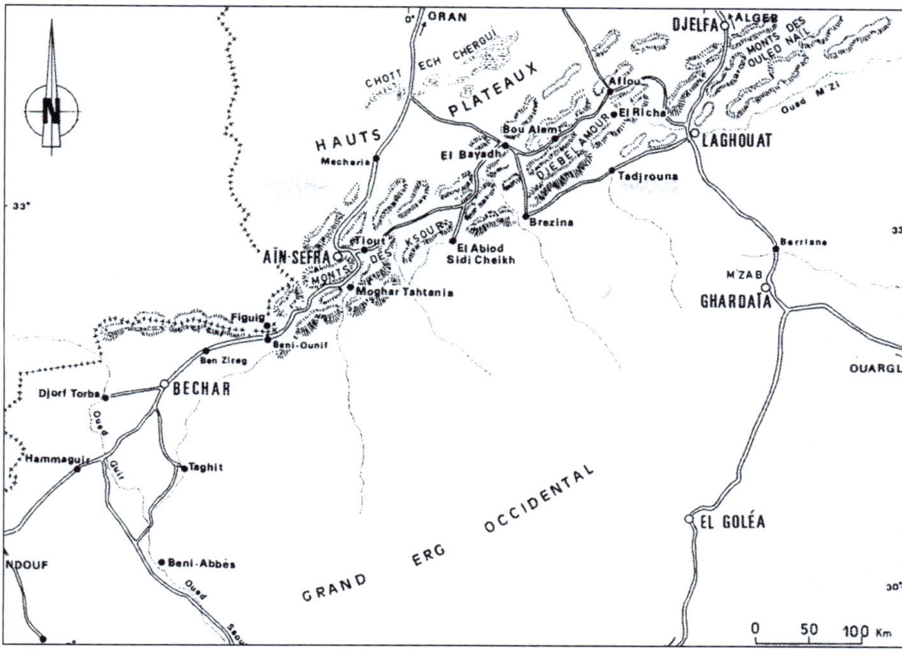

fig. 82 – Localisation des principaux centres d'art rupestre dans l'Atlas saharien d'Algérie.

disparu en Europe – s'est perpétuée jusqu'à nos jours sur la terre africaine » Il fut le premier à dire et à prouver, cependant, que nous voyons encore vivre au sud ce qui, chez nous, au nord, a disparu depuis longtemps. L'idée, en soi, n'est pas inexacte ; par contre, l'erreur fut, pour certains, dont l'Abbé Breuil, de considérer que le grand art paléolithique des cavernes, en Europe ou même celui du Levant Espagnol, avait influencé les arts d'Afrique, autrement dit que les civilisations du sud ne pouvaient dériver que de celles du nord. On sait maintenant qu'il n'en est rien : l'art néolithique du Sahara ne doit rien, sur le plan chronoculturel à celui du Paléolithique européen.

Sur la carte publiée par Frobenius [fig. 84, page suivante], on voit :

[1] au centre, la détermination de l'âge : commencement de l'art de l'époque moyenne de l'âge de pierre comme premier témoignage. [5] et [6] : à l'est et provenant d'illustrations archéologiques – Mésopotamie, Égypte – la signification « dans les deux cas, la position supérieure de la femme comme ciel et la position inférieure de l'homme comme terre s'accordant, d'une part avec la conception populaire, de l'autre avec la répartition des rôles à l'époque moyenne de l'âge de pierre ».

« L'art des autres œuvres qui appartiennent à la période du bœuf au Fezzân dans l'Atlas saharien [3] et [2] – œuvres procédant à la fois d'une ancienne civilisation et d'influences de la civilisation orientale – ne présentent qu'un intérêt plastique, mais aucune signification nouvelle. Mais ce qui est important et

Fig. 83 – Au nord-ouest du Bassin de Mourzouk, le plateau du Messak Settafet est parcouru d'un grand nombre de cours d'eau intermittents (wadis). Cette carte établie par A. et A.-M. Van Albada (1993) donne la localisation des principales stations de gravures rupestres.

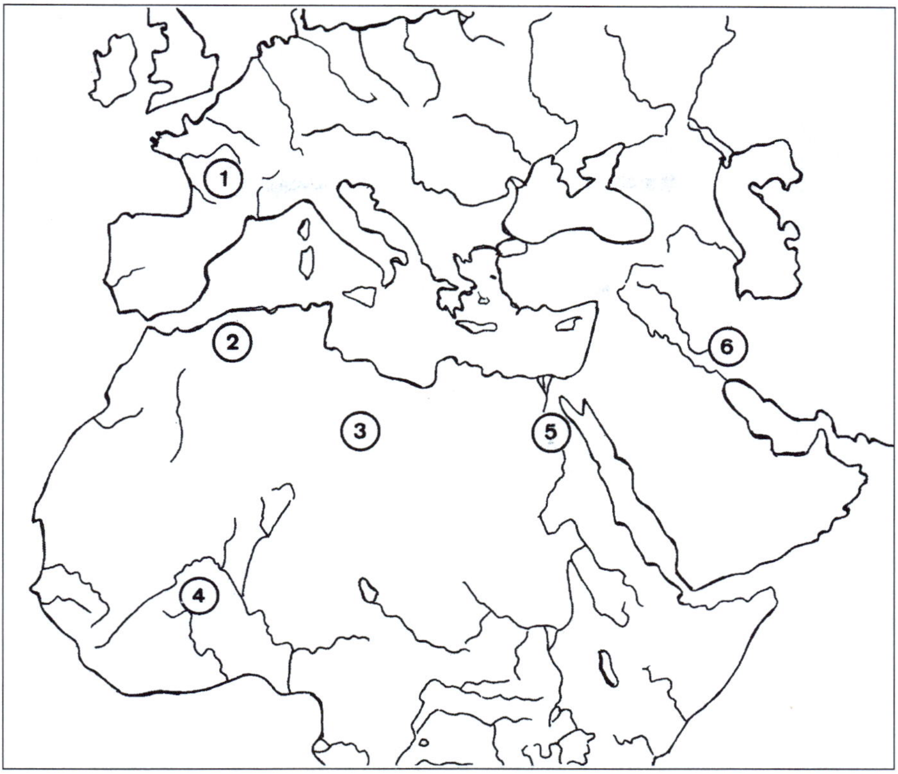

Fig. 84 – Carte publiée par Leo Frobenius (1952) où il avait pointé les « images d'union sexuelle » 1 à 6 (voir texte).

décisif, ce sont les commentaires fournis par les documents ethnographiques du Soudan [4]. Ici, l'homme est représenté en haut en tant que ciel et la femme en bas en tant que terre. Cette dernière conception est devenue définitive. Aujourd'hui, du moins, "le" ciel et "la" terre correspondent à l'idée en vigueur de par le monde » [Frobenius, 152, p. 140-141].

Fondés sur des conceptions mythologiques et ethnographiques, ces commentaires portent en réalité sur la position symbolique, davantage que physique de l'homme par rapport à la femme, lors d'un acte sexuel. Il y a, sous-jacent à cette idée, un rapport de dominant à dominé.

Dans l'art saharien, on le verra, les images d'accouplements montreront assez souvent la femme au-dessus de l'homme, c'est-à-dire, selon le commentaire de Frobenius, le ciel [féminin] sur la terre [masculin]. Entre les temps préhistoriques et l'époque actuelle, il y aurait donc eu, selon cet auteur, un « renversement des positions » de l'amour physique.

L'art saharien, on le sait, est d'abord animalier ; l'être humain, même s'il est souvent présent, reste quantitativement minoritaire. Il apparaît plutôt comme un faire-valoir pour l'animal, sauf, bien sûr, dans le cas où il est montré seul ou en groupe, en dehors de toute présence animale.

L'image du sexe [organes génitaux] et de la sexualité ne constitue, rappelons-le, qu'une quantité très modeste dans l'art, comparée à la remarquable profusion des images « non sexuelles ».

Chapitre III

L'homme, la femme et le couple dans l'art saharien

La caractérisation du sexe

Dans la représentation de l'humain, au Sahara comme partout ailleurs, il faut distinguer les figurations « neutres », sans connotation ou allusion sexuelle et celles qui montrent d'évidents caractères sexuels, allusifs ou non : organes génitaux, scènes de sexualité active. Il n'est pas toujours très aisé de distinguer ces deux catégories. Par exemple, l'image d'un pénis flaccide serait neutre, – celle d'un homme simplement nu – à l'inverse d'un pénis érigé s'il est éjaculateur de surcroît.

Dans l'art saharien, une autre question se pose : dans plusieurs cas, – au moins dans la période protohistorique paléoberbère –, il y a une incertitude pour la reconnaissance physique des hommes et des femmes. La fig. 85 est pourtant la preuve que, même dans cette période, une symbolique sexuelle a pu exister : dans un graphisme extrêmement schématique, sur une paroi de la station de Hadjrat El Kheïl, monts de Ksour, Atlas saharien d'Algérie, trois personnages ont été finement incisés, deux hommes et une femme. La détermination de leur sexe se fait par deux sortes de signes : trois petits points formant un triangle et un petit segment vertical, vers le bas, pour les hommes ; un petit motif tridenté pour la femme. C'est une manière originale de figurer les organes génitaux. En outre, la femme possède deux seins en ovales allongés et l'un des hommes porte un poignard de bras et un bouclier triangulaire (fig. 85) : les armes seraient un caractère sexuel tertiaire (CS III) masculin.

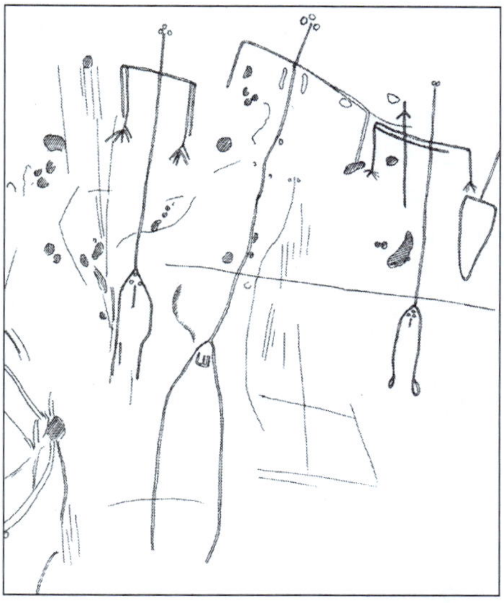

Fig. 85 – Deux hommes et une femme, finement incisés sur une paroi à Hadjrat El Kheïl, monts des Ksour, Atlas saharien. Période paléoberbère. La symbolisation des sexes est ici originale, nulle part observée ailleurs, dans cette période.

La plupart du temps, cependant, dans cette période dite aussi libycoberbère, l'attribution du sexe est délicate, voir impossible. On s'attendrait plutôt à voir les femmes habillées de longues jupes ou robes et les hommes porteurs d'une tunique courte serrée à la taille, comme sur cette peinture

Fig. 86 – Quatre personnages paléoberbères de la phase dite Caballine. Il est possible ici que les hommes tenant une canne soient vêtus d'une courte tunique serrée à la taille et que les femmes portent une longue robe. Celle de droite est entrouverte, laissant voir les jambes et les pieds chaussés de sandales à lanières. Grand abri Ebérère, Tassili du nord, Algérie.

(rouge) du grand abri Ebérère dans les tassilis au nord du Hoggar (fig. 86). Les deux hommes, ici en tunique courte, portent chacun un bâton (ou une canne), un objet caractéristique de la masculinité dans cette période protohistorique. On en verra d'autres exemples plus loin, mais le vêtement pourra être une longue tunique. Le bâton devient alors, à lui seul, un signe masculin (CS III), en l'absence d'autres déterminants sexuels. On remarquera que les deux sujets à robe longue ont une saillie fessière plus accentuée, un caractère secondaire plutôt féminin.

Les vêtements longs ou courts ne caractérisent pas nécessairement les sexes de ceux qui les portent. Ainsi, il est indubitable qu'une femme – on pourrait même dire une élégante – porte une jupe courte, sur cette peinture dans le sud de l'Akakus (fig. 87). Au signe évident de sa féminité que sont des seins pointant de part et d'autre du torse, s'ajoutent des objets que nous avons l'habitude de qualifier de « féminins » : bracelets de poignets et de chevilles, bagues, petit réticule à la main. Certes, ces objets ne suffiraient pas à caractériser une femme : d'autres civilisations ou cultures ont connu des hommes parés de la même manière. Les Assyriens en sont un exemple.

Comme indiqué plus haut, on peut considérer que l'importance du fessier, y compris la stéatopygie qui est un dépôt de graisse dans les fesses, peut orienter vers une attribution au sexe féminin. Certains personnages dans la période paléoberbère, permettraient ce diagnostic. L'adiposité fessière et la largeur des hanches, sont retenues comme des caractères sexuels secondaires (CS II) féminins.

Fig. 87 – Une femme porte une jupe courte dont l'ourlet est orné de perles (?). Elle est parée (bagues, bracelets). Période paléoberbère. Site de I-n-Farden, Akakus, Libye.

Cependant dans de nombreux cas, dans cette période, l'appartenance sexuelle n'est pas déterminable aussi aisément. Le personnage assis sur un tabouret à quatre pieds dans la station de Tehiet tan Gergour (Akakus) et portant une petite coiffe ronde au sommet de la tête peut aussi bien être un homme qu'une femme (fig. 88). On verra que dans le cas des couples, en l'absence de caractères sexuels secondaires, l'incertitude reste la même.

Pour le diagnostic du genre, c'est-à-dire pour établir un indice de féminité et un indice de masculinité, on se basera sur trois séries de caractères :

- les caractères sexuels primaires (CS I) : testicules et ventre gravide (preuve d'ovaire) ;
- les caractères sexuels secondaires (CS II) : vulve, pénis, seins, fesses, adiposité, pelvis, thorax, barbe ;
- les caractères sexuels tertiaires (CS III) : coiffures, parures, vêtements, activités, mais ces détails peuvent donner lieu à des interprétations erronées, on en a vu des exemples plus haut.

Dans la plupart des périodes de l'art saharien, les caractères de féminité et de masculinité sont néanmoins souvent visibles.

Fig. 88 – Impossible ici d'attribuer un sexe à ce personnage assis sur un tabouret à quatre pieds. Une coiffe arrondie est posée sur sa tête. Station de Tehiet Ta-n-Gergour, Akakus.

Féminité et images sociales de la féminité

Dans le style « Bovidien » (période pastorale), il n'est pas rare de voir des personnages vêtus d'amples manteaux, parfois richement décorés, assis sur des vaches, notamment des vaches africaines à longues cornes en lyre (Bos africanus). C'est le cas, par exemple dans la station d'Oua-n-Derbaouen, dans la région d'Ihérir, Tassili-n-Ajjer (fig. 89) où on voit un groupe important de ces bovinés en marche, probablement le déplacement d'un campement avec quatre personnages – des femmes, selon L. Allard-Huard et P. Huard (1986) – portés par les animaux. Deux autres se profilent derrière des vaches, celui de gauche, le bras levé, semble activer la marche du troupeau. Les femmes montrent ici de hautes coiffures, peut-être des cheveux longs rassemblés en coiffures bouffantes sur la tête. Leur profil est europoïde. Dans les groupes de pasteurs, lors de transhumances, les femmes étaient ainsi transportées. Cela existe encore de nos jours. On retrouve chez les paléoberbères et jusqu'à maintenant ce mode de transport des femmes et des enfants dans des structures en forme de tente, protégées par des tissus, que les Arabes actuels nomment bassour. Ces palanquins sont fixés sur la bosse du dromadaire ; le Musée du Quai Branly, à Paris, en présente un bel exemplaire. On en voit plusieurs types dans l'art rupestre protohistorique (Soleilhavoup, 2001-2002 ; voir fig. 78).

Pas de palanquins au Néolithique, mais on peut penser que les peintures de ces personnages assis sur des vaches ou des bœufs représentent des femmes, – une forme de respect ou de considération pour la condition féminine à cette époque, comme encore maintenant.

Dans le wadi Ahloun, région de l'Aramat (sud-ouest libyen), appartenant à une petite fresque, une femme vêtue d'une ample pèlerine (ou manteau) est assise sur un bœuf (fig. 90, 91). Elle tient en main un objet crochu (pique à

Fig. 89 – Groupe de femmes à grandes capes décorées, assises sur le dos de vaches africaines. Peintures à Oua-n-Derbaouen, dans la région d'Ihérir, Tassili-n-Ajjer, Algérie. Période pastorale.

bœuf ?). Ses cheveux sont assez longs et ondulés. On retrouve ici une position analogue à celle précédemment décrite (fig. 89), comme étant caractéristique d'un « statut social » de la femme chez les pasteurs bovidiens.

Dans l'art gravé du Messak, au Fezzân libyen, des tenues vestimentaires sont spécifiquement féminines, – du moins peut-on le supposer. Selon A. et A.-M. Van Albada (1995), une symbolique sexuelle féminine est visible pour un certain nombre de sujets. L'exemple le plus remarquable se trouve sur une paroi du wadi Taleshut (fig. 92, 93) où pas moins de quinze symboles féminins sont visibles, dont douze sont représentés sous la forme de pendeloques accrochées aux vêtements (fig. 93). L'une de ces pendeloques a un aspect de « nasse », ces

Fig. 90 & 91 – Femme à longs cheveux ondulés, assise sur le dos d'une vache. Peinture dans le wadi Ahloun, région de l'Aramat, Libye. Période pastorale.

Fig. 92 – Ensemble gravé (partie gauche) sur une paroi du wadi Taleshut, Messak Settafet. Des symboles féminins figurent dans le décor des bœufs richement harnachés. Période pastorale.

Fig. 93 – Ensemble gravé (partie droite) sur la même paroi du wadi Taleshut, Messak. Des symboles féminins en forme d'ancre forment des pendeloques accrochées à la ceinture des deux femmes encadrant un homme (?). Période pastorale.

formes dont la fonction ou la symbolique est énigmatique, comme on le verra plus loin. Cette frise est complexe : deux femmes stéréotypées entourent un homme probablement masqué et tiennent au bout de longes torsadées des bovidés bâtés et richement ornés (fig. 92, 93). Selon les auteurs, cette scène pourrait correspondre à un rite d'initiation (masculine ?).

Sur le bât des bœufs ou entre ces animaux, des signes « scutiformes » (en forme de bouclier), « sagittés » (en forme de pointe de flèche) ou ayant l'apparence d'une main, correspondent à un symbolisme féminin. En effet, comme on le verra plus loin (fig. 239 à 246), quelques dizaines de représentations de « femmes ouvertes » (« vénus accueillantes » selon Van Albada) ont été gravées en divers points sur le plateau du Messak. Dans une abstraction progressive, partant de ces femmes vues de face, cuisses écartées, vulve apparente, on aboutit aux signes tels qu'on les voit sur les bovins de la frise du Taleshut (fig. 92). Ces femmes à coiffures coniques portent à la ceinture des signes vulvaires, ultime simplification des « femmes ouvertes ». Il ne fait pas de doute alors qu'au-delà de l'évidence de la féminité, ce symbolisme sexuel, associé à l'habit féminin confère à celle qui le porte une vertu propitiatoire de fertilité. Dans tous les cas, par l'extrême qualité de ces gravures, nous sommes aux antipodes des graffitis obscènes.

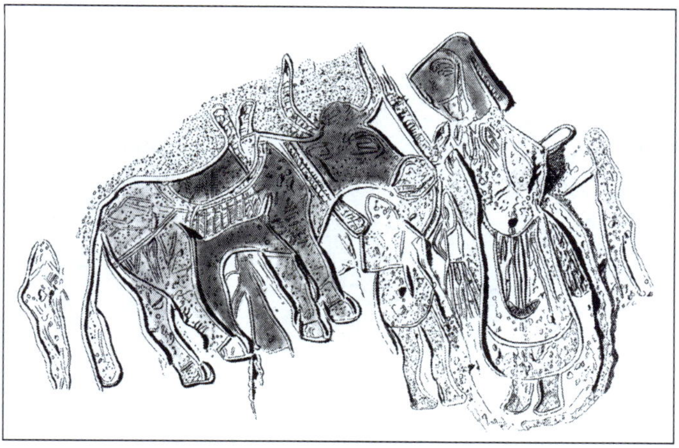

Fig. 94 – Une scène pastorale comparable à celle du wadi Taleshut (voir fig. 92 et 93) se trouve dans le wadi Ti-n-Sharuma, assez voisin du précédent. On y retrouve un même symbole féminin sur la robe.

D'autres exemples, au Messak, montrent que la représentation des signes féminins était assez couramment utilisée pendant la période pastorale. Ainsi, dans le wadi Ti-n-Sharuma, une scène gravée comparable à la précédente (fig. 94) montre une femme stéréotypée face à un bovidé harnaché, avec une pendeloque scutiforme attachée à la ceinture. Dans le Wadi Taleshut, une triade symbolique (fig. 93) montre deux femmes à coiffe conique dont l'une retient un bovidé par une longe. Elle porte un signe vulvaire en forme d'ancre, un autre dérivé symbolique de la féminité. Notons enfin que ces signes n'existent que dans les gravures du Messak où les « femmes ouvertes » sont nombreuses.

La triade – deux femmes de part et d'autre d'un homme – se retrouve plusieurs fois sur le plateau du Messak (fig. 95). Il semble bien que dans cette civilisation pastorale spécifique de la région, la femme et l'homme participent à une symbolique où le féminin paraît avoir plus d'importance que le masculin. À moins de témoigner d'une bigamie ? Ce sujet, d'ailleurs (monogamie,

Fig. 95 – Dans le wadi Taleshut, non loin de la frise pastorale symbolique (voir fig. 92 et 93) on trouve la même triade : un homme portant à la ceinture un objet globuleux à l'extrémité d'un long lien est encadré par deux femmes. Celle de gauche porte un symbole féminin sur son vêtement. Période pastorale.

Fig. 96 – Dans ce groupe peint à l'ocre rouge de six personnages, quatre hommes probables et deux femmes, il y aurait peut-être une femme enceinte, le quatrième personnage en partant de la gauche : son gros ventre pourrait le laisser penser. Station de Imerda, au Tassili-n-Ajjer.

polygamie), semble bien difficile à traiter dans l'art saharien, comme dans les tous les autres arts rupestres.

La chevelure, très rarement représentée dans l'art saharien, ne donne pas d'indication d'appartenance sexuelle et, de plus, de fait, hommes et femmes portent très souvent des coiffes, des bonnets, des heaumes, voire des masques semblables.

Parmi les manifestations de la fonction féminine, des images montrent des femmes enceintes (exemples rares et douteux) et des scènes d'accouchement. On en verra plus loin quelques rares mais indubitables exemples (voir fig. 309 et 312). À propos de femmes enceintes, une scène peinte au Tassili-n-Ajjer central, dans le site de Imerda, montre six personnages, quatre hommes au pénis apparent et deux possibles femmes, qui ont tous une silhouette grotesque : membres grêles et abdomen proéminent (fig.96). Ils paraissent obèses. Leur posture peut évoquer une danse ; celle du personnage central, le plus gros, semble être peu assurée dans sa marche, avec les bras en arrière comme pour garder l'équilibre. Une attitude qui pourrait faire penser à la marche d'une femme enceinte, presque à terme, le ventre projeté en avant et les épaules déjetées en arrière. L'hypothèse d'une femme enceinte a été émise par Gauthier et Lionnet, (2005). Ce cas est fort hypothétique, en l'absence de seins figurés, comme d'ailleurs les deux autres connus, l'un dans l'Immidir, l'autre à Séfar, au Tassili-n-Ajjer.

Dans les rupestres, on ne voit pas de femmes se livrant à des activités domestiques comme c'est le cas dans l'art d'Afrique du Sud : point de scènes de cueillette, de fouissage, point de bergères gardant des troupeaux. Mais elles pourraient conduire des bœufs porteurs (fig. 89, 90). Ce n'est donc que par comparaisons ethnographiques et assimilations supposées avec les activités de la femme africaine actuelle qu'on peut imaginer celles des femmes pendant la préhistoire saharienne.

Une grande diversité d'images de femmes

Comme on l'a indiqué, les humains sont le plus souvent nus dans l'art saharien. Les femmes richement habillées du Messak font exception. Ce n'est finalement que dans les dernières périodes, paléoberbère et islamo-berbère, que la « pudeur » se manifeste dans les représentations d'hommes et de femmes, sauf exception comme, par exemple, cette « femme au turban » aux seins menus, à l'ombilic proéminent et aux fesses d'allure stéatopyge (fig. 97), dans le site d'Oua-n-Rechla, tassilis du sud. Ces fesses pourraient être qualifiées de callipyges (« belles fesses » en grec), bien que cela soit un critère subjectif, parfois utilisé par l'abbé Breuil.

Les seins semblent avoir fait l'objet d'une attention particulière, surtout chez les peintres et spécialement aux époques des « Têtes rondes » et « bovidiennes ». La question sera de savoir si ces représentations voulaient être « érotiques » ou simplement naturelles, comme dans beaucoup de populations africaines actuelles aux seins dénudés.

En gravure, la femme, probablement idéalisée, sans seins dessinés, a été représentée dans un site remarquable à Niola Doa, au Tchad (Simonis et al, 1994 ; Faleschini et al, 1996). Il s'agit d'un groupe de sept femmes de différentes tailles, la plus grande atteignant 2,25 mètres (fig. 98). Dans tout le Sahara, ce sont probablement les figurations féminines aux corps les plus richement ornés. Elles sont grasses sans être obèses, avec les cuisses larges, les fesses proéminentes. L'absence de seins et d'organes génitaux externes n'empêche pas de considérer que ce sont des femmes : l'adiposité des cuisses et des fesses sont des carac-

Fig. 97 – Une femme gravée en fin piquage, dont la tête est peut-être ornée d'un turban, est joliment stylisée : petits seins superposés, ombilic proéminent et postérieur d'allure callipyge. Site d'Oua-n-Rechla, tassilis du sud, Algérie.

Fig. 98 – Groupes de femmes gravées au corps entièrement décoré (tatoué, scarifié ?) à Niola Doa, au Tchad.

tères suffisants. L'adiposité de type gynoïde (moitié inférieure du corps ou étage sous-ombilical) s'associe à un très fort segment pelvi-crural ; l'adiposité de la taille participe d'une obésité ; elle est mise en évidence par une ceinture déterminant des bourrelets ; le thorax est grêle et les bras épais ; l'absence de seins figurés plaiderait en faveur de jeunes filles obèses impubères (engraissées par gavage ?), mais il n'est pas exclu que ces femmes soient figurées de dos ou de trois quarts arrière, une incidence visuelle où les seins n'apparaissent pas.

Les femmes ont souvent le corps paré dans l'art des « Têtes rondes ». Les dessins corporels (peintures, tatouages ou scarifications) sont variés (fig. 99, 100, 101), rayures, ponctuations, etc. Mais les corps peuvent aussi ne porter aucun décor (fig. 102, 103, 104).

La forme et le volume donnés aux seins traduisent souvent l'âge de la dame peinte, ou bien manifestent son état physiologique. Ainsi, des seins tombants (ptose mammaire), parfois assez lourds peuvent correspondre à des femmes mûres ayant eu un ou plusieurs enfants (multipares). On en voit des exemples au Tassili-n-Ajjer, dans l'art des « Têtes rondes » (fig. 102) et dans l'art bovidien (fig. 103). Des femmes jeunes, peut-être nullipares, ont des seins coniques, bien plantés, sans affaissement, relativement longs, comme à Téchékalaouène (fig. 100), ou menus, comme à Tan-Zoumaïtak, au Tassili-n-Ajjer (fig. 101).

Fig. 99 – Peinture d'une femme au corps entièrement décoré. Ses seins, assez petits, sont pendants. Style des « Têtes rondes », Séfar, Tassili-n-Ajjer.

Fig. 100 – Détail d'une fresque à Techekalaouène, de la période finale des « Têtes rondes » montrant une femme assise, une jambe repliée. Son corps est paré. Elle tient un objet courbe près de ses cheveux (objet pour la coiffure ?). Ses seins, montrés en superposition, sont coniques et allongés.

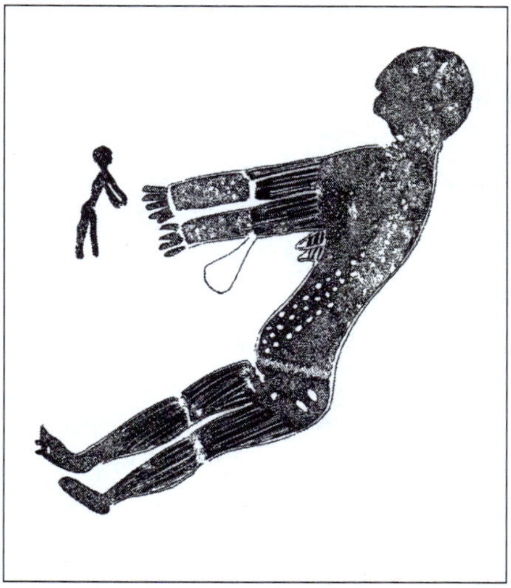

Fig. 101 – Dans la grande fresque de Ta-n-Zoumaïtak, Tassili-n-Ajjer, une femme tend les bras vers un petit personnage (un enfant ?). Son corps est paré, y compris ses seins menus.

Fig. 102 — Cette femme en mouvement a des seins dressés. Le galbe ventral est typique des Africaines. Séfar, Tassili-n-Ajjer. Période « Têtes rondes ».

L'immobilité ou le mouvement sont représentés par des seins pendants (fig. 104) ou dressés (fig. 101, 102). Il y a donc, chez les artistes une remarquable qualité d'observation de la morphologie mammaire et un souci de réalisme kinésique, comme observé par Duhard au Paléolithique.

Fig. 103 – La femme assise dans une pose très naturelle, sur une paroi à Séfar, Tassili-n'Ajjer a des seins pendants (ptosés ?). Cette femme a probablement eu un (des) enfant (s). Période pastorale.

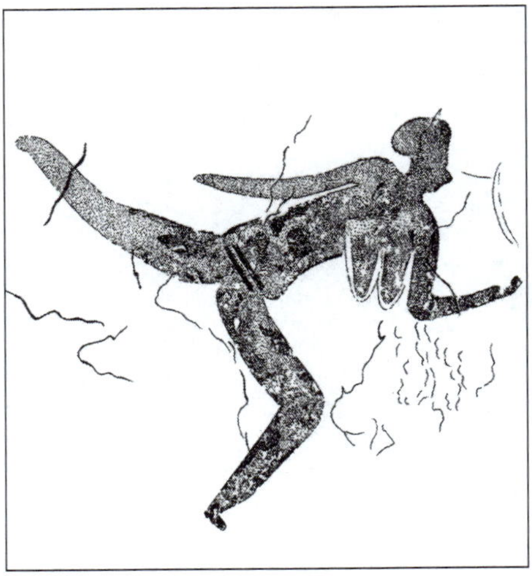

Fig. 104 – Dans un mouvement de course, le tronc penché, cette femme a de gros seins pendants, liés à l'action. Tissoukaï, Tassili-n-Ajjer. Période « Têtes rondes ».

Une des conventions graphiques dans les peintures « Têtes rondes » est de représenter le profil des femmes avec les deux seins superposés. À Oua-n-Telocat, dans l'Akakus, cette convention stylistique est bien visible (fig. 105). Mais ce n'est pas la seule période où les seins ont été dessinés de cette façon.

Une autre convention dans l'art des « Têtes rondes » est de montrer des femmes, de face, les seins placés de part et d'autre du torse. C'est ce qu'on observe chez la femme en décubitus dorsal : quand les seins perdent de leur tonicité et s'affaissent, ils tendent à se déplacer latéralement.

Une remarquable fresque peinte, a été découverte par Fabio et Gianna Maestrucci (2004) dans le wadi Afar au sud de l'Akakus (Libye), sur une haute paroi au sommet d'une grande dune. On y voit une file d'une quinzaine de personnages typiquement « Têtes rondes » (fig. 106) dont certains superposent un éléphant peint au trait blanc. Une dizaine d'hommes et seulement quatre femmes (fig. 106, 107, 108, 109) dont les seins sont placés à gauche et à droite du torse. Comme toujours dans ce style pictural, on est confronté au mystère des « personnages sans visage », dont la tête, pendant la période archaïque de ce chronostyle est généralement globuleuse ou discoïde (fig. 107 et 109) parfois porteuse de ce qui peut passer pour un masque (fig. 108). Même si les attributs génitaux manquent dans les peintures « Têtes rondes », le sexe est toujours clairement identifiable par la présence ou l'absence des seins.

Notons enfin, au sujet des seins figurés dans les images rupestres, qu'ils n'offrent probablement pas de caractère particulièrement érotique : les populations africaines du passé – celles des « Têtes rondes » spécialement – mon-

Fig. 105 – Élément d'une fresque d'âge « Têtes rondes » montrant deux femmes et un homme à Oua-n-Telocat, Akakus. Le stéréotype des seins superposés est caractéristique.

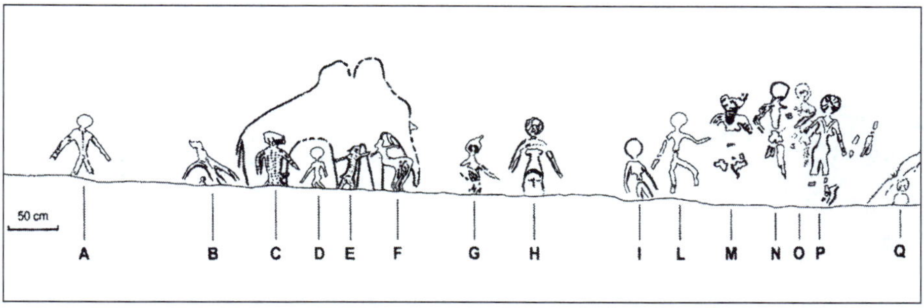

Fig. 106 – Frise peinte dans le style des « Têtes rondes » au bas d'une haute paroi dans le wadi Afar, au sud de l'Akakus (Libye). Quinze personnages sont alignés. Parmi eux figurent quatre femmes (H, I, M et P), de face, aux seins dessinés de part et d'autre du torse, selon une convention graphique utilisée dans la période archaïque du style.

traient souvent des corps nus. Il est normal de voir les seins sans connotation sexuelle voulue. On sait que l'érotisme est subjectif : le caractère érotique éventuel des seins, de même que celui d'autres parties féminines du corps (fesses, vulve) ne peut être jugé par l'observateur moderne qui est conditionné par son éducation et influencé par sa culture. On ne peut qu'apprécier la fréquence éventuelle de ces représentations, leur association à des scènes sexuelles, la qualité et la précision de leur graphisme. Aller au-delà est une tentation, à laquelle le scientifique doit résister.

S'agissant des gravures, notamment au Messak, les seins sont absents (fig. 110) ou très sommairement dessinés (fig. 111). Par contre, beaucoup de ces femmes stéréotypées possèdent une cupule plus ou moins régulière et plus ou

Fig. 107 – Trois des personnages de la frise du wadi Afar (voir fig. 91), deux femmes encadrant un homme. La femme de gauche (M sur la fig. 106) semble porter un masque (d'homme barbu ?) ; celle de droite (P) a la tête ronde décorée de rayons partant d'un cercle blanc.

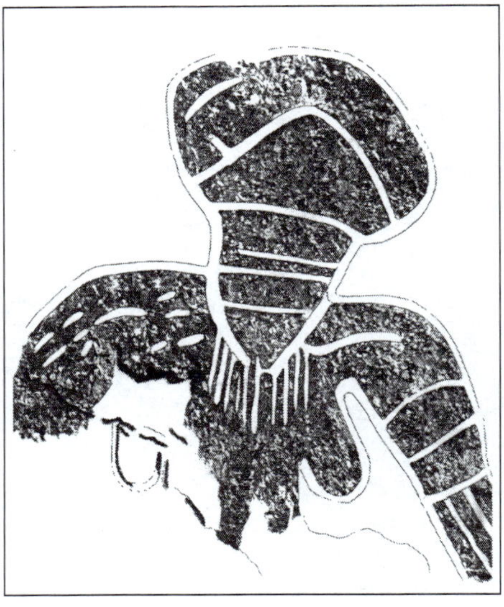

Fig.108 – Détail de la femme (M). Son « masque » porte-t-il une barbe matérialisée par dix traits parallèles ?

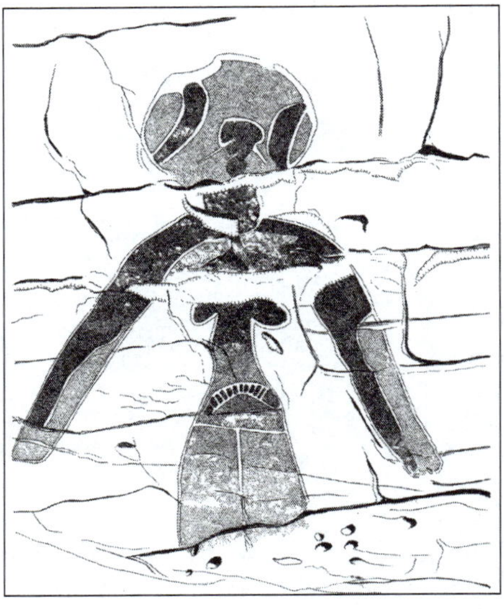

Fig. 109 – La femme (H, fig. 106) est peinte en deux couleurs, ocre rouge (pointillés clairs), vert olive (pointillés foncés). Sa tête, ses bras, son corps sont bicolores. Le croissant sur le ventre, comme une lune, a peut-être une signification menstruelle ?

moins ronde à l'emplacement du sexe. Il se peut que cette cupule ait préexisté à la gravure, la figure l'intégrant alors. Il est possible que cette cupule ait été ajoutée après la gravure des personnages, ceux-ci semblant vêtus et, dans ce cas, le sexe ne devrait pas être apparent. Si l'on ne peut juger de l'intention du graveur initial, on ne peut, à l'inverse, méconnaître celle de l'intervenant final. À hauteur de la tête d'une de ces femmes, dans le wadi Imrawen (fig. 112), un signe scutiforme, emblème de la féminité, a été gravé. Ce signe, parfois, est

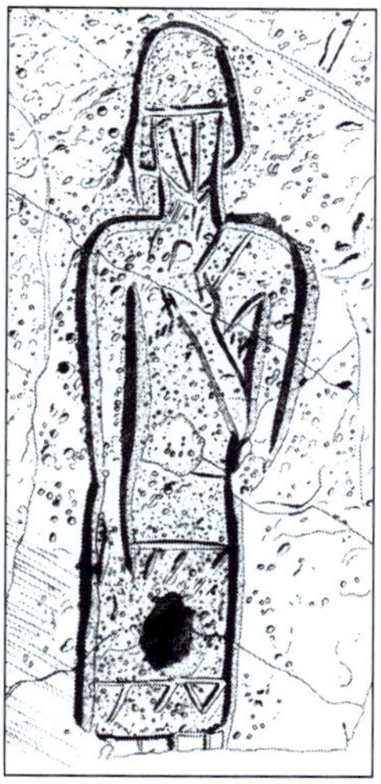

Fig. 110 – Une femme probable, gravée au Messak. La cupule vulvaire ajoutée en fait une femme, mais il pourrait s'agir d'un homme si ce n'est la coiffe d'allure conique, caractéristique des femmes dans la région.

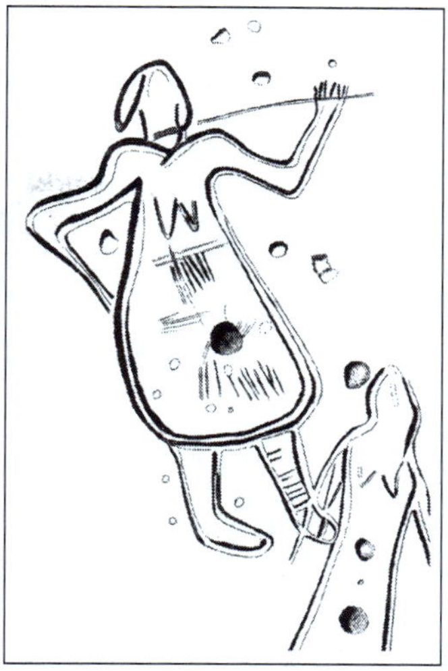

Fig. 111 – Cupule vulvaire et seins schématiquement tracés désignent ici une femme. Messak.

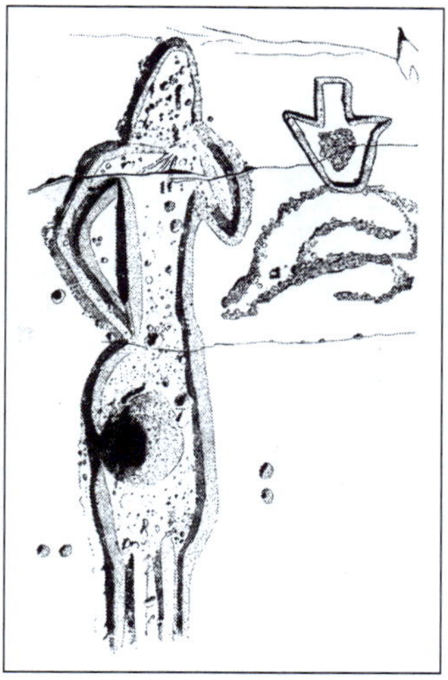

Fig. 112 – Même en l'absence de seins, le symbole féminin à côté de ce personnage en fait plus sûrement une femme que la cupule vulvaire ajoutée. Messak.

gravé seul, hors de la présence matérialisée d'une femme. Ce symbole de la femme, présent sur tout le Messak, atteste la prégnance de l'élément féminin et de son corollaire, la séduction de la femme, voire la fertilité du groupe dans la civilisation pastorale qui s'était développée sur le plateau, au Néolithique.

La motivation sexuelle est indissociable de la motivation génésique, mais alors qu'on parlait d'instinct de reproduction, on admet désormais, avec les connaissances sur les neurotransmetteurs et autres phéromones, que le comportement amoureux a un support biochimique et que c'est l'instinct de plaisir qui gouverne tous les êtres vivants... La reproduction en est la conséquence, mais pas le début et le contrôle des naissances pratiqué dans de nombreuses ethnies en apporte la preuve.

Selon les époques, l'inspiration des artistes et les données culturelles de chaque société, les représentations féminines offrent une grande variété. Dans le wadi Agmir, Akakus, par exemple, six petits personnages peints, accompagnés de deux bovidés, paraissent sexués : deux femmes possibles montrent au bas du ventre deux petites protubérances qui sont peut-être les lèvres distendues de la vulve. Les quatre autres personnages possèdent au même endroit du corps un simple petit bourrelet figurant peut-être l'appareil génital masculin (fig. 113). Cette stylisation sexuelle, si c'est bien l'intention du peintre, est intéressante, de même que l'attitude des personnages avec les jambes croisées, les deux « femmes » se tenant par la main. On ne saurait dire

Fig. 113 – Six personnages aux postures inhabituelles sont peints sur une paroi dans le wadi Agmir (Akakus) ; deux animaux aux couleurs plus faibles ont été peints antérieurement. Il est possible que les petites protubérances au niveau du sexe de deux personnages se tenant par la main soient des vulves.

le rôle des objets allongés, des bâtons ? des massues ? En bref, cette scène est fort énigmatique. Si l'on fait une lecture réaliste, les deux sujets à protubérances périnéales ont le pelvis plus large que les épaules, caractère sexuel secondaire féminin ; ces deux « femmes » seraient armées, à moins d'y voir un bâton à fouir ; le sujet le plus à gauche a des proportions inverses et serait masculin. Il est difficile d'en dire plus.

Le rôle de la femme, réel ou symbolique, est souvent difficile à préciser. Son image (fantasmée ?) apparaît, nue, à califourchon sur un animal sauvage (un félidé ?) (fig. 114) ou chevauchant, de manière bien improbable, un buffle antique, animal réputé indomptable (fig. 115). Cette dernière gravure appartient à la frise du Wadi Badaouel (Aramat), de style bubalin naturaliste (voir fig. 54). Il est impossible de préciser le rôle de ces images gravées, peut-être évoquent-elles des récits mythiques (?). Il n'est pas douteux que dans la vie réelle, autant que dans l'imaginaire, la femme, au Sahara, à toutes les époques, jouait un rôle important, sinon déterminant. Notons sur cette scène le réalisme de transfert : la moitié inférieure du corps est vue de profil ; la moitié supérieure, de face, une posture assez peu compatible avec l'anatomie

Plusieurs fresques « Têtes rondes » de la période archaïque montrent des femmes en procession, les bras tendus ou levés, se dirigeant vers un être de grande taille, dénommé « Grand Dieu » par Henri Lhote (Soleilhavoup, 2007, voir fig. 215). À Séfar, l'une de ces fresques montre une telle procession (fig. 116). Cela pourrait donner un rôle d'ordre « religieux » à la femme pendant cette période ancienne : soit elle aurait été auxiliaire d'un culte, soit elle aurait été ministre de ce culte. Hypothèse peut-être hasardeuse, mais la présence d'orantes dans des tableaux à connotations spirituelles indiquerait la participation des femmes à des rites sacrés. La posture d'orant existe au Paléolithique supérieur, par exemple à La Marche, à Laugerie-Basse, à Isturitz, et l'Abbé Breuil y voyait, fonction oblige, une attitude d'invocation ou

Fig. 114 – Une femme nue est assise sur un animal, peut-être un félidé. Si c'est le cas, chevaucher un tel animal sauvage relèverait du mythe. Site de I-n-Tehog, tassili du sud-ouest. D'après J. Hansen, 2009.

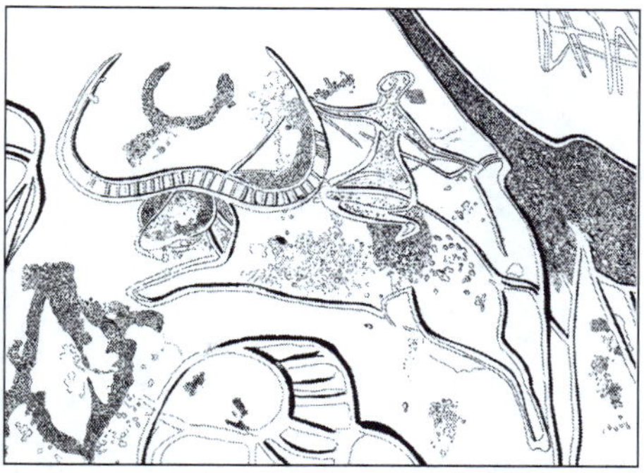

Fig. 115 – Autre exemple de femme (probablement) dans une position impossible dans la réalité. Gravée sur le dos d'un grand Buffle Antique, espèce disparue qui était totalement indomptable, cette femme semble diriger l'animal avec une baguette. Cette scène relève probablement du récit mythique. Néolithique ancien. Wadi Badaouel, région de l'Aramat, Libye.

de prière. Jean-Pierre Duhard a assisté à un mariage berbère à Oulmès au Maroc, en 1975 ; il a observé une danse où des femmes, en cercle, chantaient en balançant les avant-bras au-dessus de l'horizontale ; le paléoanthropologue qui découvrira le film et les photos de cette scène dans quelques millénaires, concluera probablement à une cérémonie religieuse avec invocation divine !

Images de la masculinité

En dehors de toute image sexuelle, les hommes sont identifiables par de nombreux caractères. Très peu par leurs vêtements, mais beaucoup par les objets qu'ils portent ou brandissent et par leur armement. Les activités supposées masculines sont souvent représentées : la chasse, le pastoralisme, la guerre (le combat), éventuellement des libations. Nombreuses sont les images qui montrent des hommes, des chasseurs, des éleveurs, des guerriers, porteurs d'arcs, de flèches, de lances ou sagaies, de bâtons ou de gourdins, ou encore de crosses de pasteurs, de boucliers, d'épées, etc. Tous ces objets caractérisent les hommes, même s'ils ne sont pas « sexués ». Ils suffisent à désigner la masculinité (CS III).

Des couples sans relations sexuelles

Le mot couple a plusieurs acceptions, selon le dictionnaire Le Grand Robert ». Communément, le couple ou un couple désigne un homme et une femme unis par des relations affectives et/ou physiques. On parle alors de « couple heureux », de « couple d'amants », de concubins, de jeunes mariés, de « jeune couple », de « beau couple », de « gentil couple », de « vieux couple », de « couple sans enfants », de « couple mixte » dont un membre est d'une ethnie, l'autre d'une autre ethnie. Ce mot s'applique donc à toutes sortes de relations personnelles ou sociales, entre deux personnes de sexe opposé.

Fig. 116 – Fresque peinte à Jabbaren, Tassili-n-Ajjer, montrant des femmes en procession peut-être dans une intention « religieuse ». L'une porte sur la tête ce qui ressemble à un panier (des offrandes ?). Période archaïque des « Têtes rondes ».

Un couple, c'est deux personnes liées par une pratique conjugale ou participant à une activité commune. Dans l'acception courante, les deux personnes sont de sexes différents et partagent un projet de vie, dont l'activité sexuelle et le désir d'enfant font partie. Dans la définition choisie ici, il n'y a pas de relation de ce type, les deux individus figurés, de même sexe ou non, sont simplement liés par une activité ou étroitement associés.

Il est plus que probable que, durant la préhistoire du Sahara, comme ailleurs dans le monde, les couples, éphémères ou durables, se sont formés, ne serait-ce que pour assurer la pérennité du groupe et la « production » de chasseurs mâles pour ramener du grand gibier et de femmes pour engendrer des enfants. Cela est plus que probable ; l'humain ne peut pas vivre en solitaire, sauf à disparaître sans descendance ; c'est un être social qui bénéficie de l'expérience, du concours et de la solidarité du groupe ; le couple est le noyau de tout groupe et de toute société.

Le partenariat conjugal offre l'assurance pour la femme de bénéficier d'une protection pour elle et ses enfants. La subsistance alimentaire est toute autre chose : il est démontré chez les peuples de chasseurs-cueilleurs que la femme assure les trois quarts des apports par la collecte des fruits et végétaux et de petits animaux. La chasse est peu productive ; elle demande beaucoup d'investissement physique et de risques et elle n'assure qu'une faible partie de la ration calorique. Mais elle apporte des protides, entraîne l'homme à l'effort physique et le prépare à son rôle de défenseur. La « production » de chasseurs mâles est cependant moins importante pour le groupe que celle de « reproductrices » doublement nourricières, du groupe par leur collecte partagée et de l'enfant par l'allaitement. Duhard définit la femme comme l'origine et la nourrice du monde.

Fig. 117 – Un couple sans relation sexuelle à El Gour, monts de Ouled Naïl, Atlas saharien. Période du Bubalin Naturaliste.

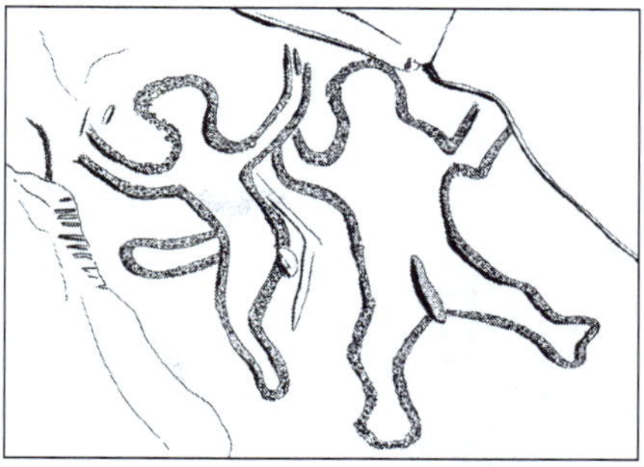

Fig. 118 – Un couple en posture d'orants dans la station d'El Richa, monts du Djebel Amour, Atlas saharien. Période du Bubalin Naturaliste.

Hors de toute activité sexuelle, l'imagerie rupestre de couples existe dans toutes les périodes de l'art saharien. On en trouve dans quelques gravures de l'Atlas saharien, dans la phase du « Bubalin Naturaliste » (fig. 117, 118) : c'est un couple très « sexuel » avec une grande fente vulvaire entre des cuisses largement écartées chez l'une, un mégapénis chez l'autre et dans des gravures peintes de la période protohistorique « libyco-berbère » (fig. 125, 126) : on voit un homme et une femme (de morphologie spécifique) qui n'ont pas de connotation sexuelle, mais tout au plus affective dans le geste tendre de la main. Certaines de ces images sont « profanes » en ce qu'elles évoquent simplement la vie domestique ; d'autres ont, semble-t-il, une motivation « spirituelle » ou symbolique qui pourrait faire penser à l'importance du couple (hétérosexuel) dans la prospérité du groupe, c'est-à-dire sa descendance. On peut aussi songer à une sorte de sacralisation du couple et donc de la famille potentielle ou réalisée.

Dans les couples hétérosexuels figurés, la présence d'enfants est inconstante, laissant penser que leur sens n'est pas univoque : dans les couples sans enfants, on peut imaginer des « amoureux » ; dans ceux avec enfant, on parlerait de famille, en soulignant qu'il y a rarement plus d'un ou deux enfants. La rareté figurative et numérique des enfants est une constante depuis le Paléolithique, et laisse penser qu'ils n'avaient pas de rôle social.

Des couples sans enfant

Dans l'art atlasique d'Algérie, presque exclusivement gravé, aux périodes anciennes, des couples sans enfants sont représentés. Outre les couples sexués de El Gour, monts des Ouled Nail (fig. 117) ou de El Richa, monts du Djebel Amour (fig. 118), on trouve à Aïn Naga, monts des Ouled Naïl un couple – rendu quelque peu célèbre par plusieurs publications dont celle de Henri Lhote (1984) ou celle de Léone Allard-Huard (1986) – qui a été découvert par le Père François de Villaret en 1965. Sur le panneau principal de l'abri, on voit deux personnages (fig. 119) l'un, à gauche, agenouillé, probablement l'homme, l'autre, à droite,

Fig. 119 – Un couple paraît en conversation dans un abri de la station de Aïn Naga, monts des Ouled Naïl, Atlas saharien. Il n'y a pas de caractère sexuel apparent dans cette scène gravée. Le personnage de gauche portant un carquois dans le dos (l'extrémité des flèches dépasse) serait plutôt l'homme dans ce couple. Mais rien n'indique que son vis-à-vis soit une femme. Les signes géométriques et les empreintes gravées animales (fissipèdes) sont postérieurs, probablement paléoberbères.

Fig. 120 – La partie gauche du panneau faisant dièdre (voir fig. 119) montre un probable asiné.

Fig. 121 – Un couple peint à Tissoukaï, Tassili-n-Ajjer pourrait paraître en désaccord vu l'attitude des personnages. Période des « Têtes rondes ».

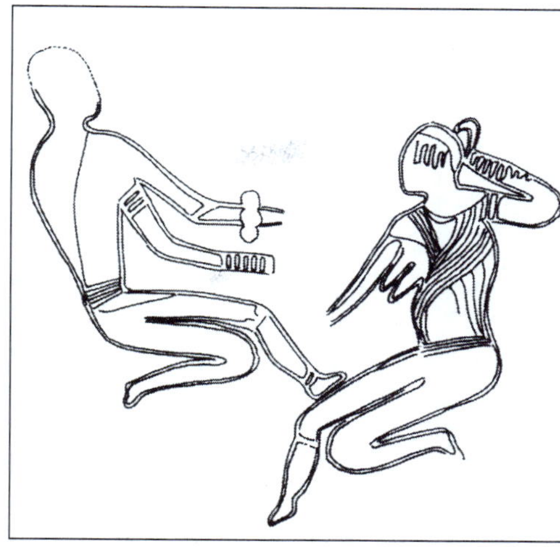

Fig. 122 – Relevé simplifié du couple de la fresque de Téché-kalouène, Tassili-n-Ajjer (voir fig. 100). Peut-être s'agit-il d'une conversation d'amoureux ? Période finale des « Têtes rondes ».

assis, probablement la femme, dont les avant-bras se rejoignent. Ce qui fait penser que le personnage de gauche pourrait être un homme est l'objet en forme de carquois dont des flèches dépassent qu'il porte dans le dos. Il a la tête couverte d'une sorte de casque (ou de bonnet) orné de petites cupules (des perles ?) duquel sortent vers le haut et retombent des filaments dont on ne saurait préciser s'il s'agit d'un élément décoratif ou de ses cheveux. Le visage, de profil, est découvert. La femme (?) semble avoir des cheveux longs, bien peignés, réunis à l'arrière par un chignon contenu dans une sorte de résille. Précisons cependant que l'attribution du sexe, pour ces deux personnages, reste conjecturale. Cette scène, unique dans l'Atlas saharien, a été dénommée par F. de Villaret « les amoureux timides ». La présence d'un bélier à coiffe, à gauche de l'homme, partiellement oblitéré par le carquois, et d'un âne, sur le panneau dièdre contigu (fig. 120), ainsi que la gravure d'un personnage à droite de la femme, jambes et bras écartés, peut donner aux personnages principaux un caractère symbolique. C'est le cas, on le verra, dans les scènes, sexuelles ou non, au Sahara central où l'association homme-animal est fréquente. Quoi qu'il en soit, on a bien l'impression, ici, d'être face à un couple.

Sur les deux panneaux ont été gravés en piquage, postérieurement, des signes et des empreintes de fissipèdes (animaux à doigts libres), probablement au « bovidien » ou à l'époque paléoberbère (Soleilhavoup, 1996).

L'absence d'enfants (à moins que le petit personnage à droite en soit un, ainsi que deux autres, très indéterminés morphologiquement) permet de considérer ce couple comme simplement « amoureux », une étape précédent peut-être la « famille » (fig. 119).

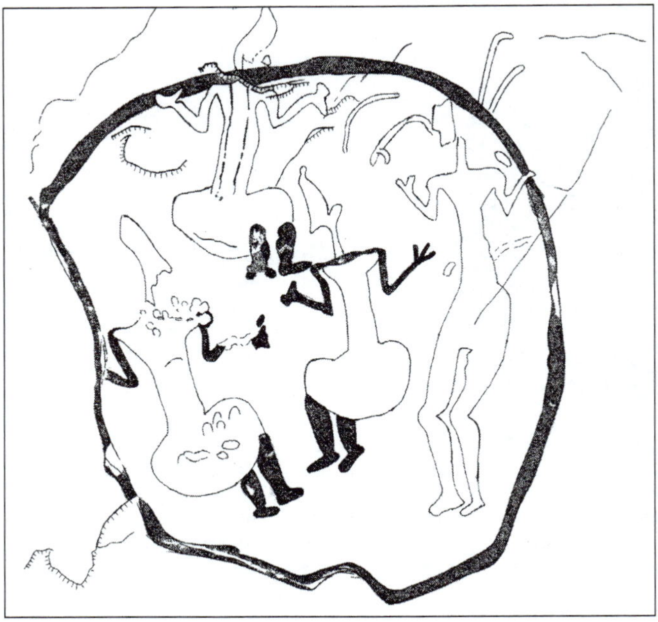

Fig. 123 – Quatre personnages blancs et rouges semblent en conversation dans un enclos. On ne saurait distinguer les hommes et les femmes. Période Caballine. Abri de Oua-n-Traghit, Akakus.

Au Sahara central, des couples sans enfants ont été dessinés à diverses époques, depuis les peintures « Têtes rondes » jusqu'aux temps protohistoriques.

Il y a manifestement une discussion entre l'homme et la femme peints dans un abri de Tissoukaï, au Tassili-n-Ajjer, pendant la période des « Têtes rondes » (fig. 121). Mais la femme tenue (ou retenue) par le poignet est-elle contrainte ou non ? L'autre bras, ballant, légèrement écarté, pourrait signifier que le mouvement de la femme est contrarié comme si elle était retenue et tirée par l'homme. Le geste de celui-ci, l'autre bras replié indique t-il une remontrance ? Comme toujours dans la description des images rupestres, il est quelque peu irritant de n'avoir jamais de certitude quant à leur signification. Mais c'est à chaque fois le cas de ces images muettes à jamais.

Dans le site de Téchékalaouène, au Tassili-n-Ajjer, un ensemble peint pendant la période finale des « Têtes rondes » montre de nombreux sujets : personnages debout dont l'attitude n'évoque pas la danse, couple assis comme en conversation. L'atmosphère de cette scène est profane ; elle est loin de l'esprit qu'on perçoit le plus souvent dans les peintures « archaïques » des « Têtes rondes ». Particulièrement, le couple assis, en bas à gauche de cette fresque, donne l'impression paisible d'une simple discussion domestique ou de propos amoureux. Le dessin de la femme (fig. 122), dans une posture très naturelle, est à lui seul un petit chef-d'œuvre d'esthétisme qui rassemble les canons de l'art africain : ventre galbé, seins pointus et dessinés en superposition, décor corporel très élaboré, scarifié ou tatoué. Contrairement au début de la phase

Fig. 124 – Deux couples en conversation. Peintures rouges et blanches. On peut penser que les femmes sont assises sur des tabourets à quatre pieds et les hommes assis par terre. Cela donnerait peut-être le genre féminin au personnage de la fig. 88. L'un des couples est à l'extérieur de l'enclos. Période Caballine. Station de Ibalelen, Akakus.

Fig. 125 – Un couple a été judicieusement peint dans une « fenêtre » résultant de la desquamation d'une plaque rocheuse de la paroi, dans l'Akakus. Un autre personnage est dessiné « à l'extérieur ». S'il y a une convention graphique dans l'art paléoberbère, l'homme tiendrait une canne et sa tunique serait courte. On retrouve cette convention ailleurs (voir fig. 86). Ce couple paraît calme, on pourrait le supposer « amoureux ».

artistique, c'est ici un art très élaboré, voire un peu sophistiqué. Dans cette société – au moins dans cette scène —, les relations hommes-femmes paraissent naturelles et équilibrées.

Dans la période « Bovidienne », pastorale, nombreuses sont les scènes, surtout peintes, de la vie de tous les jours : bergers et leurs troupeaux, chasse, vie au foyer domestique, couples avec ou sans enfants dans des enclos (huttes), mamans avec leur enfant sur les genoux, etc.

Dans la période suivante, paléoberbère, les images de couples sans enfants ne sont pas rares, à croire que ces gens, comme les Berbères sahariens actuels (les Touaregs) ne faisaient pas beaucoup d'enfants et laissant penser qu'existait peut-être une contraception.

Dans un enclos, dans l'abri de Oua-n-Traghit, Akakus, se trouvent quatre personnages peints en rouge et blanc (fig. 123), trois sont assis, l'un est debout. Il est difficile de donner un sexe à chacun de ces personnages. Dans l'a priori de vêtements amples, féminins, les trois personnages assis seraient des femmes,

Fig. 126 – Dans cet autre couple, comparable au précédent (voir fig. 125) les mêmes conventions : l'homme tient une canne ; la femme porte une robe longue. Région d'Arak, Immidir, Oued Tikenbarad, Algérie.

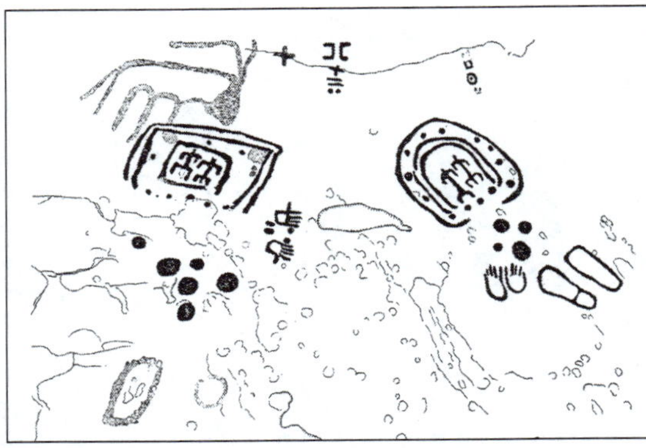

Fig. 127 – Dans les cannelures d'érosion d'un couloir méandriforme du site de Oua-n-Chems (tassilis du sud) ont été gravées plusieurs scènes d'époque paléoberbère. L'une d'elles représente deux enclos en triple enceinte, avec des ponctuations et deux couples à l'intérieur. Les mains et les pieds sont peut-être votifs.

celui, debout, aux épaules larges, serait un homme. Réunis dans un espace clos, ces adultes semblent participer à une conversation. Convention graphique ou geste réel, chacun a la même position des bras, fléchis, mains ouvertes. Il semble peu réaliste, cependant, que le même geste soit accompli dans le même temps par tous les protagonistes en dehors d'un rite partagé ou d'une convention posturale.

Une autre scène de conversation a été peinte dans la station de Ibalelen (Akakus). Elle appartient à la même période (fig. 124). Deux couples peints également en rouge et blanc, l'un dans un enclos, l'autre à l'extérieur, montrent plus sûrement ici deux hommes assis par terre devant deux femmes assises sur des tabourets à quatre pieds. Pas d'enfants entre ces personnages, mais derrière la femme du haut, dans l'enclos, deux personnages, beaucoup plus petits pourraient être des jeunes ou des enfants (?), mais il n'est pas assuré que ces dernières représentations soient contemporaines des grandes.

Une scène très intéressante par sa position à l'intérieur d'une « fenêtre » de la paroi résultant d'une desquamation a été peinte à l'ocre rouge, dans l'Akakus (fig. 125). Ces deux personnages d'époque libyco-berbère forment manifestement un couple : l'homme, à gauche, vêtu d'une tunique courte serrée à la taille et portant un bâton, donne la main à une femme vêtue d'une longue robe. Il n'y a pas ici de confusion vestimentaire pour la détermination des sexes. On a vu (fig. 86, 87) que la femme pouvait porter une tunique courte et l'homme une longue tenue. On doit donc en déduire qu'à cette époque, le même vêtement pouvait être indifféremment porté par les deux sexes et qu'il n'était pas un signe conventionnel d'appartenance à un genre, mais peut-être à une culture locale.

Dans la région d'Arak, secteur de l'Immidir, dans l'oued Tikenbarad, une scène comparable a été peinte en rouge. Un couple — femme à gauche, homme à droite – se tient par la main. La longue robe de la femme est ornée

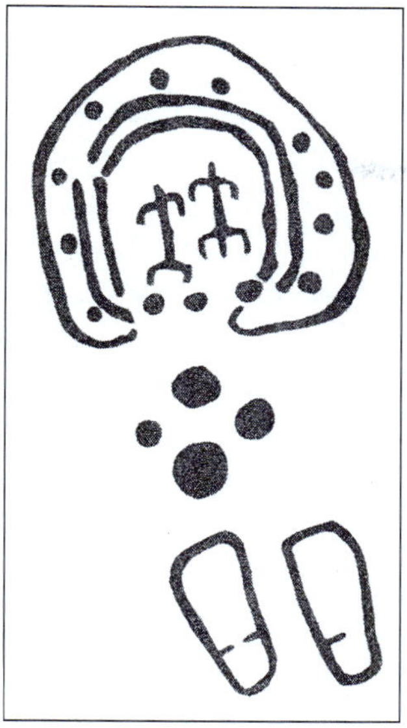

Fig. 128 – À l'entrée de la triple enceinte arrondie de droite se trouve un groupe de quatre cupules assez grandes, précédé de deux empreintes de pieds (sandales ?). La signification en est énigmatique.

Fig. 129 – Un couple familial avec deux ou trois enfants a été peint à Séfar, au Tassili-n-Ajjer. C'est l'image même – éternelle pourrait-on dire – de la famille. Style « Têtes rondes ».

de longues franges terminées par des objets décoratifs ou fonctionnels. À son poignet est attaché un réticule triangulaire. Sous les aisselles de l'homme pendent des franges plus courtes. Sa tunique est courte, descendant à mi-cuisses. Il tient un bâton (fig. 126).

Il semble que chez les anciens Berbères, les couples aient été représentés de façon stéréotypée. Les attitudes se retrouvent d'un site à l'autre et les enfants sont absents.

Un exemple en est visible dans le site d'Oua-n-Chems, tassilis au sud du Hoggar, où des gravures de couples sont exécutées dans la cannelure d'érosion d'un couloir méandriforme. Plusieurs scènes ont été gravées de chaque côté de cette cannelure, notamment des personnages combattant de probables voleurs de troupeaux (Soleilhavoup, 1993). Deux couples sont schématisés à l'intérieur de triples enceintes. Leur attitude conventionnelle, jambes et bras écartés, à l'équerre, est caractéristique de la période paléoberbère. L'homme est aisément reconnaissable à son sexe pendant. La présence de ces couples à l'intérieur d'enclos est habituelle dans cette période. Ce qui l'est moins, ce sont les trois enceintes, les unes rectangulaires (fig. 127, à gauche), les autres arrondies (fig. 128), et la présence de cupules entre la deuxième et la troisième enceinte, huit dans l'une et treize dans l'autre (fig. 128).

Des couples avec enfant (s)

Même s'il y a des scènes de cette période où des enfants ont été représentés, c'est certainement dans les écoles artistiques antérieures, « bovidiennes » et « Têtes rondes » qu'ils ont fait l'objet d'attentions particulières. Faudrait-il voir, dans ces périodes anciennes, néolithiques, un désir d'enfants plus important que pendant la période protohistorique, paléoberbère ? Ou bien le fait que la régulation des naissances dont on sait par ailleurs que ses procédés sont très anciens dans les sociétés, ait été pratiquée dans des temps récents au Sahara ?

Une scène « Têtes rondes » du Tassili-n-Ajjer, à Séfar, montre un véritable archétype du « couple familial » (fig. 129). L'homme, à gauche, tend les bras vers un enfant relativement grand (un adolescent ?). La femme, à droite, a les bras tendus vers le sol ; ils sont ornés de lourds bracelets typiques dans la phase archaïque. Devant elle se tient un petit être, peut-être un bébé. Entre les deux enfants des formes évoquant des paniers ou des coupes, contiennent peut-être de la nourriture ?

Derrière la femme, un autre petit personnage (un autre enfant ?), les bras tendus, paraît être emmailloté. Sans parler de « bonheur familial », reconnaissons que cette scène paisible pourrait se retrouver partout dans notre monde contemporain. La famille telle qu'on la connaît maintenant existait au Néolithique ancien. C'est en cela qu'on peut parler d'archétype. Ce modèle familial existait-il au Paléolithique supérieur européen ? Sans doute, mais très peu d'images le démontrent comme les « fillettes » de Laugerie-Basse et de Bruniquel, « la » nouveau-née de Fontanet n ° 103 et les enfants de La Marche (voir Duhard, 1993, pl. LXVIII).

Dans le secteur des stations d'Ihéren-Tahilahi, au Tassili-n-Ajjer, une remarquable scène peinte de la période pastorale, décrit une scène de la vie familiale (fig. 130). L'œuvre est soignée avec un luxe de détails : des pots en céramique décorée ou des vanneries, des animaux, des tenues vestimentaires particulièrement élaborées, les coiffes y compris. La femme, à gauche, tient son enfant debout sur ses genoux. Sur sa longue robe est probablement jetée une peau animale. L'homme, à droite, à la barbe hirsute, porte un bonnet à poil. La silhouette de son corps est décorée de chevrons et d'un protomé d'animal (un cervidé ?). L'intimité d'un couple avec son enfant est ici bien représentée dans le style dit d'Ihéren-Tahilahi (phase pastorale). L'attitude de la femme est très naturelle et permet de parler de naturalisme figuratif.

N'oublions pas, dans ce qui précède comme dans ce qui va suivre, que tous les aspects sociaux de la sexualité sont toujours liés, de près ou de loin, au désir de l'autre, comme l'a développé André Conte-Sponville (2006), un désir qui est l'« unique force motrice » selon Aristote et qui est l'« essence même de l'Homme » selon Spinoza.

Deux vers de Racine dans *Alexandre le Grand* traduisent admirablement cette pulsion propre à notre espèce :

Fig. 130 – Un couple avec enfant est peint dans le style pastoral d'Ihéren-Tahilahi, au Tassili-n-Ajjer. La scène familiale est bien observée, sans doute avec des objets du quotidien (calebasses).

Que vous connaissez mal les violents désirs
D'un amour qui vers vous porte tous mes soupirs.

On le perçoit dans toutes les images réalistes ou seulement évocatrices de la sexualité, pour qu'une société humaine puisse se perpétuer, il faut qu'elle soit fondée sur le couple homme-femme, créateur de famille et générateur de descendance. Ce qui n'empêche pas, depuis la nuit des temps, le partage des tâches. Dans les sociétés néolithiques, les activités de chasse, d'élevage, les travaux domestiques, sont clairement répartis entre les sexes. La dichotomie sexuelle, sociale, est aussi ancienne que l'humanité car ses bases sont en partie biologiques.

Chapitre IV

Images génitales dans l'art saharien

Les organes génitaux externes, vulves et phallus, sont assez souvent représentés, avec ou sans contexte de rapports sexuels. L'expression graphique de ces organes de la génération varie grandement, depuis de rares images réalistes, anatomiquement conformes, jusqu'à des épures extrêmement simplifiées qui confinent au symbolisme. Avec quelques exemples, on décrira successivement des images vulvaires et des images phalliques.

Vulves

Afin d'apprécier le degré de réalisme – ou de schématisation – des images sahariennes de vulves, rappelons les principaux éléments de cet organe, partie externe de l'appareil génital féminin (fig. 131).

La vulve est limitée en haut par le mont de Vénus ou pénil (du latin populaire pectiniculum), une large saillie arrondie en avant de la symphyse pubienne, qui se couvre de poils à la puberté, et latéralement par les grandes et les petites lèvres, de développement variable. Elle abrite dans sa fente, de haut en bas, le clitoris, le méat urinaire et le vestibule au fond duquel s'ouvre le vagin, organe de la copulation. À quelques centimètres en arrière de la commissure postérieure des grandes lèvres est situé l'orifice anal et, entre les deux, se trouve le périnée obstétrical.

Depuis le Paléolithique, des images de la vulve ont été gravées ou peintes sur différents supports pariétaux, mobiliers ou sur des blocs immeubles. Elles sont de formes très diverses, correspondant sans doute à des angles de vue différents, ce que B. et G. Delluc dénomment vue pubienne (plutôt triangulaire) et vue périnéale (plutôt arrondie, en cercle ou en ovale). Ce sont des ovales aux extrémités d'inégales largeurs, avec un trait en bas (fig. 132) ou non, des formes en sabot bisulque de boviné (fig. 133), des triangles avec ou sans ligne médiane (fig. 134), des cercles, des cupules plus ou moins régulières, des fentes, etc. À côté de ces formes simplement allusives, on voit des dessins plus réalistes manifestant un désir d'exactitude anatomique.

Vulves réalistes

Elles sont très rares dans l'art saharien et toujours associées à des « femmes ouvertes », dans des gravures qu'on trouve essentiellement sur le plateau du Messak, en Libye, et qui sont fort éloignées graphiquement des formes très schématisées rencontrées dans quelques stations de l'Atlas.

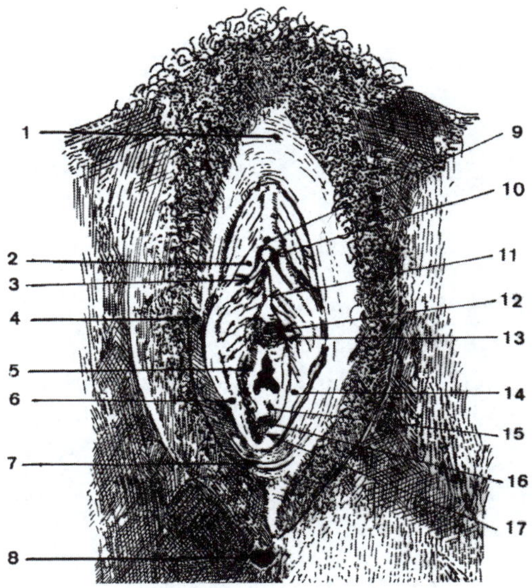

Fig. 131 – Anatomie de la vulve d'une femme vierge.

1 : extrémité antérieure des grandes lèvres ; 2 : repli antérieur de la petite lèvre ; 3 : frein du clitoris ; 4 : grande lèvre ; 5 : Orifice vaginal ; 6 : petite lèvre ; 7 : commissure postérieure des grandes lèvres ; 8 : anus ; 9 : capuchon du clitoris ; 10 : gland du clitoris : 11 : bride masculine ; 12 : méat ; 13 : papille urétrale ; 14 : orifice de la glande de Bartholin ; 15 : hymen ; 16 : fossette naviculaire ; 17 : fourchette.

On abordera plus loin la question des « femmes ouvertes » qu'on pourra qualifier d'attitude sexuelle (chapitre V). Cependant un bon exemple de réalisme vulvaire doit être signalé dans le wadi Imrawen, au Messak Settafet (fig. 135). Autour de l'orifice vaginal, le graveur a dessiné les grandes lèvres et les petites lèvres, ainsi que l'anus au-dessous. On est ici assez proche du modèle anatomique précédemment décrit (fig. 131). Ce « style » descriptif ne correspond pas, tant s'en faut, aux manières de représenter généralement les vulves dans l'art saharien. Cette exception donne à penser qu'un artiste, hors des conventions graphiques et culturelles de son temps a voulu représenter l'organe tel qu'il le voyait et non tel que les règles du genre l'imposaient ou qu'il était meilleur observateur de cet organe pour lequel l'examen attentif suppose une connaissance intime de la femme. J.-P. Duhard fait observer que le réalisme anatomique est plus grand dans les figurations d'animaux que dans celles de la vulve, pour une raison au moins : les uns sont visibles, l'autre est cachée.

Vulves schématiques

C'est le « style » elliptique qui domine largement dans les représentations sexuelles féminines. Généralement les graveurs se sont contentés de creuser, parfois de polir une cupule plus ou moins grande, à l'emplacement du sexe. Un exemple est fourni par un personnage gravé, probablement féminin, dans la station de Dekhilet El Ateuch (monts de Ksour, Atlas d'Algérie) (fig. 136). Le personnage, assez grossièrement piqué sur la paroi, a peut-être été fait autour

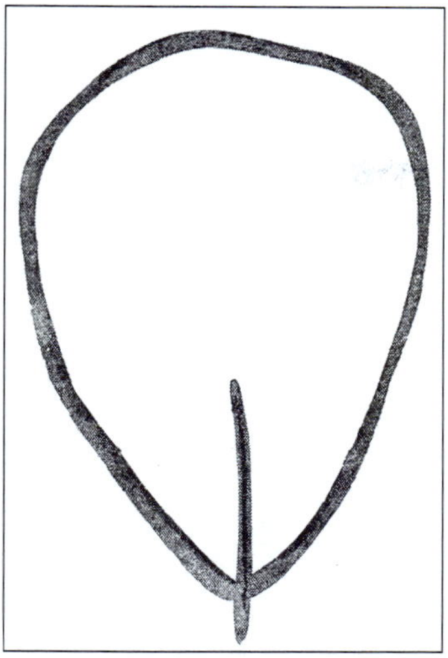

Fig. 132 – Vulve schématique paléolithique.

Fig. 133 – Vulves peintes schématisées du Paléolithique en forme de sabots bisulques.

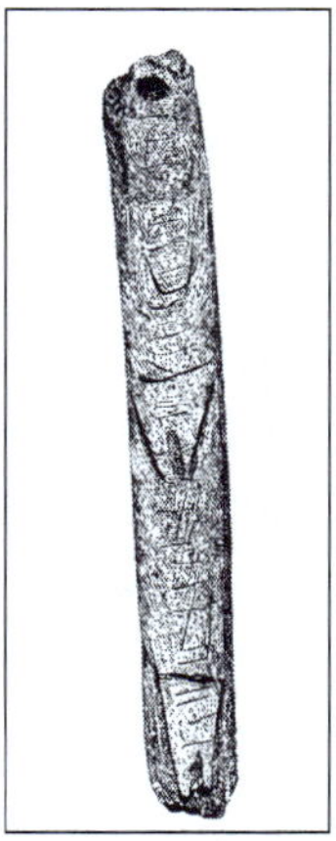

Fig. 134 – Bâton du Chaffaud (Vienne), avec deux vulves en triangle, gravées. Magdalénien. Musée Sainte-Croix, Poitiers.

Fig. 135 – Une des rares gravures de vulves anatomiques de femme ouverte au Messak Settafet, dans le wadi Imrawen.

d'une cupule naturelle d'érosion ; il est possible aussi que la cupule ait été ajoutée après la gravure du personnage – un personnage peut-être masculin à l'origine qui deviendrait alors une « femme ouverte ».

Une cupule naturelle a peut-être aussi servi de départ à la gravure de cette femme, debout, bras écartés (fig. 137) dans la station de Guerar El Hamra (monts des Ouled Naïl, Atlas). Un relevé graphique de cette gravure révèle des petites cupules au niveau des seins et surtout une possible vulve aux lèvres pendantes, dessin dont on ne connaît actuellement qu'un seul autre exemple, au Sahara central (fig. 255). Sur la paroi de Guerar El Hamra, à droite, est également gravée une femme ouverte touchant une panthère (fig. 138).

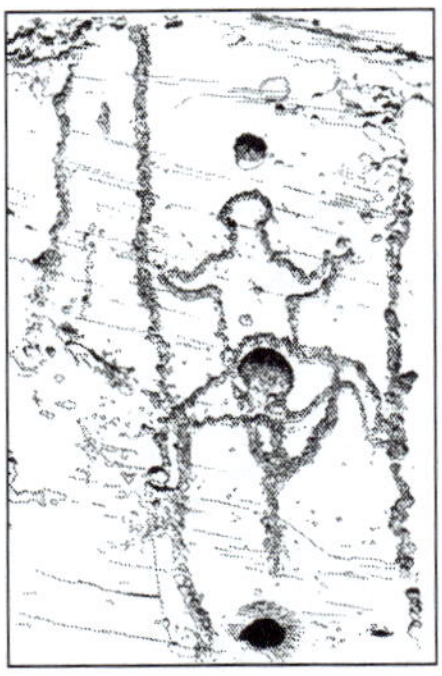

Fig. 136 – Femme ouverte si l'on en croit la grande cupule vulvaire. Station de Delkhilet El Ateuch, monts des Ksour, Atlas saharien. Gravure en piquage grossier d'époque ancienne (Bubalin ?).

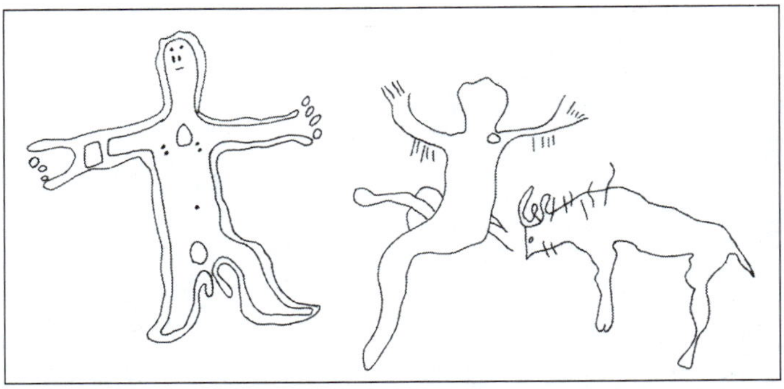

Fig. 137 – Femme gravée, debout à vulve aux lèvres pendantes. À droite, un ithyphalle, bras écartés, à côté d'un bovidé (?). Station de Guerar El Hamra, monts des Ouled Naïl, Atlas saharien.

La question des cupules vulvaires contemporaines ou non de la femme gravée se pose le plus souvent à l'examen des sujets. Si cette cupule a été creusée postérieurement, elle peut prendre une signification votive : un personnage manifestement féminin ou de sexe incertain a pu servir de support à un geste propitiatoire de fertilité par le creusement d'une vulve symbolique. On connaît de nombreux endroits où l'on vient parfois de loin, pour toucher le sexe (ou une autre partie du corps d'une représentation) afin de favoriser la fertilité, ou un bon accouchement, ou une guérison, etc. Pour plusieurs gravures sahariennes on peut poser la question. Plusieurs sites rupestres dans l'Atlas Saharien, par exemple, sont visités régulièrement, en particulier par des femmes : du henné enduit certains rochers, des coulures de bougies se trouvent çà et là, et des flacons vides de parfum ont été abandonnés. Parfois même, du sang séché se trouve sur des roches, témoignant de l'égorgement d'un animal. Les nomades parlent de rites propitiatoires. Ces libations et ces rituels montrent l'actualité de telles croyances. Ailleurs, dans une station des Ouled Naïl, on m'a indiqué que telle cupule vulvaire néolithique était régulièrement touchée par des femmes en mal d'enfant. On peut supposer que cette superstition actuelle ait également existé dans d'autres cultures, au Néolithique y compris.

Le personnage du site de I-n-Akamed, au Messak (fig. 139) était peut-être un homme à l'origine ou indéterminé sexuellement, c'est-à-dire un enfant prépubère. Il le reste dans sa silhouette élancée, non adipeuse, mais la cupule assez large creusée au bas du ventre en fait un sujet féminin. Et alors l'hypothèse de l'action apotropaïque prendrait corps. Et cela d'autant plus que cette gravure isolée sur un bloc, presque au sommet d'une butte elle-même isolée dans le paysage, en fait un lieu, sinon de pèlerinage, du moins de passage où l'on pouvait solliciter chance, bonheur ou guérison.

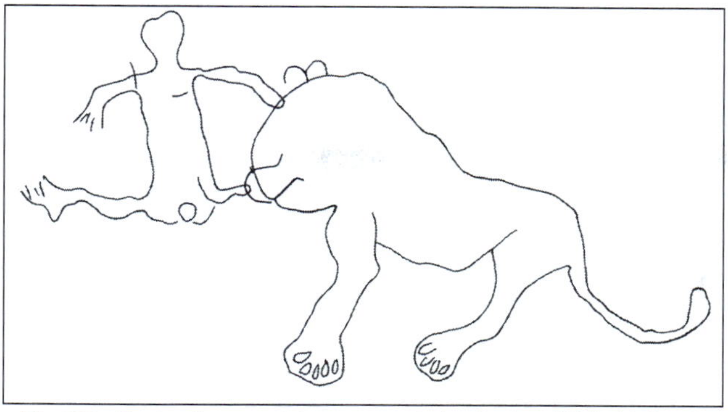

Fig. 138 – Sur la même paroi, femme ouverte touchant un félidé. Station de Guerar El Hamra.

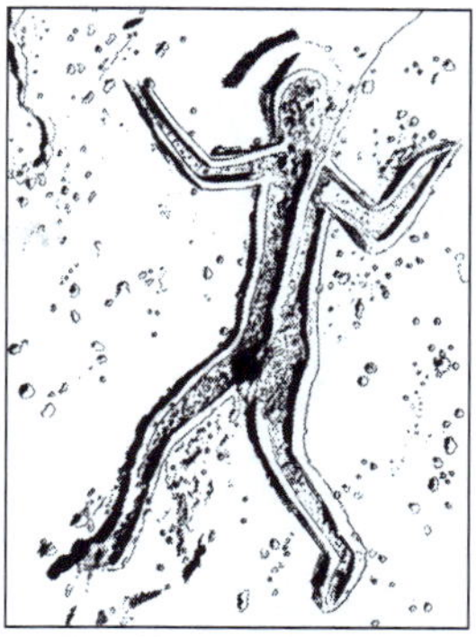

Fig. 139 – Personnage en mouvement rendu féminin par le creusement d'une cupule sexuelle. I-n-Akamad, Messak.

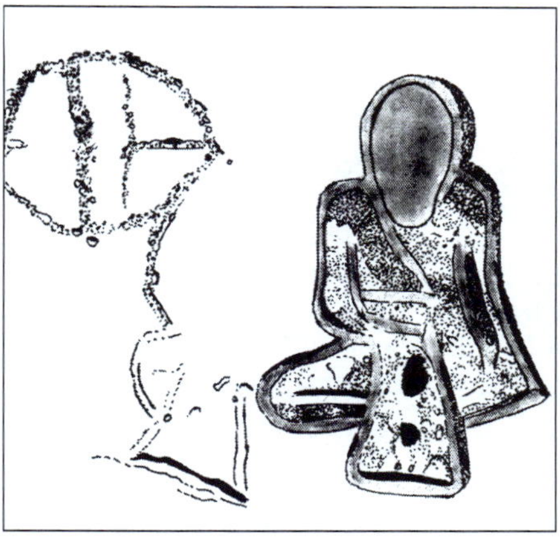

Fig. 140 – Personnage, peut-être masculin à l'origine, rendu féminin par creusement d'une cupule vulvaire. Wadi Mathendush, Messak.

Fig. 141 – Femme assise en tailleur, dénommée « Malika » par les Touaregs. Les cupules vulvaires et anales ont peut-être été ajoutées. Période pastorale. Wadi Tillizaghen, Messak.

Dans le wadi Mathendush, un personnage accroupi, sans visage (un ovale a été égrisé à sa place) et portant ce qui ressemble à un pagne a probablement été transformé en femme par le creusement d'une cupule vulvaire. Un anus a également été ajouté (fig. 140). L'hypothèse votive est plausible, là encore.

Dans le wadi Tillizaghen, toujours au Messak, la célèbre « Malika » (la reine), ainsi nommée par les Touaregs, est une gravure d'époque pastorale, néolithique (fig. 141). Cette femme assise en tailleur, portant une coiffure (ou un masque) cornue de bovidé se trouve à côté d'un mât fourchu auquel sont attachées des calebasses. Son genre sexuel n'est pas contestable au vu des deux seins pointus, triangulaires, gravés sur le haut du thorax. Les avant-bras sur les cuisses, ses mains convergent vers son sexe, là encore peut-être ajouté par le creusement de deux cupules (vulve et anus). Vues de près ces cupules

Fig. 142 – Femmes ouvertes voisinant des animaux (bovidés, éléphant, autruche). Gravure dans le wadi El Chel, Tripolitaine, Libye.

montrent les traces du piquage alors que les traits de la gravure sont polis : deux techniques qui correspondent sans doute à deux temps différents d'exécution. Reconnue dans les temps historiques comme un personnage important (une ancêtre ?) par les Touaregs, cette gravure peut être encore aujourd'hui l'objet d'une sorte de superstition et il n'est pas absurde d'imaginer que les cupules ont été réalisées assez récemment, là encore, dans un but propitiatoire.

On le voit donc, les cupules matérialisant des vulves béantes ne sont pas nécessairement contemporaines des personnages (ou des femmes) qui les portent.

Dans les images vulvaires, en résumé, ce sont les formes schématiques qui dominent. Le réalisme génital de l'art n'était pas une pratique habituelle. Non plus, d'ailleurs, que la forme la plus concise ou la plus contractée, celle des signes vulvaires pourtant si fréquents dans l'art paléolithique, selon A. Leroi-Gourhan.

À vrai dire, un seul site montrant des signes vulvaires très simplifiés a été inventorié par Paolo Graziosi et publié en 1971. Il s'agit du wadi El Chel en Tripolitaine, en dehors de la zone proprement saharienne. De nombreuses gravures montrent des animaux sauvages et domestiques, éléphants, félidés, autruches, vaches, bœufs, etc. Sur une paroi deux femmes ouvertes avec cupules vulvaires sont représentées (fig. 142). Une autre paroi porte une trentaine de signes vulvaires au-dessus d'une femme ouverte (fig. 143). Leur modèle est unique, reproduit de nombreuses fois à la façon des ex-voto : un ovale ouvert vers le bas et un petit trait central. Les gravures vulvaires de ce site, très différentes de toutes celles qu'on trouve au Sahara, indiquent probablement le mode de schématisation particulier utilisé par un groupe particulier. En tout cas, elles correspondent à une conception graphique de la sexualité et, sans doute, de la génération, différente d'autres lieux.

La vulve et son contexte

Dans la lecture des œuvres rupestres, il importe d'examiner l'organisation générale d'un champ graphique sur une paroi et non pas d'analyser des éléments ou des sujets isolés qui forment la composition. Et surtout, il importe

Fig. 143 – Nombreux signes vulvaires superposant des animaux. Wadi El Chel.

de ne pas sortir la figure de son contexte pariétal comme trop d'auteurs le font encore. L'application de cette règle est d'autant plus importante qu'on examine des scènes à caractère sexuel, le plus souvent insérées dans des ensembles animaliers et/ou humains.

Reprenant des idées émises par J.-L. Le Quellec (2002), A. Anselin indique que « la fréquence des dispositifs iconographiques rupestres mobilisant la gravure des genitalia masculins ou féminins renvoie à un horizon culturel d'hiérogamies perdurant dans le domaine berbère. C'est une institutionnalisation de l'Éros, un Éros sacré intégrant le groupe et l'associant à l'Univers » (2006, p. 17).

Ce même auteur, sous le titre *La lexicographie de la vulve,* écrit que « les idéogrammes de l'écriture hiéroglyphique de la vulve et de la matrice associent étroitement la femme et la vache (…). La conception égyptienne du nom de la vulve et son référent sont clairement ceux d'un utérus de génisse et se réfèrent aux modèles zoomorphes des cultures pastorales. En ce sens, une comparaison est possible entre l'iconographie rupestre saharienne et l'univers égyptien ».

La présence d'animaux domestiques (bovidés, canidés) à proximité de femmes ouvertes ou ayant un rapport sexuel est récurrente dans l'art saharien. Il n'est pas impossible que l'association femme-vache ait pu constituer un support conceptuel pour les idéogrammes égyptiens quelques millénaires plus tard dans la vallée du Nil. D'autres conceptions égyptiennes antiques, religieuses notamment ont pu être inspirées par des cultures préhistoriques sahariennes. Des hypothèses ont été émises dans ce sens.

Phallus

Il semble que dans l'art saharien les images d'hommes au pénis visible, flaccide ou érigé soient beaucoup plus nombreuses que celles de femmes où la vulve est montrée. Cette différence quantitative a peut-être une signification dans l'imaginaire sexuel des populations pré — et protohistoriques.

La variété des manières de représenter le pénis, sans sa participation à un accouplement, est grande pour ses différents états et surtout pour ses dimensions. Des exemples le montreront.

De façon à bien comprendre cette diversité des images, il n'est pas inutile de rappeler les principales caractéristiques de l'organe, chez l'homme.

Rappel anatomique

De forme allongée, cylindrique, le pénis (ou verge) est indissociable, physiologiquement, des testicules (scrotum ou sac scrotal), producteurs des spermatozoïdes (gamètes mâles). Son corps est maintenu par ancrage dans l'os coxal. Extérieurement, il comprend trois parties principales, le corps (verge), le gland, son extrémité distale, particulièrement riche en cellules nerveuses et donc très sensible, et enfin le prépuce, une peau qui recouvre le gland lorsqu'il est au repos (mou), sauf s'il y a eu circoncision (ablation du prépuce). Le méat urétral (ou orifice urinaire) s'ouvre à l'extrémité du gland. C'est par cet orifice que s'écoule l'urine ou que gicle le liquide séminal au moment de l'éjaculation.

Dans le détail, l'anatomie externe du gland (1) comprend (fig. 144 [a]) une couronne ou renflement à la base (2), le bord du prépuce (3), le méat urétral (4), le frein du pénis (5) sur sa face inférieure qui est un repli muqueux permettant de limiter le décalottage du prépuce, le sillon balano-prépucial (6), le prépuce (7), la fossette du frein (8), le corps du pénis (9), le sillon médian du gland (10) et le raphé médian (11).

La coupe longitudinale de l'extrémité distale du pénis (fig. 145 [b]) montre l'espace entre le prépuce et le gland (4), limité en arrière par le sillon balano-prépucial (1) plus ou moins développé selon les hommes, l'enveloppe cutanée du gland (7) (prépuce) à la forme d'un petit tuyau. Ce dernier, rétréci à son extrémité distale (5) peut être très serré et empêcher le décalottage du gland. C'est le phimosis ou rétrécissement de l'anneau prépucial, physiologique chez le nouveau-né, rare chez l'adulte (1 % après 17 ans). Certaines statues (fig. 146) ou certaines peintures montreraient des phimosis, notamment chez le dieu Pan (voir fig. 25). Il est aisé de supprimer cette gène à l'érection par ablation partielle ou totale du prépuce. Dans ce dernier cas c'est la circoncision (fig. 147).

Des données contemporaines sur les dimensions du pénis, au repos ou en érection, sont intéressantes à connaître lorsqu'on examinera les pénis rupestres dont les tailles sont remarquablement diverses. Elles varient assez fortement d'un individu à l'autre et selon son état. Différentes études renseignent sur celles-ci, comme celle du Dr Juster faite en salle de nécropsie sur des cadavres (1950), et qui trouvait une longueur au maximum de 14,3 cm et au minimum de 6,5 cm en précisant qu'elle n'était pas corrélée à la stature et diminuait avec l'âge.

Chez le vivant la longueur moyenne est de 7 à 10 cm au repos et de 12 à 18 cm en érection, avec une moyenne mondiale de 14 cm et des extrêmes de 7 à 23 cm. Dans une étude de l'OMS (1998), on trouve un tableau des différentes dimen-

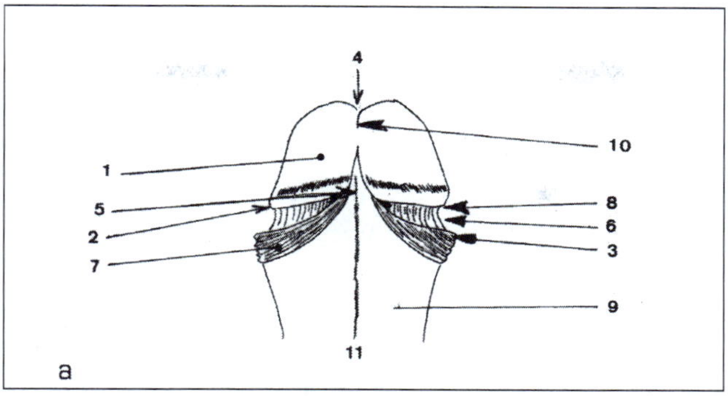

a : extrémité distale (le gland est décalotté). 1 : gland ; 2 : couronne du gland ; 3 : bord du prépuce ; 4 : méat urétral ; 5 : frein du pénis ; 6 : sillon balano-prépucial ; 7 : prépuce ; 8 : fossette du frein ; 9 : corps du pénis ; 10 : sillon médian du gland ; 11 : raphé médian.

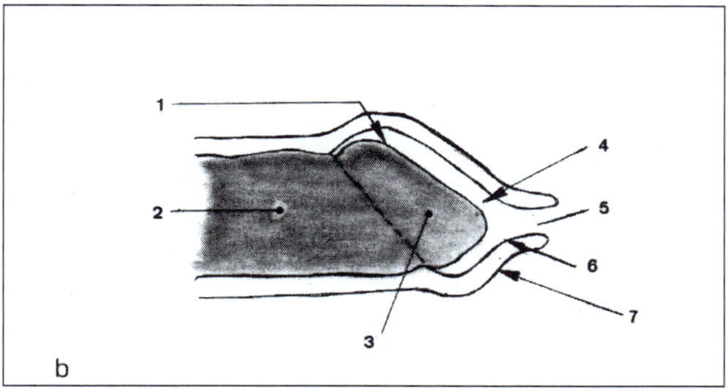

b : coupe longitudinale de l'extrémité du pénis. 1 : sillon balano-prépucial ; 2 : corps du pénis ; 3 : gland ; 4 : sac prépucial ; 5 : orifice du prépuce ; 6 : face muqueuse du prépuce ; 7 : face cutanée du prépuce.

Fig. 144 (a) et fig. 145 (b) – L'extrémité du pénis. Anatomie.

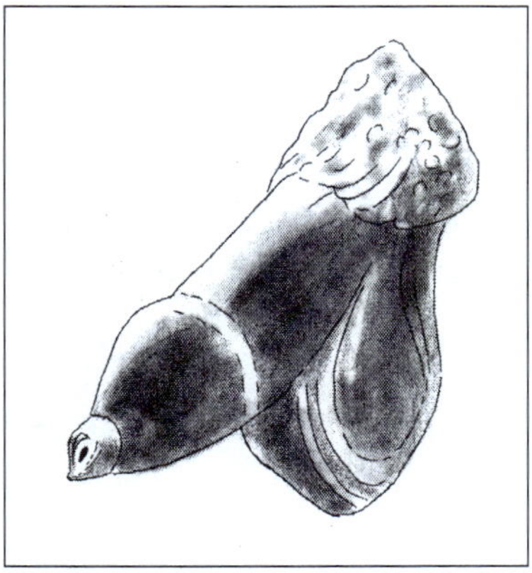

Fig. 146 – Détail d'une statue romaine montrant un pénis affecté d'un phimosis ou rétrécissement de l'orifice du prépuce. D'après G. Zwang, 1994.

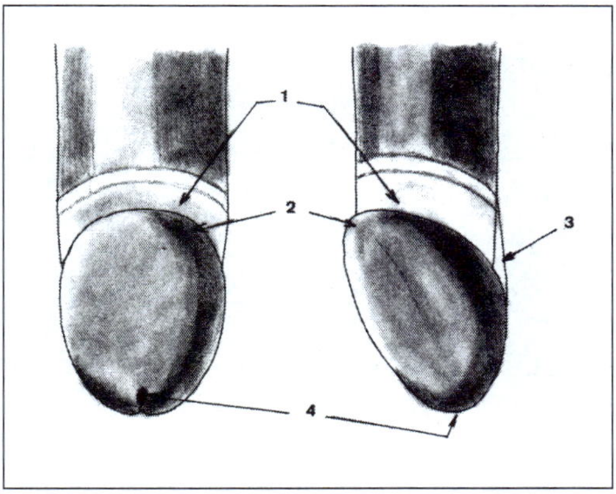

Fig. 147 – L'extrémité d'un pénis circoncis, vue de dessus, à gauche et de côté, à droite.
1 : couronne du gland ; 2 : bord de la couronne ; 3 : frein ; 4 : méat urétral.

sions du pénis érigé en fonction de la région du monde et de l'ethnie. On apprend qu'aux États-Unis, 21 % d'afro-américains atteignent entre 17,6 et 20 cm de longueur, contre 15 % pour les Caucasiens (Blancs) et 0 % chez les Thaïlandais.

Notons que chez les Japonais, par exemple, la longueur moyenne du pénis au repos est de 8 cm et de 13 cm en érection, alors que chez les Français elle est respectivement de 12 et de 16 cm. Ces mesures sur le vivant devraient permettre de mieux apprécier les dimensions des pénis représentés par les artistes préhistoriques, soit avec des exagérations hors normes, soit avec des représentations plutôt réalistes.

Outre les caractéristiques anatomiques des phallus diversement représentés par les graveurs plus que par les peintres, les artistes ont dessiné sur les rochers divers aspects de la physiopathologie propre à cet organe – aspects naturels et aspects pathologiques.

Les jets physiologiques

Ce sont la miction (action d'uriner) et l'éjaculation (émission de sperme, par saccades). Dans les images rupestres, il est parfois difficile de distinguer l'une et l'autre, mais l'érection est généralement incompatible avec la miction, et la flaccidité avec l'éjaculation. Le jet spermatique serait plutôt court et rectiligne, à condition d'un volume suffisant, sinon il « bave ». Le jet urinaire se projette en général plus loin et, chez un sujet debout, il est droit à son émission et décrit une parabole en retombant ; il serait sinueux s'il y avait un mouvement du pénis au moment de la miction (miction en marchant ou mouvement de jeu urinaire : quel adolescent ne s'y est pas livré !). Ainsi, la plupart des gravures montreraient plutôt des mictions. De fait, on ne voit pratiquement jamais d'éjaculation avec figuration de traits courts et rectilignes.

Les gravures de l'oued Djerat au Tassili-n-Ajjer ont fait l'objet de relevés extensifs par Henri Lhote (1976). Dans la station XXXI, un homme (fig. 148) avec une petite cape lui enserrant le cou, dont les parties sexuelles, arrêtées à la ligne des cuisses, ne sont pas à leur véritable place anatomique, semble en train d'uriner. Le pénis est hypertrophié au point d'être plus long que la jambe. Du méat sort ce qui pourrait être un jet d'urine (Lhote, p. 526, pense qu'il pourrait s'agir aussi de sper,me) qui, sur la dalle rocheuse, serpente sur près de sept mètres de longueur ! L'organe comme le jet physiologique, sont aussi peu réalistes que possible, même si – beaucoup d'adolescents l'ont fait – pendant les concours de miction, le jet d'urine peut aller assez loin ! Cette gravure est de l'époque du « Bubalin Naturaliste ». Sa hauteur est de 3,70 mètres. Selon J.-P. Duhard, cependant, les dimensions et la rectitude du pénis et la contraction scrotale (des muscles crémasters) plaideraient plutôt en faveur d'une érection, donc d'une éjaculation.

Dans la région de l'Aramat, en Libye, frontalière avec l'Algérie, dans le wadi Djerouriaouane (plateau de Tissatine Karbetina), on voit sur une dalle inclinée un homme au pénis apparemment flaccide (fig. 149) d'où sort un trait

Fig. 148 – Personnage gravé au mégaphallus d'où sort un trait de sept mètres de longueur sinuant sur la dalle rocheuse. Un jet physiologique, probable miction. Oued Djerat, Tassili-n-Ajjer, Algérie.

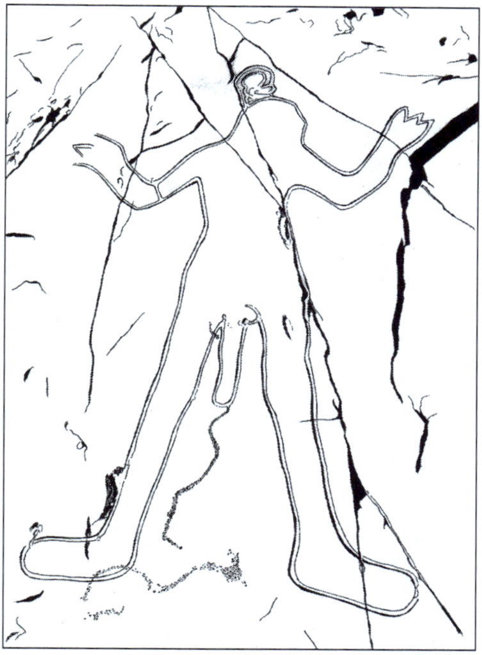

Fig. 149 – Un jet d'urine, en piquage, a été probablement ajouté à la gravure de cet homme au trait poli. Plateau du Karbetina, région de l'Aramat, Libye.

sinueux en piquage assez fin, peut-être ajouté postérieurement à la gravure du personnage qui est au trait poli et régulier. Ajouté ou non, ce jet évoque une miction. Notons au passage qu'ici la taille du pénis est proportionnée à celle de l'homme qui a les bras et les jambes écartés. Cette gravure est d'époque Bubaline ou Bovidienne.

Dans les tassilis au sud du Hoggar, Jorg Hansen (2009) a relevé une gravure d'homme pour laquelle il hésite entre miction et éjaculation (fig. 150). Nous penserions plutôt à la miction en raison du trait sinueux sortant du pénis ; une éjaculation aurait plutôt une allure rectiligne, mais on ne saura quelle était l'intention du graveur, dans ce dessin. La silhouette d'animal a été ajoutée. La direction du jet est anormale et pourrait faire supposer la présence d'une anomalie méatique ou prépuciale. Mais cela laisserait penser que le graveur était particulièrement observateur de cette anomalie, chez lui-même ou chez son modèle…

Au Tassili-n-Ajjer, dans la région de Tasserert, station de Zazar, deux anthropomorphes porteurs de masques sont peints en rouge ; le plus grand, au mufle de chien ou de bovidé ? porte une large ceinture. De son pénis curieusement terminé par une boule (le gland ?), s'échappe une ligne sinueuse, urine plus logiquement que sperme, comme expliqué plus haut (fig. 151). Le petit personnage à

Fig. 150 – Un homme gravé urinant. Assali Interekafen, Tassili de Ti-n-Reroh, Algérie. D'après doc. J. Hansen, 2009.

Fig. 151 – Peintures de deux personnages. Celui de gauche montre un gland sphérique d'où sort une ligne sinueuse, probablement de l'urine. Tasserert – Iharhaïen, Tassili-n- Ajjer. D'après photo S. et G. Lachaud, 2010.

droite, possède sous les fesses un appendice courbe, peut-être un pénis retourné vers l'arrière (S. & G. Lachaud, 2009), comme le porte le « sorcier » des Trois-Frères (Montesquieu-Avantès, Ariège). Ces peintures sont d'époque pastorale.

Aspects anatomiques du phallus

On a parlé de la grande diversité des images de phallus, depuis les réalistes, conformes à l'anatomie d'un homme normalement constitué jusqu'aux plus extravagantes, en passant par de possibles pathologies génitales.

Parmi les phallus « réalistes » on doit ranger, bien sûr, tous ceux qui ne manifestent pas d'excitation sexuelle, mais aussi, lorsque les proportions anatomiques sont respectées, les phallus en érection. Notons que l'excitation est dans la tête, l'érection dans la verge ; la définition de réaliste c'est d'être conforme au modèle anatomique, une sorte de reproduction photographique.

À Tissoukaï, au Tassili-n-Ajjer, la peinture rouge d'un homme nu, en mouvement, les bras levés, portant une masse arrondie, montre des génitoires[1] parfaitement conformes. Le pénis pendulum et les testicules (un seul visible compte tenu du profil) correspondent à une image réaliste (fig. 152) (S.& G. Lachaud, 2010). Un arc et des flèches se trouvent sur la gauche. On aurait alors affaire à un chasseur de la période des « Têtes rondes ». Une autre peinture tassilienne (fig. 153) présente un homme faisant une grande enjambée, les bras

1 Le terme est archaïque ; il a été remis à l'honneur par Georges Brassens dans l'« Épave » : « Et j'étais là, tout nu, sur le bord du trottoir/Exhibant, malgré moi, mes humbles génitoires ».

Fig. 152 – Homme au pénis pendulum. Peinture à Tissoukaï, Tassili-n-Ajjer. D'après photo G. et S. Lachaud, 2010.

Fig. 153 – L'homme en marche possède un appareil génital anatomiquement conforme. Peinture tassilienne. Période pastorale. D'après photo S. Donon.

Fig. 154 – Trois hommes nus, jambes écartées. Peintures à Iharhaïen, Tassili du Nord. Période pastorale. D'après photo G. et S. Lachaud, 2008.

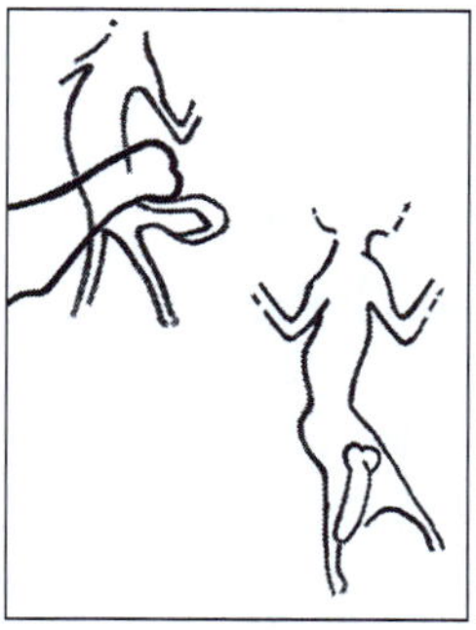

Fig. 155 – Gravure d'un homme au pénis flaccide. Assali Interekafen, tassilis du sud-ouest, Algérie. D'après photo J. Hansen, 2009.

levés, avec des testicules individualisés et anormalement séparés (réalisme intellectuel) et un pénis flaccide présentant une curieuse sinuosité.

Les trois hommes peints à Iharhaïen au Tassili-n-Ajjer, relevés par S. et G. Lachaud (2008) possèdent par contre un pénis d'une taille quelque peu exagérée, les testicules de taille normale curieusement séparés de la verge (fig. 154). Deux des pénis figurés présentent, au niveau du gland, deux ou trois petits appendices non anatomiques. À quoi peuvent-ils correspondre : lèvres du méat ? ornementation ? Il n'y a pas de réalisme dans ces dessins.

Des gravures à Assali Interekafen, tassilis du sud-ouest (fig. 155) montrent un homme, de face, au pénis flaccide d'assez grande taille, le sac scrotal étant correctement reproduit. Sur la même surface, plus haut, un homme possède un gros pénis en érection. La signification de ces gravures associant pénis « actif » et pénis « au repos » nous échappe (J. Hansen, 2009).

À Iharhaïen, Tassili-n-Ajjer central, l'appareil génital de cet homme peint en rouge est hypertrophié, le pénis, flaccide, pendant jusqu'au sol (fig. 156). La

Fig. 156 – Un homme courant à l'appareil génital hypertrophié. Peintures à Iharhaïen, Tassili du Nord. Période pastorale. D'après photo S. et G. Lachaud, 2008.

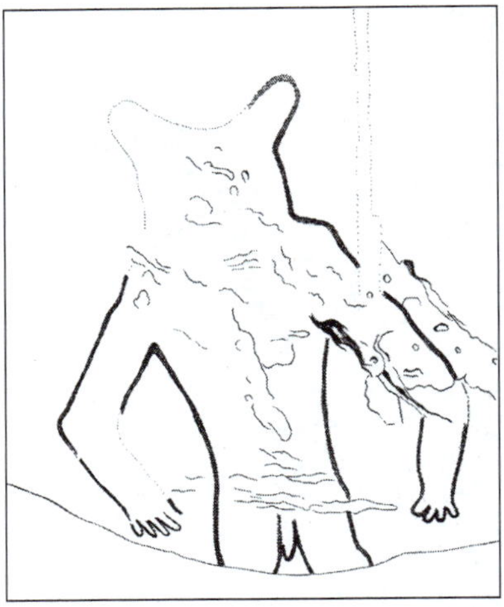

Fig. 157 – Un « Grand dieu » du style « Têtes rondes » au pénis « normal ». Wadi Afar, sud de l'Akakus.

morphologie de l'ensemble est cependant normale hormis l'aspect en massue du pénis et la séparation des testicules (S. & G. Lachaud, 2008). Époque pastorale.

Le grand personnage « Têtes rondes » dans le wadi Afar (sud Akakus) appartient à la « famille » des « Grands Dieux », comme on en voit à Séfar, au Tassili-n-Ajjer. Il possède un pénis relativement petit par rapport à sa stature (fig. 157). Il est probablement flaccide. Il en est de même pour ce personnage du même type et de même époque, à Jabbaren, au Tassili-n-Ajjer (fig. 158) (N. Honoré, 2001). Selon Duhard, pour cette dernière image, c'est à peine si l'on peut parler de pénis devant deux traits convergents sans se rejoindre ; on pourrait tout aussi bien défendre l'idée d'une vulve schématique…

Des pénis en semi-érection ont été dessinés en divers endroits, dans l'Aramat (fig. 159 et 160). Chacun des deux personnages possède un appendice caudal rebiqué ; l'un, dans le swadi Aramat, tient à la main une hache (?), sa tête est surmontée de deux petits trait (des plumes ?) et surtout, il est gibbeux, comme d'autres, par exemple au Messak. La présence de cette bosse a une signification ; on ignore laquelle. L'autre, sur le plateau de Tissatine Karbetina, exécute peut-être un mouvement de danse. Ses bras sont relevés à l'équerre et sa tête, peut-être un masque, possède deux cornes (?) pointues. Au Messak (fig. 161), dans le wadi I-n-Habeter, à El Aurer, un personnage gibbeux (ou porteur d'une charge dans le dos), vu de profil, présente également une semi-érection, du moins la légère courbure du pénis vers le bas évoque une érection incomplète. À noter, devant lui, un très petit homme en érection et aux bras levés comme en imploration.

Encore un pénis flaccide, mais cette fois appartenant à un étrange personnage, peut-être masqué, de grandes dimensions, portant une hache et des appendices à l'arrière du corps (fig. 162). En avant de sa tête aux grandes oreilles rondes,

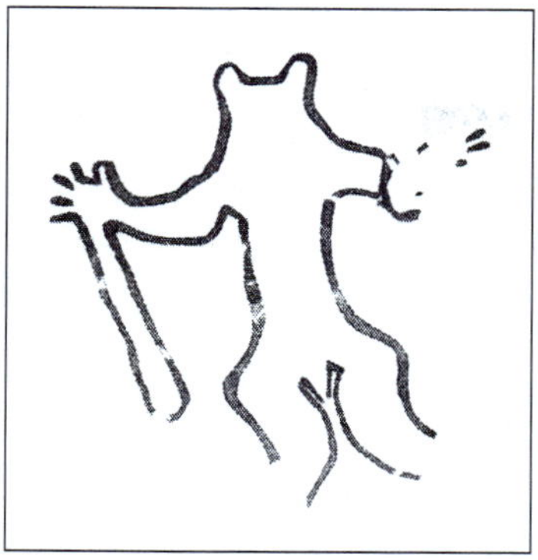

Fig. 158 – « Grand dieu » de la phase « Têtes rondes » tenant une massue, avec un pénis normal. Peinture à Jabbaren, Tassili-n-Ajjer. D'après ph. N. Honoré, 2001.

Fig. 159 – Personnage gibbeux en semi-érection, portant une hache et une queue rebiquée. Gravure dans le wadi Aramat. Période bubaline.

Fig. 160 – Personnage gravé dansant (?), avec un pénis en semi-érection (?). Plateau de Tissatine Karbetina, région de l'Aramat.

Fig. 161 – Personnage gibbeux ou portant une charge dans le dos, en semi-érection. Gravure à El Aurer, Messak. Période bubaline (?).

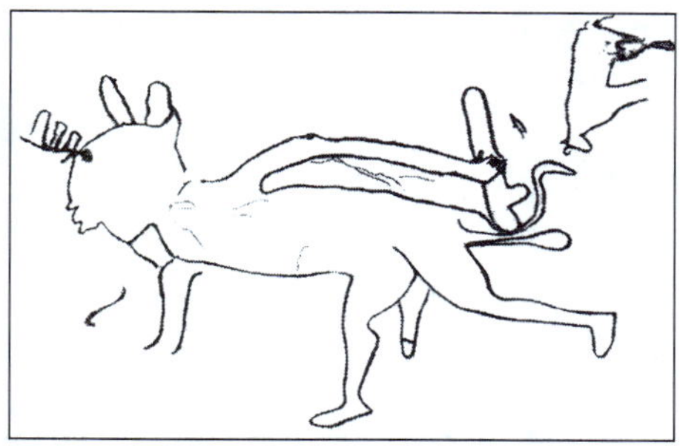

Fig. 162 – Personnage de grandes dimensions (environ 3, 40 mètres), au pénis flaccide, portant une hache. Sa tête (masque ?) à grandes oreilles porte un curieux trait ondulé sur le front. Gravure à Oua-n-Kalia, Aramat, Libye. Période bubaline probable.

une ligne sinueuse, peut-être partant de l'œil, est particulièrement énigmatique. Est-elle en rapport symbolique avec le mental ou l'esprit du personnage ? En tout cas, il en ressort l'intention d'en faire un être hors du commun. On ne peut s'empêcher de penser à une représentation d'ordre mythique, la sexualité n'étant pas nécessairement ici le sujet dominant. Cette gravure se trouve dans le wadi Djerouriaouane (Karbetina, Aramat). Elle appartient à la période bubaline.

Habituellement le pénis est représenté en face ventrale des individus. Un ensemble de peintures au trait, au Tassili-n-Ajjer (fig. 163 et 164) montre des hommes entourant un hippopotame. Ils sont nus et, contrairement à ce que l'on voit généralement, le pénis de plusieurs d'entre eux est en position retournée vers l'arrière (fig. 164), comme dans le « Sorcier » paléolithique des Trois-Frères, du moins peut-on penser que ces formes passant sous les fesses, terminées par un léger renflement (gland ?) sont bien des pénis. L'ensemble des

Fig. 163 – Peintures au trait dans le style d'Ihéren-Tahilahi, période pastorale, qui montrent une chasse (?) à l'hippopotame. Tassili-n-Ajjer. D'après photo M. Sylvestre.

peintures de cette scène est du style d'Ihéren-Tahilahi, de la période pastorale.

Pénis en érection ; ithyphalles

L'ithyphallique est une des figures sexuelles masculines communément représentées dans l'art saharien. Ses images sont nombreuses et, le plus souvent, il s'agit de l'érection de pénis exagérément longs.

Fig. 164 – Le pénis de certains des personnages paraît tourné vers l'arrière. Élément de la fresque précédente (fig. 163).

Dans la littérature, la plupart des auteurs qualifient d'ithyphalles (ou ithyphalliques) tout personnage masculin au sexe apparent. Nous avons déjà mentionné (Soleilhavoup, 2001) que cette appellation est sinon erronée, du moins abusive car, dans les rupestres, rappelons-le, généralement, seule la représentation d'un homme nu, de profil, permet d'identifier l'érection [ithus, droit ; phallos, pénis] : le pénis se trouve en position perpendiculaire ou légèrement angulaire par rapport à la paroi hypogastrique et dans ce cas on pourra qualifier un ithyphalle. Dans de rares exemples, on a pu cependant reconnaître des ithyphalles vus de face (fig. 179).

Dans l'Oued Djerat, on trouve une notable proportion d'ithyphalles d'époque caballine, sans doute destinés à exalter la puissance masculine (fig. 165, 166, 167). Notons que la fig. 165 est mégapénienne et microtesticulaire.

Au lieu-dit Timeshral, dans le wadi Aramat, dans une remarquable scène gravée, décrite par J.-L. Le Quellec (2002), sur un gros bloc à proximité d'un abri à peintures de différentes époques (Soleilhavoup, 2000), la silhouette d'un grand personnage, debout, aux bras levés, arbore un énorme phallus en érection (fig. 168, voir aussi fig. 285). Outre sa taille hors normes, deux aberrations anatomiques, voulues par le graveur, font de l'appareil génital de cet homme une particularité dont la signification est énigmatique. Compte tenu de la qualité des autres gravures sur ce bloc, – des gravures certainement

Fig. 165, 166, 167 – Gravures d'ithyphalles dans l'oued Djerat, Tassili-n-Ajjer. Le pénis, à chaque fois, est hypertrophié.

Fig. 168 – Partie gauche d'un gros rocher dans le wadi Aramat (voir fig. 285) montrant la gravure d'un grand ithyphalle aux bras levés, derrière un petit asiné. Le gland, rond, est découvert.

Fig. 169 – Peinture d'un homme en marche, ithyphallique à Tasserert-Iharhaïen, Tassili du Nord. D'après photo S. et G. Lachaud, 2009.

réalisées à la même époque « bubaline », celles d'un âne devant l'ithyphalle et d'une scène de bestialité, à droite (voir fig. 285) – il apparaît bien que l'artiste a délibérément représenté un très gros gland découvert et sphérique (circoncision ?) et un seul (possible) testicule, placé au-dessus de la verge, contre toute logique anatomique. Un examen attentif de la surface rocheuse n'a pas permis de déceler un trait de gravure symétrique figurant l'autre testicule, au-dessous, ce qui aurait alors permis d'y voir un modèle stéréotypé fréquemment utilisé dans les gravures et qui montre les deux testicules vus en plan, de part et d'autre de la verge, comme pour le phallus gravé de la grotte Cosquer.

Fig. 170 – Gravure sur dalle d'un ithyphalle peut-être masqué, avec de grandes oreilles, tenant une hache et muni d'une petite queue. Iharhaïen, Tassili du Nord.

Fig. 171 – Personnage barbu, en marche, avec un gros appareil génital et portant une hache sur l'épaule. Gravure sur la face d'un gros rocher dans le wadi Agmir, Akakus. Période pastorale possible.

Fig. 172 – Gravures dans l'oued Djerat, Tassili. Personnages à gros phallus ; l'un semblant tirer un éléphanteau et les deux autres devant un éléphant.

À Tasserert – Iharhaïen, au Tassili, la peinture d'un ithyphalle, en marche, bras ballants (fig. 169), offre un exemple significatif, cette fois, de la période pastorale (S. et G. Lachaud, 2009). On remarquera le profil allongé du visage, pas vraiment humain, les cheveux en masse abondante, rejetés vers l'arrière et la présence d'une forme courbe attachée au cou du personnage. Dans la même région, sur une dalle rocheuse, la gravure d'un personnage masqué (?), brandissant une hache, avec oreilles allongées, menton pointu (ou barbiche ?) et long nez retroussé, est fortement ithyphallique, le gland découvert. Cet être est muni d'une petite queue (fig. 170). Sans doute s'agit-il d'un être mythique, l'ithyphallisme étant ici un élément important du « récit ».

Phallus démesuré et ithyphallisme caractérisent ce barbu en marche sur un gros rocher du wadi Agmir dans l'Akakus (fig. 171). Le réalisme de ce sujet est très poussé avec des proportions corporelles respectées, les doigts des mains et des pieds détaillés, les traits du visage indiqués, le dynamisme du mouvement avec un effet de perspective procuré par le membre inférieur droit de dimensions plus réduites ; par contre, le pénis et les testicules sont de grosseur exagérée, comme pour attirer l'attention sur les organes sexuels. Il porte un sac et une hache typique sur son épaule : manche en bois dans lequel était fixée la pierre dure taillée et polie. La petite « femme ouverte » en piquage grossier a été ajoutée à la façon de certains graffitis « complétés » sur les murs de nos villes, parfois avec humour, mais souvent avec vulgarité.

Des ithyphalles ou des hommes au pénis hypertrophié sont assez souvent représentés avec des animaux (félins, éléphants, etc.). Sans qu'il y ait relation sexuelle entre l'homme et l'animal (zoophilie), un sujet qu'on abordera plus loin, la question se pose du rôle de l'animal dans la sexualité humaine. Deux exemples de gravures provenant de l'oued Djerat, station LIV (fig. 172), expo-

Fig. 173 – Un archer ithyphalle vise un félidé (détail). Gravure du Messak, période bubaline.

Fig. 174 – Un ithyphalle gravé tenant une hache est placé devant un mouton à collier (bélier ?). Atlas saharien. Néolithique ancien.

sent d'une part un homme au gros pénis peut-être flaccide tirant un éléphanteau (?) et d'autre part deux personnages à gros pénis en relation avec un éléphant en érection. Dans les deux cas on peut parler de mégapénis. Au Messak, parmi de nombreux exemples, un archer ithyphallique vise un félidé (fig. 173). Cette image a une portée symbolique qui va certainement bien au-delà de la seule action de chasse. On pourrait rapprocher cette image de celle de l'homme affronté à l'ours du Mas d'Azil (fig. 3) ; l'érection est un signe de domination, de victoire. On sait que dans les mythes africains actuels, de nombreux animaux jouent un rôle important dans les contacts avec l'homme, y compris sexuels. Une importante littérature existe à ce sujet.

Dans l'Atlas saharien, comme au Sahara central, des ithyphalles sont en relation avec des animaux. Ainsi dans la station de El Harhara, monts des Ksour, un ithyphalle à tête (coiffe ?) trilobée, porteur d'une hache, se trouve devant un bélier à collier (fig. 174). Ces gravures d'époque ancienne (Bubalin) manifestent la grande antiquité des relations sympathiques, mythiques et symboliques entre l'homme et l'animal domestique ou sauvage. Le collier laisse penser à la domestication de cet animal. La présence d'un trait vertical barrant le corps depuis le dos et rejoignant le pénis a rappelé à l'un de nous (J.-P. D.) un dispositif contraceptif original chez les boucs et les béliers, observé au Mali et en Mauritanie. Un lien était noué autour de l'extrémité du pénis et faisait le tour du corps ; quand l'érection se produisait, le lien entrait en tension et « étranglait » le gland ; l'effet dissuasif était immédiat. Il serait intéressant de rechercher, dans l'art saharien si d'autres animaux sont porteurs de ce lien.

Au fil de ces images d'ithyphalles, on constate qu'une assez forte proportion de ces hommes est munie d'une hache. Cet objet est probablement significatif : une symbolique sexuelle comme c'est souvent le cas avec les armes perforantes ou tranchantes ? Mais il ne faut pas oublier que nombre de ces ithyphalles n'en portent pas.

Dans la station de Ras El Ahmar (fig. 175, 176, 177), monts des Ouled Naïl, la face d'un gros bloc sur la pente d'une ancienne butte-témoin démantelée porte un ensemble de gravures dont un ithyphalle assis, bras écartés, la tête

Fig. 175 – La butte-témoin de Ras-el-Ahmar, monts des Ouled Naïl, Atlas saharien. Sur un long bloc parallélépipédique, en face, sur la pente, est gravée la scène montrée fig. 176 et fig. 177.

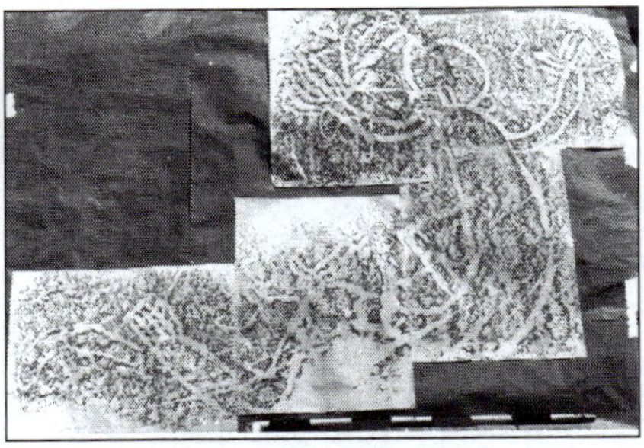

Fig. 176 – Calque des gravures du bloc de Ras-el-Ahmar.

Fig. 177 – Relevé graphique de ces gravures.

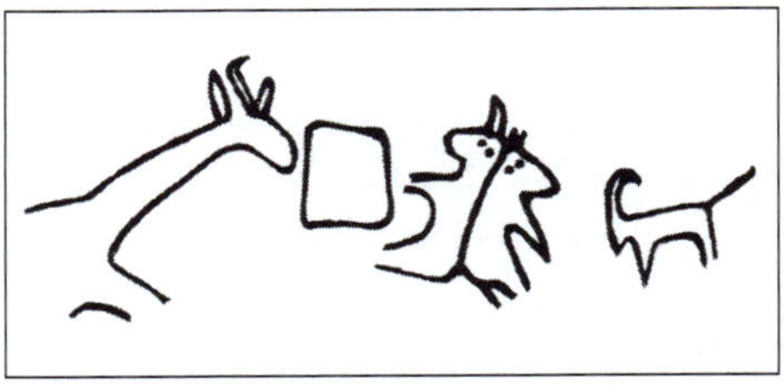

Fig. 178 – Animaux associés aux précédentes gravures, en contrebas du bloc.

vue de face. Un animal (boviné ?) et des objets (ou signes) entourent le personnage. Sur l'autre bloc (fig. 178), des animaux dans la même technique et du même style appartiennent sans doute au même ensemble (Soleilhavoup, 2003). L'ithyphalle occupe le centre de la scène et sa présence renvoie à un mythe dont l'homme, le géniteur, est probablement l'acteur essentiel.

Il en serait de même dans la scène gravée au sommet d'une longue butte à Rosfat El Hamra men Et That, monts des Ksour (fig. 179). Ici, l'ithyphalle vu de face est au centre d'un groupe d'animaux sauvages et domestiques, panthères, autruches, antilopes, vaches africaines, canidé (?). Le personnage dont la tête est ornée de plumes (?), bras écartés, paraît tenir un rôle majeur, un peu comme le Maître des Animaux. Le pénis, représenté de face, est gros, long et vertical, confortant l'idée d'une érection. Bien que, dans une érection il ne soit jamais plaqué contre l'abdomen, ni vertical, mais plus ou moins oblique, avec un mouvement de redressement transitoire lors de la contraction volontaire des muscles releveurs de l'anus.

Là encore, on voit que l'animal occupe une place importante dans des scènes à caractère sexuel, qu'il s'agisse d'ithyphalles ou (on le verra) d'accouplements.

Phallus schématisés

Dans l'imagerie saharienne, il y a très peu de représentations très schématisées d'organes génitaux masculins. L'homme du Kori Tagueï, dans l'Aïr

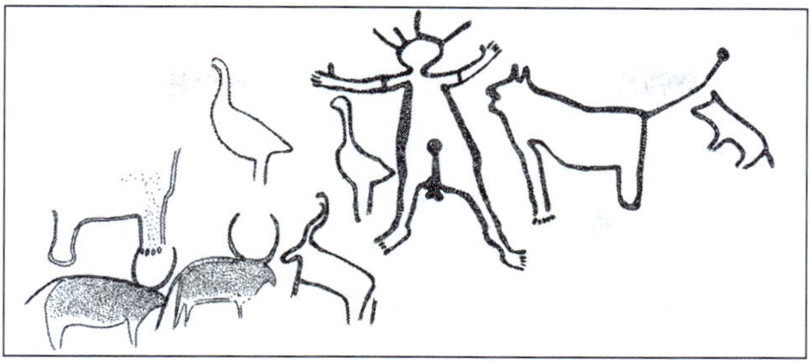

Fig. 179 – Dans les monts des Ksour, à Rosfat El Hamra men et That, un ithyphalle gravé est entouré d'animaux.

Fig. 180 – Personnage du type « Guerrier libyen », paléoberbère, schématisé sur une dalle horizontale. Gravure. Kori Tagueï, Aïr oriental, Niger.

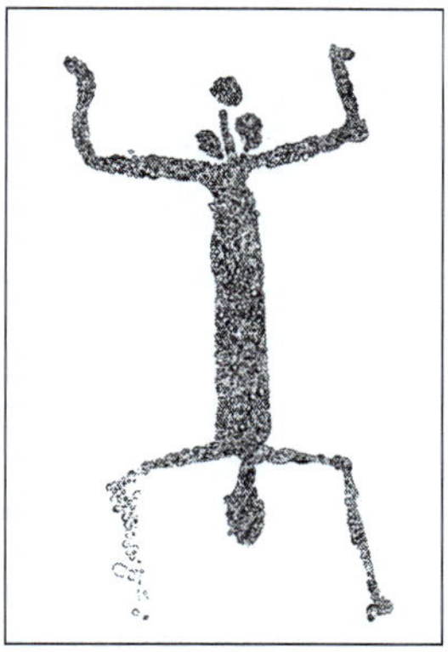

Fig. 181 – Gravure d'un personnage, bras et jambes en équerre. Gouiret Bent Saloul, monts des Ksour, Atlas saharien.

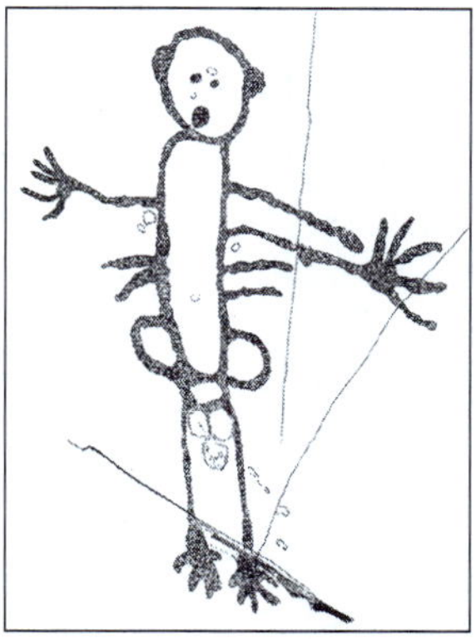

Fig. 182 – Gravure d'un personnage schématisé dans l'Atlas marocain.

nord-oriental (Niger), sur une dalle horizontale (fig. 180) est atypique à ce sujet. Son corps longiligne, de 198 cm, dont la tête porte un casque emplumé (?) est vêtu d'une courte tunique, de laquelle dépassent les organes génitaux, comme des pendeloques ornementales ! Une image de ces fameux « bijoux de famille » !! Deux petites boules reliées à des pédoncules figurent les testicules. Le pénis affecte la forme d'une croix, dont le bras transversal serait au niveau du sillon sous-balanique ; cette image n'est pas sans évoquer le port d'un objet transfixiant, une sorte de piercing. Cette gravure appartient à la phase dite du « guerrier libyen » de la période protohistorique. On ne connaît pas d'autres exemples aussi schématiques dans les images masculines.

Retour dans l'Atlas, encore dans les monts des Ksour, dans les Gouiret Bent Saloul, une curieuse gravure peut se lire dans les deux sens (fig. 181) : la tête est formée d'un ovale, ou bien on peut la voir comme dessinée par trois cupules en triangle, avec un petit bâton. Le sexe, peut être vu par ces trois cupules, deux symétriques pour les testicules, la troisième au sommet du bâtonnet, comme le pénis et son gland. Ou alors, l'ovale peut schématiser l'ensemble des organes génitaux. On verra plus loin que, parmi les pathologies génitales, l'éléphantiasis du scrotum se présente comme des testicules démesurément hypertrophiés. Pourrait-il s'agir d'une telle anomalie ? En définitive, la schématisation des organes génitaux par points et trait semblerait la lecture la plus logique, d'autant plus qu'on a vu, dans l'Atlas de semblables épures (voir fig. 85).

Une schématisation comparable se retrouve dans cette gravure de l'Atlas marocain (fig. 182) où trois cupules en triangle figurent l'appareil génital. Mais on est dans un registre de caricature plutôt que de représentation réaliste.

Phallus modifiés

On a vu que l'état physiologique apparent des phallus rupestres au Sahara peut montrer le repos (flaccidité), la semi-érection et l'érection (ithyphallisme). Dans ces différents états, on observe des images de phallus souvent hypertrophiés, comme si cet organe devait être magnifié aux yeux de tous. Le cas des mégaphallus (= mégapénis) dans les cultures préhistoriques, particulièrement au Néolithique ancien posera la question d'éventuels cultes voués à cet organe (voir chapitre VII). À l'inverse des phallus démesurés, on trouve – rarement il est vrai – des images de micropénis.

La question des protections phalliques, cache-sexe, étuis ou fourreaux péniens, est intéressante car chez de nombreux groupes africains actuels ces objets sont encore portés. Des images rupestres préhistoriques, certes peu nombreuses, peuvent laisser penser que le port de ces objets est fort ancien.

Il est possible, mais difficile à prouver, que la pratique de la circoncision fût également très ancienne au Sahara ou du moins qu'il existât une pratique ancienne de cette intervention dans la région. L'analyse de certaines images pourra peut-être apporter quelques éléments significatifs.

Un autre aspect – là encore hypothétique – sera celui d'éventuelles pathologies génitales, particulièrement dans l'art des « Têtes rondes ». On essaiera de clarifier cette question, à l'aide de quelques exemples.

Mégaphallus

Dans les trois états rappelés plus haut, les mégaphallus sont portés soit par des êtres d'apparence humaine à part entière, soit par des êtres d'apparence humaine, mais affublés d'attributs animaux (masques), soit enfin par des êtres imaginaires.

L'un des exemples les plus remarquables de mégaphallus est une gravure à Tagg » n Tort dans le sud de l'Akakus (dit « Abri Mori »), sur une haute paroi verticale (fig. 183). Ce personnage mesure 2,20 mètres ; son phallus, environ 0,70 mètre, soit à peu près le tiers de la longueur du corps ! Le gland au méat urinaire bien marqué, dépasse la longueur de la jambe. À propos de cette extrémité du pénis, le sillon balano-prépucial n'est pas marqué. Mais si on ne voit pas le sillon, bien que le gland semble découvert, un bourrelet à son niveau pourrait correspondre à la couronne du gland recouverte du prépuce en partie rétracté. L'homme est en marche, jambes écartées. Il tient une hache à la main (dont la gravure est oblitérée). Sa tête porte sur le crâne cinq traits figurant peut-être des cheveux (?). Le nez est long, un peu pointu, de même que le menton (?) ou une barbiche (?). Il possède une courte queue (postiche ?) et, au niveau de ce qui pourrait être l'anus, sont attachés deux anneaux reliés par un trait. On a l'impression de se trouver devant un être irréel, bien que, à part le phallus, les proportions du corps soient justes, correspondant à un homme « normal ». Cet énorme phallus manifeste peut-être une hyperbole des capacités viriles et des vertus génésiques masculines. La gravure est ancienne, probablement du « Bubalin Naturaliste ». Elle voisine, sur la gauche, avec un ensemble de peintures de petites dimensions de bovidés bicolores (domestiqués) du style bovidien.

Fig. 183 – Grand personnage gravé (2,30 mètres) sur une paroi à Tagg » n Tort, Akakus. Un mégaphallus pend jusqu'à terre. Période ancienne (bubaline ?).

Dans l'Akakus, au Messak, dans l'Aramat, au Tassili-n-Ajjer, les mégaphallus gravés ou peints ne sont pas rares, notamment dans l'époque ancienne, mais on en trouve aussi, plutôt peints dans l'art pastoral. L'art de la période libyco-berbère est par contre assez pauvre dans ces représentations. Peut-être qu'alors, l'emphatisation du phallus, réduite ou nulle dans ce répertoire graphique, ne correspondait plus au critère culturel de la masculinité (?). À cette époque, les critères de la virilité étaient sans doute représentés par les armes, poignards, lances, bâtons, démontrant ainsi les capacités du guerrier ou du chasseur.

L'iconographie des mégaphallus est riche. Une série d'exemples pourra ici l'attester.

Dans le wadi Irakaden (Akakus), une scène gravée montre six personnages (fig. 184) assez grossièrement piqués sur un rocher. Ils paraissent participer à une action peut-être rituelle. Un personnage en position fléchie, touche le phallus démesuré d'un homme dont la tête est relevée et qui tient une forme ovale. L'idée d'un culte ou d'une dévotion voués à l'organe masculin ne serait pas absurde ici. Au vu de la protubérance arrondie sur la poitrine du personnage en position fléchie touchant le gros pénis, on pourrait d'ailleurs penser à une femme, ce qui serait compatible avec une possible dévotion pour la fertilité masculine. Notons que, ni chez l'homme de Tagg » n Tort (fig. 183) ni chez celui du wadi Irakaden (fig. 184), le phallus est en érection. Dans les deux cas, il pend entre les jambes. J.-P. Duhard défendrait plutôt la thèse de l'érection à chaque fois que le pénis est manifestement de dimensions supérieures à celle d'une verge flaccide, avec une rectitude et un gland découvert, voire volumineux. Il y a cependant une notion dont on doit tenir compte dans ces représentations mégaphalliques, celle d'une symbolique sexuelle magnifiant la virilité ou la puissance masculine. L'analyse anatomo-morphologique ne serait alors

Fig. 184 – Groupe de gravures dans le wadi Irakaden, Messak.

que de peu d'utilité et dans ce cas les artistes graveurs ou peintres ne devaient guère se soucier de vérisme dans leurs représentations.

Un mégaphallus flaccide également, est exhibé par l'homme du wadi Tiduwa, au Messak, sur un gros bloc (fig. 185). Son allure est un peu sinueuse ; les contours du scrotum sont bien marqués. La longueur du phallus, environ 70 cm, est à peu près égale à celle du tronc. Le personnage est vu de face, bras relevés, jambes écartées et repliées à la façon, on le verra plus loin, des « femmes ouvertes » fréquentes au Messak. Ici le visage est dessiné, yeux, nez, bouche. L'hypertrophie marquée du pénis manifeste comme pour toutes ces images la considération extrême portée à cet organe. Cette gravure est probablement d'époque ancienne, bubaline.

Au Messak, toujours, on peut voir la gravure de cet homme d'apparence grêle, porteur d'un énorme phallus (fig. 186) en érection, dirigé vers un autre personnage, plus petit et tout aussi mince. Le pénis de l'ithyphalle mesure la moitié de la longueur du corps, 20 cm ; sa largeur est impressionnante et l'artiste a gravé une sorte de quadrillage sur la verge, ce motif étant particulièrement original. On retrouve la position stéréotypée des bras écartés et levés. Époque du Bubalin Naturaliste (?).

Le curieux personnage gravé sur la grande dalle de Oua-n-Kalia (Wadi Djerouriaouane, Karbetina, Aramat) (Honoré et al., 2011) (fig. 187) présente un phallus démesuré dont l'extrémité, sans gland marqué, est arrondie. Le profil de sa tête, fortement dolichocéphale, montre un nez retroussé et une bouche proéminente. Au niveau de l'œil il y a une excroissance dont on ne saisit pas le rôle. Le dos paraît fortement bossu (?). La taille est extrêmement mince et, fixé sur le postérieur très réduit, on voit une petite queue rebiquée. Notons que la queue portée par les ithyphalles et les mégaphalles est un appendice récurrent, ce qui donne un aspect et sans doute une fonction extra – ou supranaturelle à leurs porteurs. D'ailleurs, les cas cliniques d'appendice

Fig. 185 – Homme gravé, bras et jambes écartés sur un gros bloc. Le pénis est démesuré. Wadi Tadûwa, Messak.

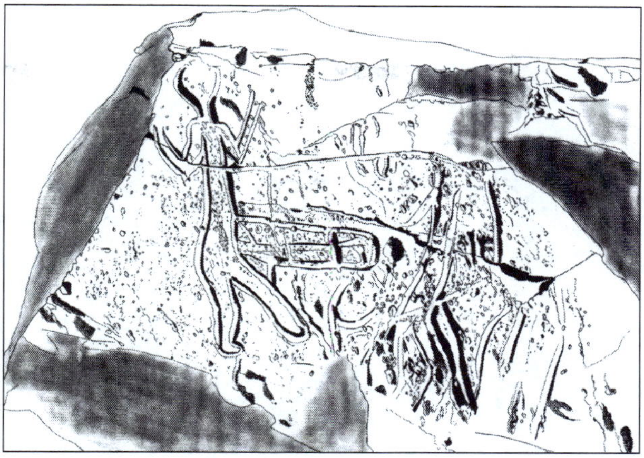

Fig. 186 – Gravure d'un personnage grêle, ithyphallique, au pénis très gros, curieusement quadrillé. Messak.

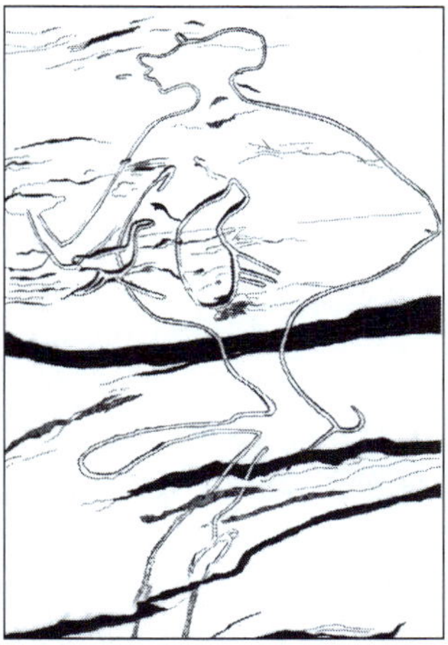

Fig. 187 – Gravure d'un personnage gibbeux (?) au pénis démesuré, ithyphallique. Dalle de Oua-n-Kalia, région de l'Aramat.

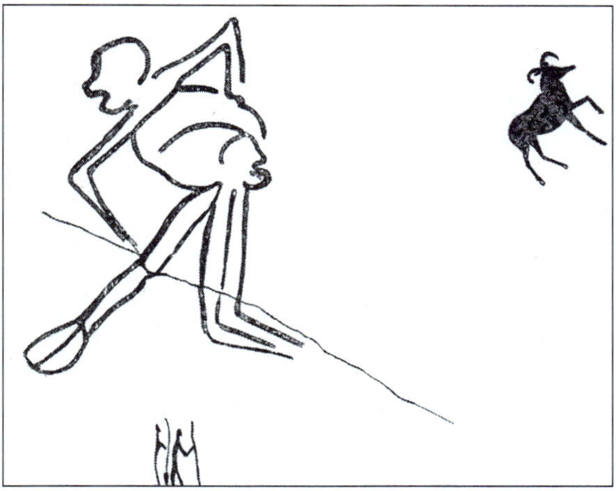

Fig. 188 – Peinture d'un personnage mégaphallique dans une posture inhabituelle à Tasserert – Iharhaïen, Tassili du Nord. D'après photo S. et G. Lachaud, 2009.

caudal chez l'humain sont exceptionnels, mais cette éventualité dans le cas des gravures sahariennes doit être évoquée.

Le personnage de Oua-n-Kalia est franchement irréaliste tant par sa morphologie que par la taille de son pénis : on se trouve une fois de plus dans un imaginaire de la représentation sexuelle. Il est à noter que sur la grande dalle de Oua-n-Kalia sont gravées quelque 80 figures, exclusivement animalières. Une seule figuration humaine a été dessinée : l'ithyphalle.

Au Tassili-n-Ajjer, dans la région de Tasserert-Iharhaïen, la peinture d'un homme dans le style « Têtes rondes » possède des caractères intéressants. Outre le phallus démesurément allongé, au gland apparent et au méat très

Fig. 189 – Gravure d'un homme mégaphallique à Ti-n-Tataït, Tassili-n-Ajjer. D'après photo F. Sauthier-Delabre.

Fig. 190 – Deux personnages mégaphalliques gravés dans l'oued Djerat, Tassili-n-Ajjer.

étendu, la posture du personnage est inhabituelle par la position des bras et celle des jambes fléchies (fig. 188). Les autres peintures (petits personnages et animal) sont d'époque postérieure.

Dans la même région, à Ti-n-Tattaït, l'être gravé qui semble porter un masque à grande oreille, tenant un objet courbe, possède un phallus extraordinaire (fig. 189). Sa longueur (100 cm) est presque égale à celle du corps (115 cm). Le quadrillage dans sa partie la plus large rappelle celui déjà décrit au Messak (fig. 186). Une fissure naturelle (?) oblitère longitudinalement le gland et peut être interprétée comme un méat de dimensions exagérées.

Dans l'oued Djerat (Tassili-n-Ajjer), parmi de nombreuses gravures à caractère sexuel, on voit une importante collection de personnages mégaphalliques, certains masqués, d'autres non (fig. 190), tous de la période du Bubalin. On y retrouve les caractères morphologiques signalés plus haut. La moitié inférieure du sujet de gauche paraît enfermée dans une sorte de sac, dont les contours sont vaguement phalliques...

L'aire de répartition des mégaphallus est assez vaste au Sahara central, surtout pendant la période ancienne. À n'en pas douter, les populations avaient développé une conception de la sexualité masculine qui pouvait se rapporter, on le répète, à une forme de dévotion – une dévotion ou une superstition qu'on retrouvera plus tard, dans l'Antiquité gréco-romaine.

Un dernier exemple, dans cette brève revue : la peinture d'un anthropozoomorphe à tête de félin, dans le style « Têtes rondes », au Tassili-n-Ajjer, montre un pénis pendulum allongé mais qui ne serait pas un mégaphallus

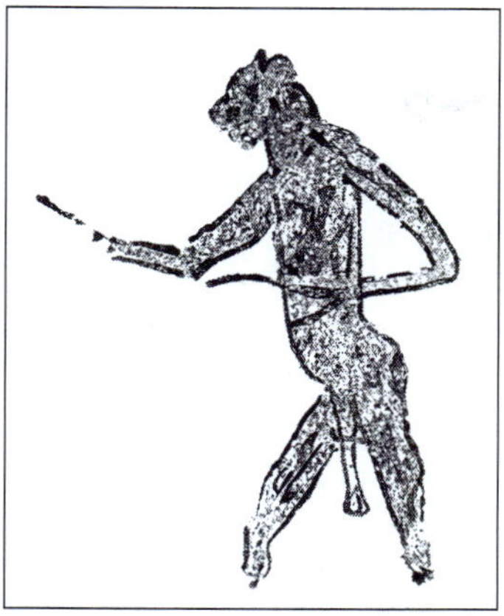

Fig. 191 – Peinture d'un homme à tête de félidé avec un pénis très allongé. Tassili. D'après photo N. Honoré.

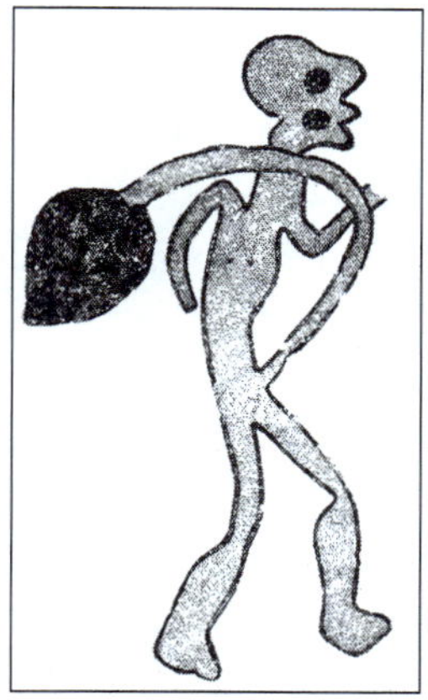

Fig. 192 – Peinture du style des « Têtes rondes ». Un homme dont la tête caricaturale montre deux gros points rouges sur le côté, possède un pénis (probable) démesurément allongé, courbe, passant derrière le dos ! Son gland a une forme lancéolée.

Fig. 193 – Homme à micropénis dans le wadi Aramat.

(fig. 191). Sa dimension pourtant hors normes – il arrive presque au niveau du genou ! – en fait un sexe particulier qu'un homme normalement constitué ne saurait posséder. Il est vrai qu'on a affaire ici à un homme-lion… La figuration de profil du corps permet, dans ce cas, de parler de pénis pendulum, alors que de face, le doute serait permis.

L'une des plus étonnantes peintures d'un homme qu'on ne saurait qualifier d'ithyphalle nous a été communiquée par Bernard Fouilleux, guide saharien et spécialiste de l'art rupestre (fig. 192). Photographiée en 2005, elle se trouve vers Ker Efadaouen, nord de Tamrit, au Tassili-n-Ajjer. L'homme dessiné au trait ocre rouge et dont la surface endopérigraphique est en aplat jaune, présente une tête au crâne chauve et rond, au nez camus et aux lèvres épaisses, l'inférieure confondue avec le menton. Deux gros points rouges sont peints sur le visage, l'un au niveau de l'œil, l'autre au niveau de la joue. Le corps, les bras, les cuisses sont minces ; les mollets, par contre, sont épais. Mise à part la tête au profil assez curieux, cet individu aurait une morphologie « normale » si ce n'était l'extraordinaire dessin de ce qui ne peut être qu'un pénis, mais un pénis extravagant. Son attache au bas du ventre est anatomiquement juste, mais la longueur de la verge, courbe, passant par dessus l'épaule est totalement aberrante. Une grosse forme lancéolée en aplat rouge foncé, ne pourrait être que le gland dans la mesure où l'ensemble figurerait bien un pénis.

L'œuvre est dans le style « Têtes rondes ». On sait que les peintures de cette période sont souvent étranges et mystérieuses (Soleilhavoup, 2007). Les scènes à caractère sexuel n'y sont pas rares, mais jamais encore on n'avait vu un tel personnage au sexe si long, se terminant dans le dos avec un gland lancéolé et hypertrophié ! On ne sait si le terme de mégaphallus peut être appliqué ici, la morphologie et les caractères de l'organe étant hors normes. La présence des deux points rouges sur le côté du visage peut-elle avoir une relation de sens avec l'organe sexuel ? L'imaginaire sexuel, les fantasmes, plutôt, dans les populations « Têtes rondes » n'avaient guère de limites. On s'en aperçoit ici ! On ne peut que s'en remettre à ceux, sexologues, mythologues ou psychanalystes qui pourraient avoir quelques idées sur ce type de représentations sexuelles. Et il serait intéressant de savoir si d'autres images rupestres de cette nature existent, dans le Sahara et dans le monde, – des images préhistoriques ou contemporaines. Interprétation possible ? Peut-être, mais cela, on peut le craindre, dépasse la compétence d'un chercheur en préhistoire...

Micropénis

S'il est aisé de comprendre que l'emphatisation graphique du pénis peut correspondre au désir de faire du mâle humain le principe actif réel ou imaginaire de son groupe, par contre les images de très petits pénis portés par certains posent question : pourquoi, parfois, une telle péjoration de l'organe et, partant, de la puissance masculine ?

Les micropénis sont exceptionnellement représentés. Par définition ils mesurent moins de 10 cm en érection (ou moins du 1/18e de la stature). Deux exemples, à notre connaissance existent au Sahara, l'un dans le wadi Aramat (Libye) (fig. 193), l'autre à Gonoa au Tibesti (Tchad) (fig. 194). Celui de Gonoa, une gravure de grande taille (1,87 m), soigneusement exécutée, appartient à un homme en marche, bras repliés et la tête masquée sous une sorte de capuche. Le sexe, très court, le scrotum bien dessiné, pourraient correspondre à une image réaliste : l'aspect court du pénis au profil anguleux est peut-être dû au mouvement de marche. Pénis normal ou micro-pénis, on ne saurait alors se prononcer. Par contre l'homme peint du wadi Aramat (fig. 193) possède manifestement un micropénis.

Un porteur de micropénis est connu dans le Nomansland, en Afrique du Sud (fig. 195). Il s'agit (G. Blundell et D. Lewis-William, 2002) d'une « figure eldritch » (= bizarre, non-naturelle) peinte avec un pigment blanc. Les auteurs considèrent que ces figures portent de « grands pénis ». Nous y voyons plutôt, comparé à la collection de mégaphallus qu'on vient de voir, un très petit, sinon un micropénis ! Selon Duhard, il s'agit probablement d'un pénis flaccide chez un sujet longiligne, svelte, à scrotum réduit, comme le porterait un garçon impubère. On le voit, il est toujours utile de pouvoir comparer des images se rapportant au même sujet, dans des lieux différents, à des époques différentes. Il est également intéressant de comparer les descriptions et les appréciations données par les chercheurs car les regards portés sur les images peuvent grandement différer.

Fig. 194 – Personnage masqué (ou cagoulé) à Gonoa, au Tibesti (Tchad). Le pénis est de taille très réduite, par rapport à la taille de l'homme.

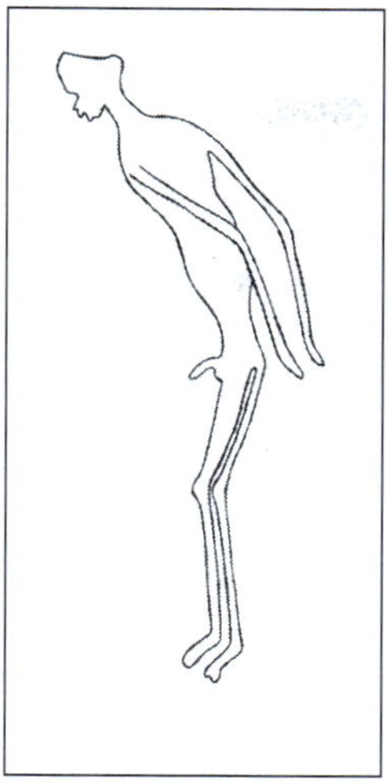

Fig. 195 – Peinture d'un homme à micropénis dans le Nomansland, Afrique du Sud.

Fig. 196 – Protection pénienne portée par un Zoulou (Afrique du Sud). C'est une calebasse (coloquinte).

Un seul micropénis authentifié actuellement dans l'art saharien : autant dire que les populations préhistoriques considéraient ces « anomalies » comme indignes d'être montrées... ou qu'il y en avait très peu, ou qu'elles étaient sans importance à leurs yeux ; c'est ce que prétendent les femmes : « mieux un petit qui frétille qu'un grand qui roupille » ! Mais « mieux vaut une sagaie qu'une brindille », disent les Masaï chasseurs de lion.

Protections du pénis ou ses ornementations

Il ne s'agit plus ici de l'organe lui-même, mais des objets destinés à le cacher, le protéger, voire le décorer.

Les étuis péniens sont encore portés un peu partout dans le monde. Chez les Papous de Nouvelle-Guinée, par exemple, l'étui pénien (ou « koteka ») est fait de liane tressée ou de coloquinte séchée. Chez les Zoulous d'Afrique australe, une petite calebasse (coloquinte) est utilisée (fig. 196).

Les initiés portent un long étui – jusqu'à un mètre de longueur ! – dressé vers le ciel et retenu à la taille par une sorte de ficelle. Selon leur clan, ils agrémentent leur tenue d'accessoires différents.

Plusieurs images rupestres au Tassili, dans l'Atlas saharien, au Messak, au Tchad, semblent montrer des porteurs d'étuis péniens ou de cache-sexe. Comme souvent, on ne peut avoir aucune certitude à la seule observation de ces documents quant à la réalité passée de ces objets.

Deux gravures, l'une dans les tassilis du sud-ouest (fig. 197), l'autre dans le massif du Tibesti, au Tchad (fig. 198), semblent pouvoir être rapprochées de l'étui pénien zoulou contemporain (fig. 196). En effet, l'extrémité arrondie du

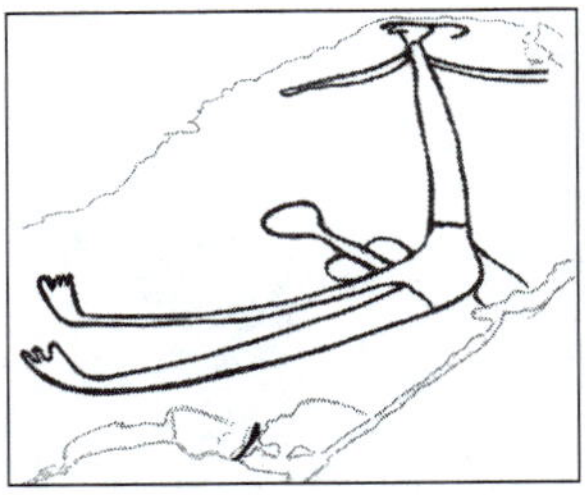

Fig. 197 – Gravure d'un homme portant peut-être une calebasse comme protection pénienne. Tassili du sud-ouest, Algérie. D'après document J. Hansen, 2009.

Fig. 198 – Deux personnages gravés portent probablement une protection phallique (calebasse ?). D'après photo H.-J. Hugot et M. Bruggman, 1999.

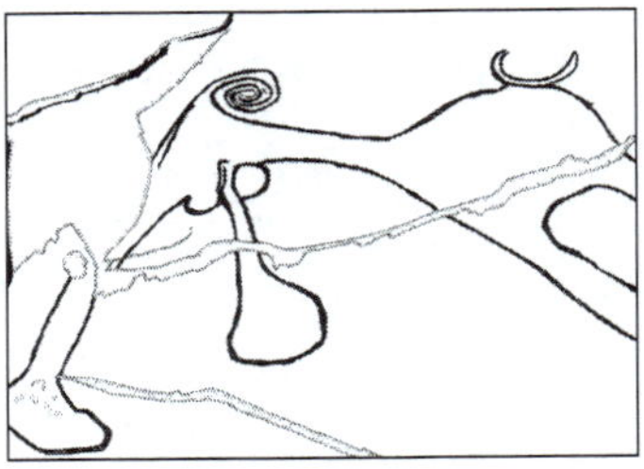

Fig. 199 – Animal gravé (un bovidé ?) à patte comme un pied humain et à très gros phallus. Tassili du sud-ouest, Algérie. D'après document J. Hansen, 2009.

pénis, dans les deux cas, peut évoquer une calebasse recouvrant le gland, laissant à découvert la verge et les testicules. L'interprétation de J. Hansen (2009, p. 141) pourrait alors être complétée : « personnage ithyphallique portant ceinture et coiffure (plumes ?) » dont le pénis est partiellement protégé par une calebasse. À proximité de cette gravure s'en trouve une autre décrite par l'auteur (p. 142) comme un « grand bovidé à fine tête (...). Créature ithyphallique cornue avec pied humain et queue en spirale » (fig. 199). « Son échine bossue porte des cornes de bovidé ». La métaphore de la sexualité homme-animal est ici intéressante, soulignant une étroite relation symbolique. Ces deux gravures se trouvent dans la station de Assali Interekafen ; elles sont d'époque ancienne (Bubalin Naturaliste).

Au Tchad, près de Bardaï (Tibesti), « deux très curieux personnages longilignes présentant un sexe en forme de "remontoir" ont été gravés. Le profil est esquissé. Les attitudes sont justes. L'homme de droite semble s'apprêter à lancer une sagaie. Il mesure 83 cm » (fig. 198). Cette description donnée par H.-J. Hugot (1999) ne s'interroge pas sur la forme « en remontoir » du pénis. Pour nous, il pourrait s'agir d'une protection phallique placée à l'extrémité du pénis (une calebasse ?) (fig. 196).

On retrouverait ce même objet dans les peintures de la fresque relevée à Soro Keznanga I, à 14 km au sud-sud-ouest de Fada (Tchad) (fig. 200 et 201), par Gérard Bailloud (1956-57 [1997]). La légende donnée par l'auteur à cette fresque va dans le sens de notre hypothèse : « (...) les personnages du style de Fada sont agités, méprisant vêtements et parures, toujours armés pour la chasse ou la guerre, on ne sait. Ici, sept hommes au pas de course ne sont vêtus que d'un fourreau pénien ; tous ont arc et carquois » (p. 81). Notons aussi que leur corps nu est décoré et que quatre d'entre eux tiennent en main un objet rouge et blanc, peut-être une massue ? Ce n'est peut-être pas un fourreau pénien, mais plutôt un capuchon balanique.

Etui pénien encore, porté par ce personnage casqué, vêtu d'une courte tunique ou d'une espèce de short, gravé sur une paroi dans le wadi I-n-Hagalas, au Messak. Les inventeurs, A. et A.-M. Van Albada (1991) mentionnent un

Fig. 200 et 201 – Peintures de personnages dynamiques (danseurs ?), ithyphalliques, dont le pénis porte peut-être une protection (fig. 200). Détail d'un des personnages (fig. 201). Noter le décor corporel. Station de Soro Kezenanga, Ennedi, Tchad. D'après relevés G. Bailloud (1956-57).

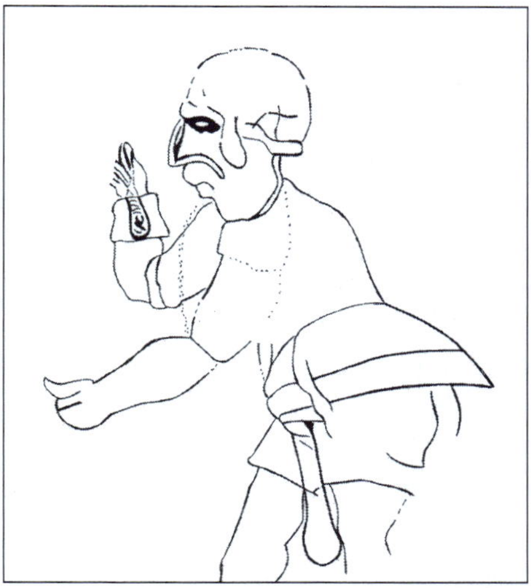

Fig. 202 – Porteur d'un probable étui pénien. Gravure d'un homme casqué dans le wadi I-n-Hagalas, Messak.

étui pénien (fig. 202). Pour Duhard, la disposition sur un bassin vêtu n'est pas celle d'un cache-sexe qui, ainsi orienté, gênerait considérablement la marche ; c'est pourquoi leur orientation est vers le haut chez ceux qui le portent.

En réalité, dans les rupestres sahariens, les motifs qui pourraient ressembler à des protections phalliques, sont fort rares. Les mégaphalliques et les ithyphalliques dominent largement l'iconographie sexuelle masculine.

Il en est de même, d'ailleurs, dans les monts de l'Atlas où chacun de ces trois types d'images est en nombre très réduit. Au nord du Sahara, les représentations du sexe et de la sexualité sont beaucoup moins nombreuses qu'au Sud (Sahara central). Deux exemples cependant méritent d'être examinés.

Fig. 203 – Frise de quatre personnages et d'animaux sur une paroi de Gouiret Bent Saloul, monts des Ksour, Atlas saharien. Trois d'entre eux semblent porter un étui pénien.

Fig. 204 – Détail de l'« Homme de Gouiret », gravure en grande partie desquamée.

Sur une paroi de la 4e gara des Gouiret Bent Saloul (monts de Ksour), une remarquable frise gravée découverte par François Cominardi (1980) montre une file de quatre personnages au trait incisé, soigné. Sur la gauche, ils sont accompagnés d'animaux, buffles, un asiné, un bélier à coiffe. Le grand personnage central qui a fait l'objet d'analyses détaillées (Cominardi, 1980 ; Soleilhavoup, 2003) (fig. 203, 204) pourrait porter un fourreau pénien, selon le modèle de l'homme du wadi I-n-Hagalas (fig. 202). Deux autres, dans la file, portent le même objet. Il peut s'agir aussi de pénis flaccides schématisés. Sur une paroi formant un dièdre, deux autres personnages, un grand et un petit, portent encore le même modèle au niveau du sexe (fig. 205). Ce serait le seul lieu, dans l'Atlas, où l'on observe ce type de forme phallique. D'où la grande incertitude quant à sa fonction réelle.

Dans la station de Feidjet El Kheïl, Djebel Amour, une scène soigneusement gravée (trait poli) montre un homme devant un bélier à coiffe (fig. 206) – un animal objet d'un culte zoolâtre faisant partie d'une triade symbolique (Soleilhavoup, 1997). Il porte un objet devant le sexe, attaché par un lien autour de la taille. Il pourrait s'agir d'un cache-sexe, plus sûrement qu'un étui pénien, compte tenu de sa largeur. Il faut reconnaître qu'il n'y a, sur cette image, aucun caractère sexuel primaire (testicule) ou secondaire (verge), mais plutôt un bassin large et une adiposité inférieure qui caractériserait une femme malgré l'absence de seins. Dans ce cas, on pourrait voir une jeune fille prépubère portant un cache-sexe. Cependant, dans l'Atlas saharien, les scènes montrant un personnage précédent un bélier orné, dans la période bubaline, concernent généralement des hommes, dans l'hypothèse où ces derniers mèneraient l'animal au sacrifice.

Dans le site de Aïn-Naga, monts des Ouled Naïl, un modèle est comparable à celui de Feidjet El Kheïl, c'est-à-dire un homme debout précédant un bélier à « sphéroïde », ce dernier étant fortement desquamé (fig. 207). L'homme, dans une même posture, porte à la ceinture, devant le sexe, un objet formé de deux

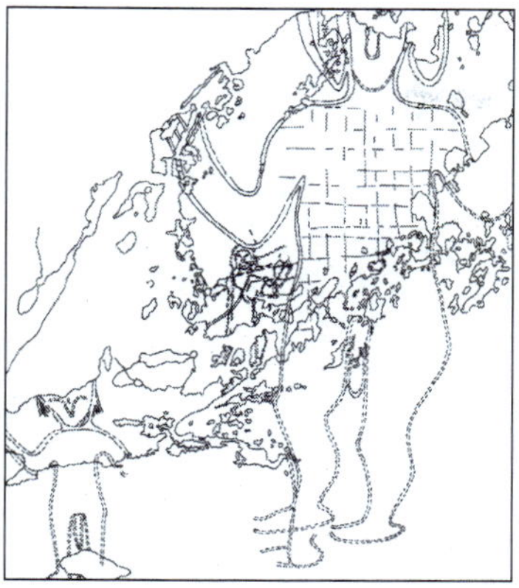

Fig. 205 – Proches des précédents (fig. 203), ces deux personnages gravés portent également de probables étuis péniens.

Fig. 206 – Un personnage devant un bélier à coiffe porte une protection phallique ou un cache-sexe attaché à la taille. Gravure au trait poli. Station de Feidjet El Kheïl, Djebel Amour, Atlas saharien.

pointes et muni de deux petits doubles cercles (des attaches ?). On peut également penser à un cache-sexe. Dans l'Atlas on ne trouve pas d'autres exemples de ce type. Avouons que c'est bien peu pour affirmer le port de cache-sexe, au Néolithique, parmi des populations atlasiques.

Il y a une forme qui résiste à toute interprétation rationnelle, qu'on trouve dans plusieurs endroits du Sahara et pour laquelle de nombreuses hypothèses ont été formulées. Faute de pistes permettant une quelconque identification, cette forme a été qualifiée de « nasse » ou de « pseudo-nasse » dans la littérature (R. Wolff, 2007 ; F. Soleilhavoup, 1993, 2007).

Les découvertes de ces gravures énigmatiques se sont multipliées ces dernières années et l'on sait maintenant que plusiers modèles existent, appartenant peut-être à des graphismes différents dans une même culture néolithique. Toutes ces gravures ont cependant la forme d'un sac muni ou non d'appendices à son extrémité la plus étroite (fig. 208) et pourvus ou non de décors internes (fig. 209, 210). Les idées concernant la fonctionnalité de ces formes sont très variées : pièges pour les uns, gourdes pour les autres, bouteilles, feuilles, poissons, etc. Parmi ces idées, l'une d'elles, acceptée par quelques chercheurs, rejetée par d'autres, serait celle d'étuis péniens – plutôt cache-sexe de notre point de vue. Mark Milburn (1975) cite le livre de Gabriel Camps (1974) dans lequel cet auteur décrit le personnage devant un bélier à « sphéroïde » et vêtu d'un « cache-sexe qui serait muni d'un système d'attache, sorte de boutons, à moins que ce ne soit des phylactères » (fig.207) (Soleilhavoup, 2003). Milburn rapproche cet objet attaché à la taille à des formes plus ou moins comparables au Djado (Niger), dans le sud-marocain ou au Sahara occidental, et il cite plusieurs auteurs qui évoquent le cache-sexe, par exemple J. Védy (1962). Le problème est que les gravures énigmatiques des différents sites sont isolées, aucun personnage ne les porte. Il n'y a donc, pour l'hypothèse d'un cache-

Fig. 207 – *Gravure d'un homme porteur d'une protection phallique (ou d'un cache-sexe) fixée à la taille. Sa posture est conventionnelle (voir fig. 206). Il précède un bélier à coiffe très altérée. Période bubaline. Site de Aïn-Naga, monts des Ouled Naïl, Atlas d'Algérie.*

Fig. 208 – Gravure d'un possible cache-sexe. Les longs appendices pendant le long du corps seraient les liens d'attache à la ceinture. Néolithique. Messak Settafet, Libye. D'après photo A. et A.-M. Van Albada. Les parties en gris sont des surfaces égrisées par l'artiste.

sexe, que la ressemblance, assez vague d'ailleurs, avec les objets portés par les personnages de Feidjet El Kheïl (fig. 206) et de Aïn-Naga (fig. 207). Hypothèse bien fragile, reconnaissons-le, et encore, seules les formes « à antennes » ou à « appendices » pourraient l'illustrer (fig. 208, 209, 210). Ces appendices pourraient en effet correspondre à des liens qu'on attacherait autour de la taille. Mais s'il peut s'agir de cache-sexes, comment expliquer, au Sahara central, la présence de ces objets gravés en quantité relativement importante, parfois concentrés dans certaines stations, en dehors de tout contexte humain ? On a du mal à imaginer un objet symbole, – le cache-sexe – représenté à certains endroits sans connotation sexuelle. Ces objets appartiennent au chronostyle dit de Tazina, néolithique, largement répandu dans tout le Sahara depuis le nord (monts de l'Atlas marocain et algérien) jusque dans le Sahara central et dont les gravures ne montrent pratiquement jamais de scènes à caractère sexuel. Cela rend encore plus improbable la fonction « cache-sexe » pour ces formes. Toute autre fonction, d'ailleurs, reste indéterminable… En dernier lieu, parmi les nombreuses hypothèses concernant ces objets énigmatiques, une lecture vulvaire a été argumentée (J.-P. D.).

En résumé, les images de protections phalliques, si tant est qu'on puisse leur attribuer ce rôle, sont rares et très dispersées dans l'aire saharienne. Soyons donc très prudents dans l'interprétation de tels motifs.

Circoncision

Un autre sujet d'incertitude concerne la pratique de la circoncision, cette mutilation sexuelle, pendant la préhistoire, au Sahara. On sait qu'il s'agit de

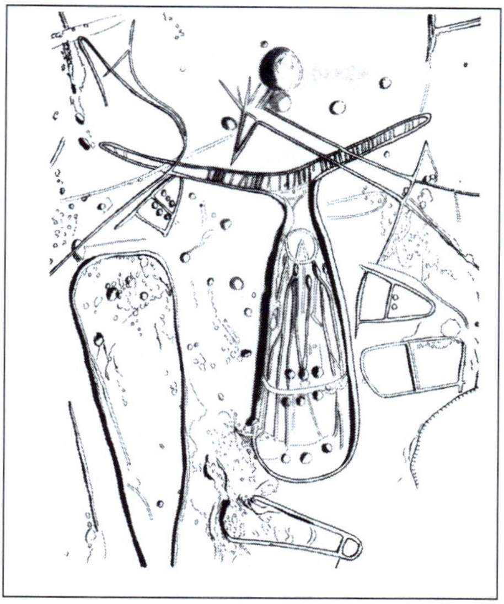

Fig. 209 – Gravure d'un possible cache-sexe, selon le modèle précédent (fig. 182), mais ici avec des décors internes. Site « Arkana ». Enneri Blaka, plateau du Djado, Niger nord-oriental.

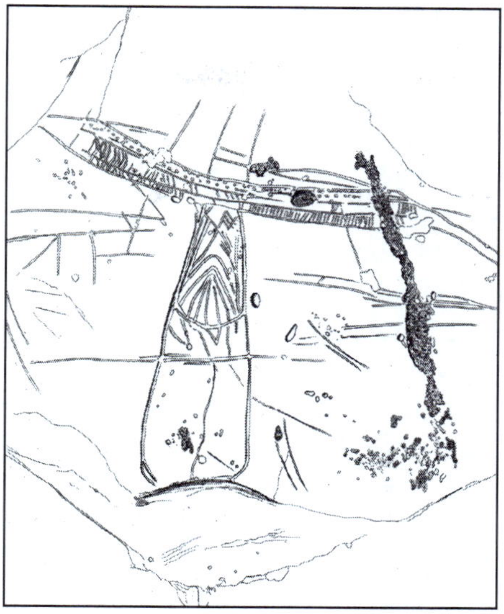

Fig. 210 – Autre exemple de cache-sexe (?) à décors internes. Site « Arkana », Enneri Blaka, Djado, Niger

l'ablation totale du prépuce découvrant totalement et définitivement le gland (fig. 147). S'il est aisé sur le vivant, de distinguer un homme circoncis et un homme dont le prépuce est seulement retroussé, il est par contre quasi impossible de faire cette distinction sur les images rupestres. Même pour le grand personnage mégaphallique de Tagg » n Tort (fig. 183), on ne peut dire si le bourrelet à la base du gland correspond à sa couronne ou bien s'il s'agit du prépuce décalotté. On ne saurait donc décider, dans la totalité des cas similaires, si une circoncision a été pratiquée ou non. Quant à l'excision féminine, aucun document graphique ne permet de l'attester, sans pouvoir exclure qu'elle fût pratiquée au Sahara néolithique : la posture de la « femme ouverte » serait, en effet, compatible avec cette intervention mutilante.

Possibles pathologies génitales

La découverte récente d'un dessin exceptionnel, à l'ocre rouge, d'un ithyphalle soigneusement écarté des regards, sur le plafond d'un abri bas dans le wadi Tabrakat, région de l'Aramat (fig. 211) (Soleilhavoup, 2001 ; 2003), nous a permis de reconsidérer la question de l'ithyphallisme dans l'art saharien en admettant la possibilité que des anomalies génitales aient pu avoir été représentées par les artistes préhistoriques, au motif qu'elles concernaient des individus hors du commun et, de fait, supposés posséder des facultés et des pouvoirs particuliers.

On sait que, pendant l'érection, certains hommes peuvent présenter une déformation congénitale ou acquise de la verge qui entraîne une courbure latérale ou antéro-postérieure, plus souvent inesthétique que gênante.

Il faut abandonner l'idée qu'un pénis doit répondre à un standard de normalité selon les sources médicales : ils sont de toutes formes, droits ou courbés, épais ou minces, courts ou longs avec des glands coniques (40 %), cylindriques (31 %) ou cylindro-coniques (29 %).

L'art rupestre saharien n'est jamais un « art photographique » ; il ne prétend jamais reproduire fidèlement le vivant, – au moins pour l'humain ; dans certaines périodes, par contre, l'animal est montré avec une grande vérité anatomique et morphologique.

Ignorant la (les) motivation (s) de l'œuvre, il nous est difficile, actuellement, d'apprécier la réalité d'anomalies ou de déformations éventuelles du pénis. Parmi les stéréotypes, le « chef » (le mâle « alpha ») doit avoir un gros pénis, ou des armes, ou une stature plus grande, etc.

Fig. 211 – Peinture sur le plafond d'un abri bas dans le wadi Tabrakat, Aramat. L'homme tient en main un objet en forme de « corne d'abondance ». La courbure de son pénis évoque la maladie de Lapeyronie.

La courbure congénitale de la verge la plus fréquente est ventrale (pénis cambré). Si elle est supérieure à 45 degrés, elle peut empêcher la pénétration lors d'un rapport sexuel ; cette malformation est source de troubles psychologiques, jusqu'à l'évitement ou absence complète de contacts sexuels.

La courbure acquise dite maladie de Lapeyronie produit des changements dans la morphologie, avec l'incapacité d'une bonne érection et de la pénétration.

L'homme peint de profil du wadi Tabrakat (fig. 211) ou celui, gravé, du wadi Ibaritran, au Messak (fig. 212), présentent une assez nette courbure de leur verge en érection. Peut-on y voir des malformations congénitales ou acquises ? La comparaison de ces ithyphalles avec ceux dont l'érection paraît normale (voir fig. 169, 170, 177) inciterait à déceler dans certaines représentations rupestres des anomalies de cette nature. Dans ce cas, un inventaire systématique de ces images d'ithyphalles devrait apporter d'utiles indications sur l'idée que pouvaient se faire les préhistoriques de la normalité ou des malformations génitales. Il n'y a aucune raison, en effet, de s'interdire de penser qu'un pourcentage, sans doute faible, mais réel, de pathologies sexuelles pouvait affecter une partie des populations masculines du passé, comme

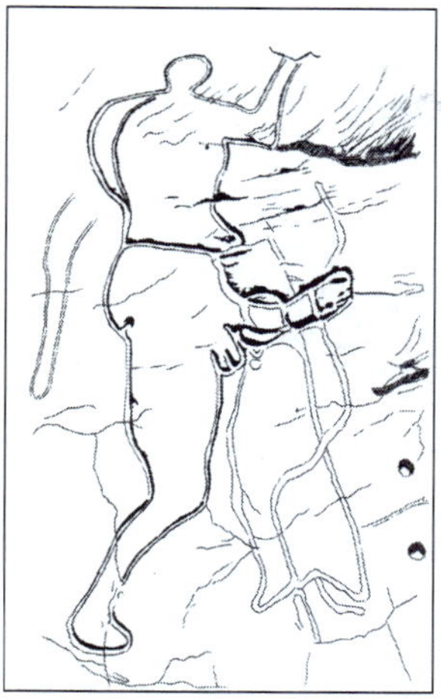

Fig. 212 – Gravure d'un homme (gibbeux ?) dont le pénis montre une forte courbure. Wadi Ibaritran, Messak.

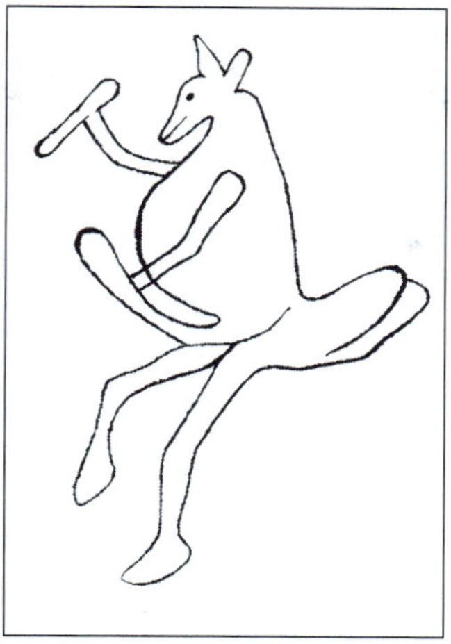

Fig. 213 – Gravure d'un être masculin à tête animale et à postérieur développé (queue ?). Son pénis démesuré présente une assez forte courbure. Oued Imoutâl, nord Arechoum, Hoggar, Algérie.

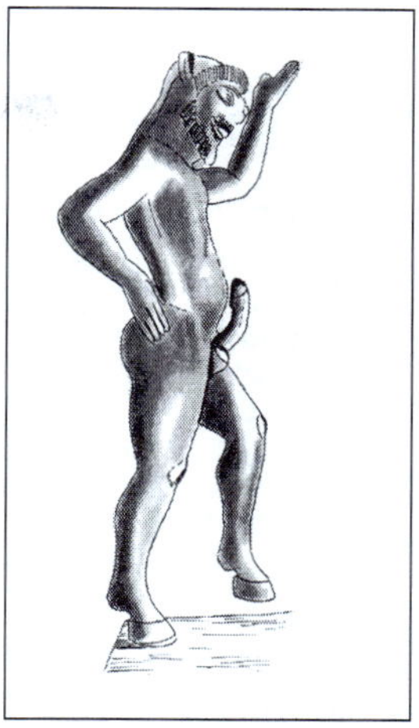

Fig. 214 – Un bronze de faune dansant, art grec, présente une forte courbure de la verge, en érection, possible maladie de Lapeyronie.

on pourrait probablement l'observer de nos jours au Sahara, en Afrique ou ailleurs, en réalisant des enquêtes épidémiologiques.

Parmi les images d'ithyphalles à courbure prononcée du pénis, l'anthropozoomorphe gravé de la station d'Imoutâl, nord Arechoum (Hoggar) ne possédait-il pas les caractéristiques de la maladie de Lapeyronie, malgré sa taille démesurée et la fantaisie du graphisme (fig. 213) ? Dans l'art saharien ces érections courbes, vers le haut, correspondraient-elles aux premières représentations de cette affection, bien avant sa possible représentation dans l'Antiquité Romaine, avec cette célèbre statuette en bronze d'un faune dansant (fig. 214) ?

À la lumière de l'hypothèse de possibles pathologies génitales représentées dans l'art rupestre, la « relecture » du bien connu « Grand Dieu » de Séfar, au Tassili-n-Ajjer, nous a orienté vers une interprétation différente de celles habituellement données par les auteurs pour cette forme ovalaire qui pend entre les jambes écartées du grand personnage mythique qui semble dominer la fresque (fig. 215, 216). En effet, dans la quasi-totalité des écrits consacrés à cette énigmatique peinture : « on ne sait s'il s'agit d'un pagne, d'une protection phallique ou du sexe ainsi figuré » (M. Hachid, 1998).

Or, une troublante analogie morphologique nous est apparue entre cette forme (fig. 216) et l'observation d'une effarante peinture à l'huile (70 x 52 cm) par Joseph Roques, peintre toulousain (1754 – 1847) qui montre un homme debout, coiffé de son chapeau bicorne, vu de face, le pantalon tombé sur les chevilles, bras ballants, le dénommé Jean Lajoux, habitant de Montoulieu en Haute-Garonne (fig. 217) et qui est affligé d'un monstrueux sarcocèle ou tu-

Fig. 215 – La fresque dite du « Grand dieu » à Séfar, Tassili-n-Ajjer, montre des orantes, semblant implorer un grand personnage aux bras levés et possédant entre les jambes une masse pouvant correspondre à un « éléphantiasis du scrotum ». À droite, une femme en position d'accouchement (?) superpose une antilope peinte en rouge.

meur maligne des testicules : une masse de 34 kg (!) qui pend entre ses jambes écartées et qui étire douloureusement les muscles de la peau et du bas-ventre. Cette redoutable pathologie, qualifiée d'« éléphantiasis du scrotum » dans la brochure du baron Auguste Larrey a été publiée en 1805 dans les comptes-rendus de la Société de Médecine, Chirurgie et Pharmacie de Toulouse (Tilles et Wallach, 1999). Cette figure est troublante ; l'hypothèse qu'on émet paraît légitime, mais il reste que la probabilité est assez faible.

Fig. 216 – Détail du « Grand dieu » de Séfar. Noter le petit appendice dans l'axe du corps qui pourrait être le pénis.

Une autre lecture est donnée par J.-P. Duhard sur cette peinture. Il s'agirait d'une hernie inguinale que le personnage exhibait dans les foires en la déplaçant sur une brouette ! Quant aux tumeurs des testicules, rares (1 à 2 pour 100 000), elles comportent des cancers et des tumeurs bénignes. Duhard a pu observer au Yémen, en 1997, un séminome de la taille d'une pastèque, chez un homme d'une quarantaine d'années. L'« éléphantiasis du scrotum » est une pseudo-tumeur due à un œdème lymphatique, ce qui est toute autre chose.

Quelle que soit la pathologie dont souffrait le personnage du tableau, la forme entre les jambes du « Grand Dieu » de Séfar montre peut-être une anomalie physique que le peintre a voulu représenter.

Dans les manuels et les traités de parasitologie médicale, on trouve la description des filarioses lymphatiques provoquées par des filaires, des vers nématodes vivipares dont les adultes (macrofilaires) vivent dans le système lymphatique ou la peau, alors que les embryons (microfilaires) se rencontrent dans le sang ou la peau.

Les manifestations symptomatiques de la filariose lymphatique sont multiples et varient d'une région géographique à une autre. Parmi les accidents génitaux aigus, on observe la lymphangite du scrotum (ou éléphantiasis du scrotum). Cette manifestation clinique (fig. 218) présente une remarquable similitude morphologique avec la forme entre les jambes du « Grand Dieu » de Séfar (fig. 216). Comme pour compléter le « diagnostic », on peut observer sur cette peinture pariétale, dans l'axe du corps et de cette forme, un court appendice à l'extrémité arrondie qui pourrait être le pénis.

La fresque du « Grand Dieu », comme l'ensemble des peintures du chronostyle des « Têtes rondes » a été réalisée à un moment où les groupes néolithiques dans la région bénéficiaient d'un climat humide, assez chaud, de type tropical. Il serait donc logique de penser que des parasitoses infectaient les communautés de chasseurs et d'éleveurs qui occupaient ce secteur. La filariose, avec ses manifestations génitales, devait être sinon commune, du moins présente dans ces populations, de la même manière qu'on la rencontre aujourd'hui en Afrique tropicale.

Pourquoi alors ne pas avancer l'idée que notre « Grand Dieu », personnage hautement singulier, ait pu correspondre à un individu (mythifié) souffrant de cette grave pathologie génitale et faire l'objet d'une représentation peut-être mythique, destinée à frapper l'imagination, voire à susciter la crainte ? Une anomalie exceptionnelle entraînant la création d'un être exceptionnel...

Toujours à Séfar, non loin du cirque du « Grand Dieu », une autre peinture d'un être comparable (fig. 219) pourrait également montrer la même pathologie (?) avec cependant, ici, un appendice « sexuel » de dimensions beaucoup plus réduites.

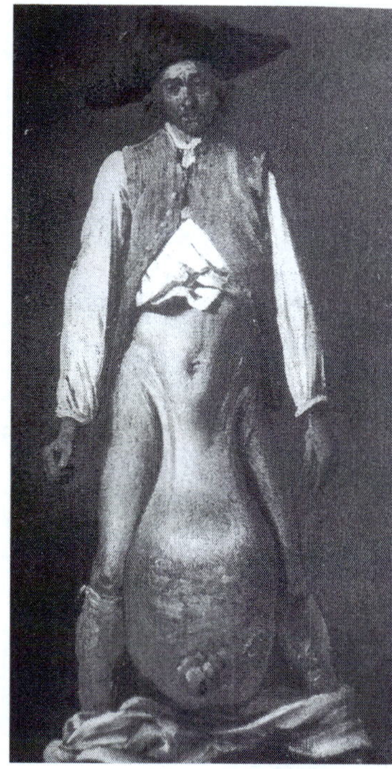

Fig. 217 – Peinture à l'huile [70 x 52 cm] de Joseph Roques, peintre toulousain, montrant un homme affligé d'un « éléphantiasis du scrotum ».

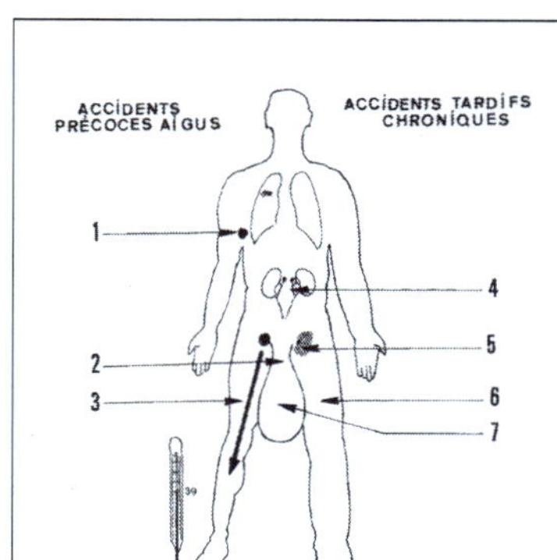

Fig. 218 – Manifestations cliniques de filarioses lymphatiques.

1 : adénite aiguë ; 2 : orchiépididymite ; 3 : lymphangite rétrograde ; 4 : chylurie ; 5 : adénite chronique, adénolymphocèle ; 6 : éléphantiasis du membre supérieur ou inférieur ; 7 : éléphantiasis du scrotum.

Fig. 219 – Peinture d'un « Grand dieu », proche de la précédente (voir fig. 216) présentant peut-être un « éléphantiasis du scrotum ». Séfar, Tassili-n-Ajjer.

Fig. 220 – Peinture d'un personnage aux jambes écartées affligé peut-être d'un « éléphantiasis du scrotum ». Wadi Imha, Akakus.

On l'a bien compris, l'interprétation des images peintes de cette possible pathologie du scrotum, reste largement hypothétique. Dans le wadi Imha (Akakus) (fig. 220), à Tissoukaï, au Tassili-n-Ajjer (fig. 221), ou dans la région d'Iharhaïen (fig. 222, 223), des formes comparables entre les jambes de personnages, notamment des archers, peuvent évoquer la pathologie scrotale décrite ci-dessus. Mais, comme certains ont pu l'écrire, poser des diagnostics médicaux pour des images de ce type, figurant peut-être des mythes, est sans doute hasardeux.

Bien qu'à des centaines de kilomètres de distance, un rapprochement, au moins graphique, pourrait être fait entre deux peintures tassiliennes à Iharhaïen (fig.222 et fig. 223) et une gravure du Kef Tassenga, dans la région de Constantine au nord de l'Atlas saharien (G. et L. Lefebvre, 1967) (fig. 224). Cette gravure est ainsi décrite par les auteurs : « le personnage est représenté debout, de face, jambes écartées et pliées. Proportionnée au corps, la tête porte une coiffure qui rappelle un turban ; le visage triangulaire ne porte aucun détail. Les épaules sont dessinées ; les deux bras s'écartent légèrement du corps (...). Entre les jambes s'inscrit une cupule ; de cette cupule part un long trait piqueté, de profondeur moindre, qui aboutit à une grosse cupule ; celle-ci est entourée d'un large cercle piqueté, cerné d'un trait poli profond. L'ensemble de l'appendice a une longueur égale à celle du personnage ». Selon ces auteurs, le style est « réaliste intellectuel élémentaire ». Pour l'interprétation de cette gravure, ils in-

Fig. 221 – Le personnage de droite, tenant un arc (?) est probablement affligé d'un « éléphantiasis du scrotum ». Peintures à Tissoukaï, Tassili-n-Ajjer. D'après photo S. et G. Lachaud, 2010

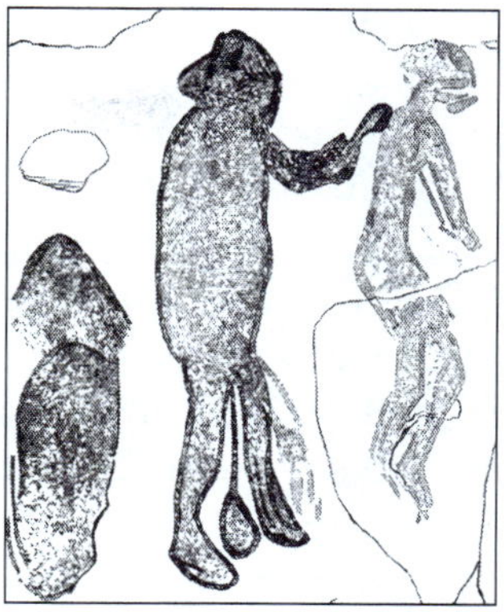

Fig. 222 – Peintures à Iharhaïen, Tassili du Nord. Il est difficile d'interpréter ce qui pend entre les jambes du personnage central.

Fig. 223 – Cet archer peint à Iharhaïen, Tassili du Nord, a une forme remarquable entre les jambes. Peut-être s'agit-il d'une pathologie génitale ? D'après S. et G. Lacdhaud, 2008.

Fig. 224 – Personnage gravé, bras et jambes écartés, à Kef Tassenga, région de Constantine, Algérie. A-t-on affaire ici à une anomalie génitale ou à une image symbolique ? D'après G. et L. Lefebvre, 1967.

diquent qu'« il est probable que cette représentation est liée à un rite de fécondité comme l'avaient pressenti M. Solignac et J. Bosco : « ils représentent en même temps que quelques animaux des êtres humains nus dans une pose qui rappelle la pose obscène de la Baubô (ou Babo) du panthéon gréco-égéen ». Rappelons que dans la mythologie, Baubô est la personnification du sexe féminin, servante d'Isis, reine des sorcières. Dans le grec populaire, ce nom désigne une « vieille bique », la bouffonne qui fait rire Démêter, divinité de la Terre (P. Brunel, 2002).

Certains vont peut-être penser que cette comparaison d'images aussi éloignées est franchement abusive et sans fondements. Et cela, d'autant plus qu'on pourrait s'éloigner grandement du sujet d'une hypothétique pathologie génitale. Mais alors, pourquoi cette gravure de personnage possédant à l'emplacement du sexe, ce curieux dispositif ? Pas moins qu'un « rite de fécondité », cette forme pourrait-elle être rapprochée d'une pathologie génitale ? Spéculez ! Spéculez ! Il en restera toujours quelque chose ! …

Une statuette en terre cuite dans le Musée archéologique d'Amman (Jordanie) (fig. 225) montre « a Pottery figurine for nude steatopygous woman who is being delivered of a child ». Le cartel indique aussi que cette statuette a été trouvée dans le site de Jerash et qu'elle a été datée de la période romaine, du IIe siècle après J.-C.

Fig. 225 – Statuette en terre cuite conservée au Musée Archéologique d'Amman, Jordanie. Un possible « éléphantiasis du scrotum » a été modelé. Photo Soleilhavoup, 2008.

L'interprétation d'une parturiente nous paraît difficile à soutenir. Les seins ne sont pas marqués alors qu'une femme en train d'accoucher devrait les avoir plutôt volumineux. L'accouchement proprement dit ne se fait pas en position debout stricte, mais plutôt en position couchée ou accroupie, ou encore les bras levés, mains accrochées à un support, comme cela se pratique dans la brousse africaine ou sur d'autres continents. Nous penserions alors à un homme debout, mains sur le ventre, – un ventre rebondi –, affligé d'un « éléphantiasis du scrotum ». Cette statuette aurait eu un rôle votif comme on en a trouvé chez les Romains et les Étrusques, destinée à conjurer la maladie et/ou à remercier d'une guérison.

Représentations et objets phalliformes

Encore une fois, pour ce sujet, comme pour beaucoup d'autres, on restera dans le domaine de l'incertitude. De très rares gravures, une seule peinture et un seul objet peuvent être interprétés comme ayant une forme phallique à cause de leur aspect allongé, cylindrique en partie et, au moins d'une extrémité qui peut rappeler le gland d'un pénis ou des testicules. Simple homologie de formes ou réelle intention de symboliser un sexe masculin ? On ne pourra sans doute jamais en avoir des preuves convaincantes. Toujours est-il qu'il n'est pas inutile de présenter ici ces figurations dans le cadre d'une étude élargie du sexe et de la sexualité au Sahara.

Dans les tassilis du sud-ouest, en Algérie, Jorg Hansen (2009) a relevé une grande gravure dont la forme est évocatrice (fig. 226) d'un pénis, selon l'auteur. Certes, on trouve plusieurs éléments qui pourraient évoquer l'anatomie de cet organe : un grand cercle schématisant un testicule, prolongé par une longue forme courbe gravée par deux traits parallèles évoquant la verge et

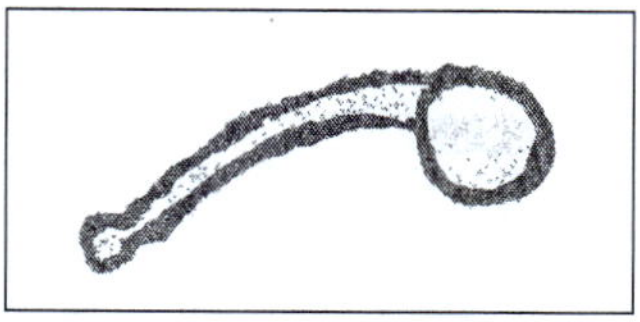

Fig. 226 – Gravure d'un possible objet phalliforme à Assali Interekafen, tassilis du sud-ouest.

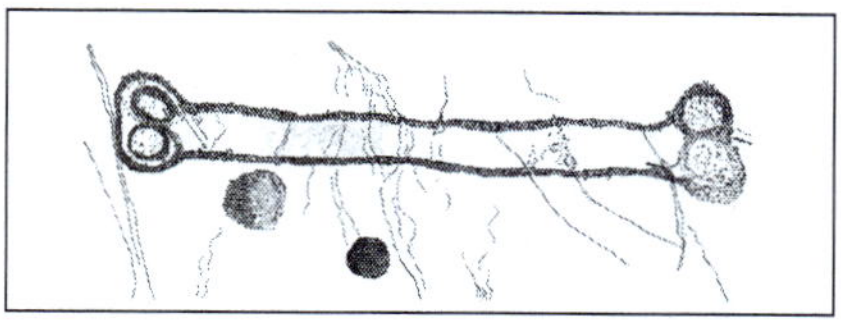

Fig. 227 – Gravure d'une forme allongée aux extrémités symétriques qui pourrait évoquer un symbole phallique. Wadi Taleshut, Messak.

une extrémité arrondie la terminant figurant le gland. L'analogie possible avec les parties d'un organe génital masculin est morphologiquement adéquate. Cependant une longue fréquentation des rupestres sahariens nous a appris la prudence : des convergences de formes ? L'objet examiné ici pouvant n'avoir aucun rapport avec celui dont on soupçonne la fonction. Et, dans le cas présent, l'absence de tout contexte iconographique empêche de relier cet objet à une scène à caractère sexuel.

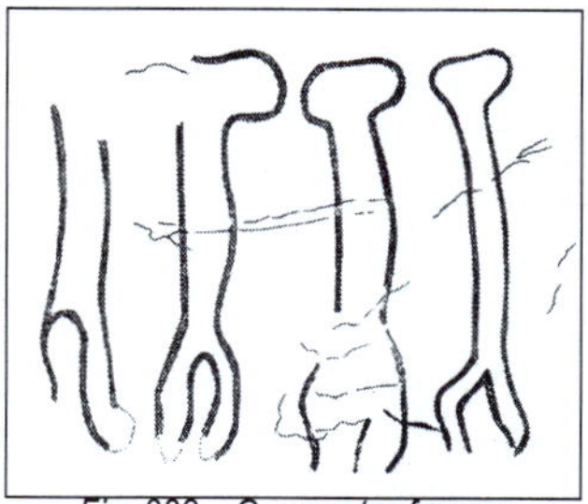

Fig. 228 – Ces quatre formes peintes, à Jabbaren, Tassili-n-Ajjer, peuvent-elles correspondre à des symboles phalliques ? D'après photo F. Sauthier-Delabre.

Tout récemment (nov. 2010), dans le wadi Taleshut au Messak, sur l'étroit rebord rocheux d'une couche horizontale de grès, on a découvert la gravure d'un objet (?) allongé, terminé symétriquement par deux petits cercles accolés (fig. 227). Deux cupules ont été piquées à côté. La longueur de cette forme est de 85 cm environ. Son caractère « sexuel » est franchement conjectural. Et ce n'est pas son allongement cylindrique qui pourrait nécessairement orienter vers cette idée. Tout aussi bien, on pourrait penser à un mât de tente, un piquet, une massue ou tout autre objet allongé. Dans le sujet de ce livre, gardons-nous de voir des sexes partout, au seul constat de formes « qui font penser à... ».

La même remarque pourrait s'appliquer à des peintures d'époque « Têtes rondes » au Tassili-n-Ajjer, dans le site de Jabbaren (fig. 228). Ici, quatre formes d'aspect anthropomorphe à cause de « jambes » dans leur partie inférieure sont placées en file. Malgré l'oblitération du pigment (rouge) on peut y voir quatre motifs semblables. Leur extrémité supérieure, en double renflement rappelant ceux de la gravure du wadi Taleshut (fig. 227) fait penser à un organe sexuel, sans aucune évidence anatomique. Allongement de la forme cylindrique, présence de renflements, c'est bien mince pour attester un caractère sexuel !

Dans le wadi Djerouriaouane, plateau du Karbetina, région de l'Aramat, une gravure peut également posséder une morphologie « sexuelle » (fig. 229), avec les mêmes réserves qu'on vient d'exprimer. Deux cercles imparfaits se prolongent par deux traits parallèles, légèrement écartés au bout pour former un renflement ; la longueur est de 70 cm. Testicules et verge ? La question peut être posée. Sous cette forme, un possible animal figure, sans possibilité d'iden-

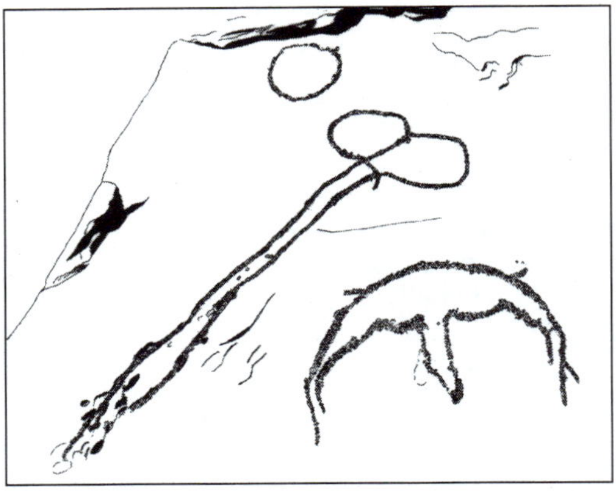

Fig. 229 – Gravure d'un objet ou d'une forme phallique voisinant un cercle et qui peut être un animal (?). Wadi Djerouriaouane, plateau du Karbetina, Aramat.

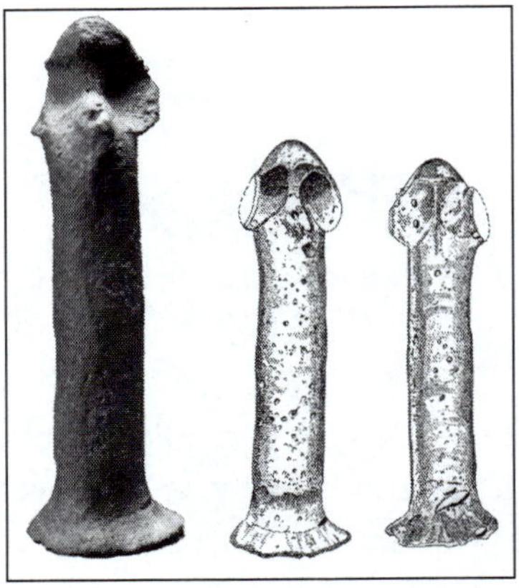

Fig. 230 – Petit objet en terre modelée de forme phallique (?) ou de tête humaine (a et b), ou encore, vu de profil, un cobra à collerette déployée (d). Récolte Yves Thiébaut, Tassili Oua-n-Amidi, 1989.

tification zoologique. En haut, à gauche, figure un autre cercle. Le contexte général de ces gravures est animalier : grands bovinés, girafes, etc. Aucun lien ne semble exister entre cette forme « sexuelle » et les animaux alentour.

Le dernier modèle concerne un petit objet – on n'ose pas dire une statuette – trouvé dans le sud du Sahara algérien (Soleilhavoup, 1993, 2001). Découverte en 1989, à 350 km au sud-sud-ouest de Tamanrasset, dans le tassili Oua-n-Amidi, parmi de nombreux vestiges lithiques et céramiques d'époque néolithique, non loin de stations rupestres de la phase pastorale, cet objet en terre modelée est long de 7 cm, avec un diamètre de 2 cm. Ce petit rondin d'argile modelée à la main (fig. 230) est légèrement déprimé à la base, l'argile molle ayant été évasée en collerette ronde pour en faire un pied. L'objet tient parfaitement sur sa base ; il devait donc être destiné à être posé verticalement.

De face, sous un éclairage vertical, l'impression de tête humaine est saisissante. Seule la silhouette phalliforme de l'ensemble pourrait orienter vers l'idée d'un objet-symbole mâle car l'absence d'attributs primaires empêche toute identification précise du sexe. De profil (fig. 230), le caractère humain ou simplement phallique disparaît et pourrait faire place à la stylisation d'une tête de serpent du genre Cobra, dressé, en position défensive, la collerette cervicale déployée. Ce reptile très venimeux des régions chaudes d'Afrique et d'Asie faisait l'objet, rappelons-le, d'un culte dans l'Égypte ancienne. Mais, plutôt destiné à être vu de face, cet objet devait probablement être une figurine ou une amulette anthropomorphe phalliforme possédant néanmoins des ambiguïtés de formes : phallus, serpent dressé, tête humaine.

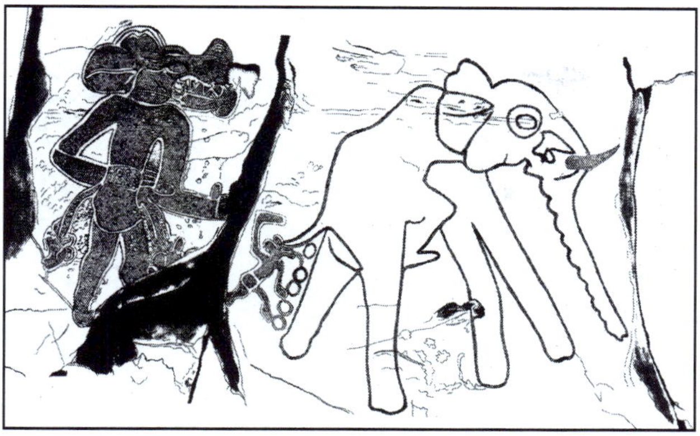

Fig. 231 – Ensemble gravé dans le wadi Taleshut, Messak. Un théranthrope à tête de lycaon est placé derrière un éléphant en train de déféquer, un petit personnage à tête de canidé lèche les bouses.

On ne peut pas imaginer a priori une utilisation pratique dans la vie courante pour cet objet qui a probablement appartenu à un individu plutôt qu'à un groupe, du fait de ses petites dimensions.

À notre connaissance, c'est le seul objet phalliforme en argile modelée trouvé au Sahara central. Plusieurs pilons phalliformes en pierre dure, polis, ainsi que des haches à gorges offrent, certes, des morphologies d'apparence phallique (Kelley Harper, 1951), mais rien n'indique une telle intentionalité chez les artisans sculpteurs.

Fig. 232 – Détail du théranthrope gravé dans le wadi Taleshut (voir fig. 231). La qualité du travail est remarquable, la surface endopérigraphique étant soigneusement polie.

Théranthropes et thérocéphales

Il y a dans l'art rupestre du Sahara une région – et une seule – où une mythologie cohérente peut être devinée dans ses grandes lignes à partir de l'iconographie. Il s'agit du mythe des « hommes-chiens » qui démontre la forte cohésion sociale qui a régné dans ce qu'on appelle la « Culture du Messak » (Van Albada, 2000).

Les chasseurs néolithiques du plateau du Messak, dans le sud-ouest de la Libye ont inventé un peuple imaginaire qui devait concrétiser l'énergie et la puissance auxquelles ils aspiraient. Ce peuple imaginé, ses fables et ses récits, sont tout à fait étrangers au monde des hommes ; il est représenté par des gravures de théranthropes (êtres mi-humains, mi-animaux) ou de thérocéphales (êtres à tête animale), qui sont capables d'accomplir des tâches surhumaines, comme porter sous un bras un rhinocéros ou sur les épaules un aurochs. Le plus souvent ils ont des têtes de canidés dotées d'un museau robuste avec parfois

Fig. 233 – Théranthropes soigneusement gravés et polis sur de gros blocs au sommet d'un versant abrupt dans le wadi Mathendush au Messak. Les anthropozoomorphes possèdent un pénis dressé, en érection, filiforme.

Détail du théranthrope

une denture (= dentition définitive) impressionnante et des oreilles développées qui font penser à une caricature de lycaon (Lycaon pictus), chien sauvage d'Afrique (fig. 231, 232). On en connaît à tête de chacal, à tête de félidé, etc.

Dans le peuple imaginaire des « hommes-chiens » la sexualité est peu représentée. Pas d'ithyphalles, tout au plus des pénis suggérés par un simple trait de gravure (fig. 233) ; pas de rapports sexuels, du moins au Messak. On connaît des accouplements d'êtres masqués (de possibles théranthropes ?) ailleurs qu'au Messak, par exemple dans l'Akakus (fig. 292), dans l'oued Djerat (fig. 299) ; dans ces cas on est en dehors de la « Civilisation du Messak ».

Certaines cultures préhistoriques ont figuré, parfois abondamment, le sexe et la sexualité, d'autres très peu. Si la « Civilisation du Messak », qui a inventé le peuple des « hommes-chiens », a peu montré le sexe, on trouve sur le plateau de nombreuses figures féminines, les « femmes ouvertes » dont il sera question au chapitre suivant. Cela atteste que des groupes, contemporains ou non, ont eu des façons très différentes d'envisager la sexualité dans leurs cultures.

Chapitre V

Images sexuelles chez les humains dans l'art rupestre saharien

La sexualité était-elle joyeuse au temps des hommes et des femmes préhistoriques du Sahara, plusieurs millénaires avant l'Islam ? On pourrait le croire au vu de nombreuses scènes rupestres qui dévoilent des pratiques sexuelles variées. Mais ce n'est pas pour autant qu'on a sous les yeux une sexualité débridée, à part quelques ensembles comme dans l'Oued Djerat au Tassili-n-Ajjer où sont mis en scène des personnages imaginaires, parfois des théranthropes qui se livrent à des actions peu communes, très éloignées des pratiques usuelles de nos contemporains, des références sans doute d'application discutable pour d'autres peuples, en des temps plus anciens. Il ne faut pas porter de jugement à l'aune de nos habitudes ou de nos pratiques culturelles, mais la sodomie ou la zoophilie, par exemple, ne peuvent être considérées comme naturelles dans le sens où elles sont des déviances par rapport au but génésique de l'acte sexuel.

Après avoir examiné, individuellement pourrait-on dire, les images génitales de la femme et de l'homme dans les arts rupestres, il convient maintenant de donner un aperçu des attitudes et des pratiques sexuelles que l'on voit, gravées ou peintes dans plusieurs stations.

On peut évoquer rapidement les attitudes masculines bien que celles-ci aient fait l'objet, plus haut (chapitre IV) d'une analyse, images à l'appui.

Par attitude sexuelle il faut comprendre toute posture, tout geste, tout contexte qui renvoient à un comportement destiné à appeler un rapport sexuel, ou à le suggérer. Chez les hommes dont le pénis est flaccide, l'invite à l'accouplement n'a rien de flagrant ; celle d'un pénis en semi-érection, peut-être davantage, mais c'est à coup sûr l'érection qui dénote l'état d'excitation sexuelle du sujet et, par conséquent, la disposition physique pour un possible rapport. Nous disons possible car de nombreux exemples montrent que l'ithyphallisme, représenté en soi, n'indique pas nécessairement le prélude à un accouplement, notamment chez les sujets isolés ou cofigurés à des animaux ou en situation d'affrontement conflictuel.

Lorsqu'il est associé à une femme, l'ithyphallisme, sans rapport sexuel figuré, correspond, on le devine, au prélude à l'accouplement. Qu'elles soient de nature mythologique, symbolique ou bien réaliste, de telles scènes entre couples hétérosexuels, l'évoquent fortement : l'ithyphallisme connote la notion de pénétration.

Dans le site de Ihenane, au Tassili Ti-n-Reroh (fig. 234) deux hommes au sexe érigé encadrent une femme portant un curieux masque (barbu ?) aux yeux ronds. Les deux hommes, légèrement en retrait, et qu'elle semble tenir et tirer par

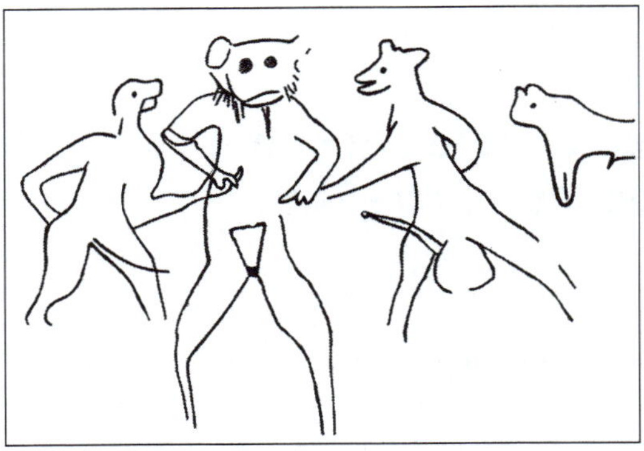

Fig. 234 – Deux hommes encadrent une femme (triangle pubien) qui porte un curieux masque. Un animal se tient à droite. Les hommes ont un pénis très allongé, en érection, dirigé vers le sexe de la femme. Il pourrait aussi s'agir, pour les hommes d'un étui phallique très allongé et pointu, comme on en voit dans certains groupes d'Afrique. Site de Ihenane, Tassili de Ti-n-Reroh. Gravures sur paroi. D'après document J. Hansen, 2009.

Fig. 235 – Possible préliminaire à un accouplement. La femme au nez pointu semble posséder des lèvres vulvaires hypertrophiées. Le pénis de l'homme aux cheveux longs, vers l'arrière, n'est pas en position de coït. Peintures à Tikadouine, Tassili. D'après photo G. et F. Maestrucci.

la main pourraient être porteurs d'un étui pénien effilé et allongé. La largeur du triangle pubo-génital et l'écartement des cuisses conduisent à évoquer les préliminaires symboliques d'un accouplement. Il en serait de même, mais cette fois de façon plus explicite, dans la scène peinte à Tikadouine, au Tassili (fig. 235), où l'extrême abduction des cuisses de la femme et l'écartement des lèvres vulvaires répondent au rapprochement d'un gland pénien de grande dimension.

Dans deux scènes gravées, l'une dans l'Adrar Ahnet (Th. Monod, 1932) (fig. 236), l'autre au Messak (Van Albada, document communiqué, 2011) (fig. 237), la femme, jambes écartées semble bien prête à recevoir un sujet dont l'ithyphallisme indique que l'action a toute chance d'être menée à son terme. Il en est de même pour cette gravure dans l'oued Djerat (fig. 238) relevée par Léone Allard-Huard (1993), mais où une seconde femme est dans la même disposition accueillante.

Avec ces images on est proche de la représentation d'accouplements dont on décrira quelques exemples plus loin.

Les attitudes sexuelles féminines sont généralement stéréotypées et assez localisées dans deux aires du Sahara central, l'Oued Djerat et le Messak Settafet. Ce n'est qu'exceptionnellement qu'on trouve ailleurs quelques représentations de même nature.

Les « femmes ouvertes », plus poétiquement appelées « Vénus accueillantes » par A. et A.-M. Van Albada, semblent être une attitude sexuelle féminine spécifique du Djerat et du Messak, même si ailleurs, par exemple au Hoggar ou dans l'Atlas saharien, on trouve quelques rares dessins comparables (voir plus loin).

Dans sa prospection des gravures de l'oued Djerat, Henri Lhote a relevé un petit nombre de ces figures féminines. Cuisses largement écartées, montrant, de face, le sexe conventionnellement béant, bras sur la poitrine ou bien levés

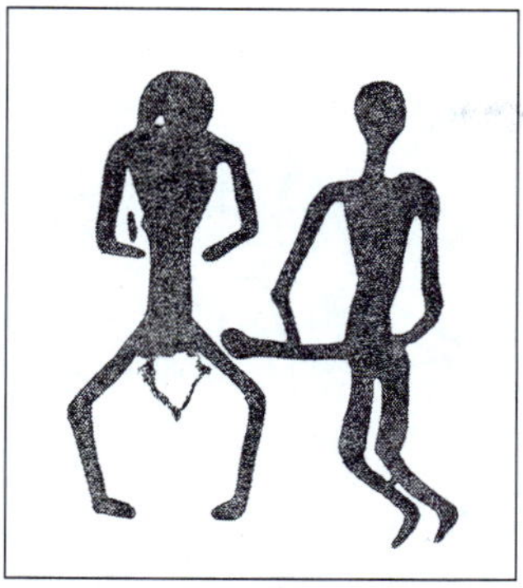

Fig. 236 – Gravures dans l'Adrar Ahnet, nord-ouest du Hoggar, Algérie, relevées par Th. Monod (1932) et qui montrent un ithyphalle près d'un personnage, sans doute féminin, comme s'apprêtant à un rapport sexuel. Le membre de l'homme est démesuré.

Fig. 238 – Prélude à un rapport sexuel et femme ouverte à gauche. Gravures dans l'oued Djerat, Tassili-n-Ajjer. D'après document L. Allard-Huard, 1993.

Fig. 237 – Gravures au Messak Settafet où un ithyphalle s'approche du sexe béant d'une femme ouverte. Une girafe semble observer la scène. D'après photo A. et A.-M. Van Albada.

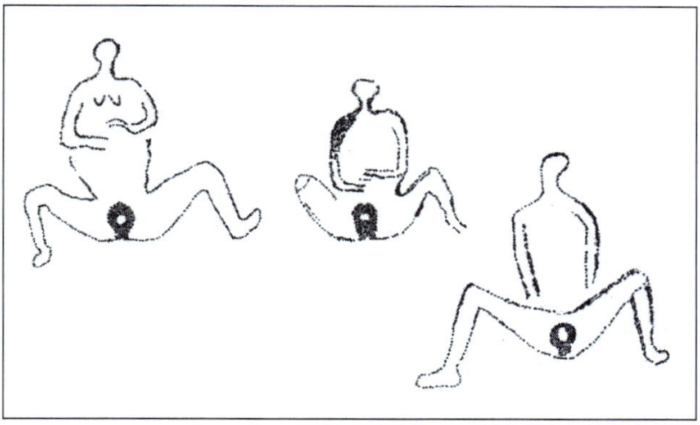

Fig. 239 – Trois femmes ouvertes au sexe stéréotypé, gravées dans l'oued Djerat, Tassili-n-Ajjer. D'après H. Lhote, 1976.

et repliés, ces femmes ont en réalité une double signification, celle d'un symbole de la fertilité ou plutôt d'une parturition (nombre de femmes africaines accouchent dans cette position, bras levés, les mains accrochées en hauteur) ; celle aussi d'un « accueil sexuel » en vue d'un coït. Il y a, dans les deux cas une attitude stéréotypée.

Dans l'oued Djerat, cette position est plusieurs fois gravée (fig. 239). À la femme ouverte est parfois associé un phallus ou un homme en érection (fig. 238), ajouté postérieurement ou pas. Une façon elliptique de signifier le rapport.

Au Messak, plusieurs dizaines de femmes ouvertes ont été gravées, avec quelques concentrations dans certains wadis. Quelques-unes sont particulière-

Fig. 240 – Femme ouverte au sexe très réaliste gravée au-dessus d'une autre en partie détruite par l'érosion. Wadi Imrawen, Messak.

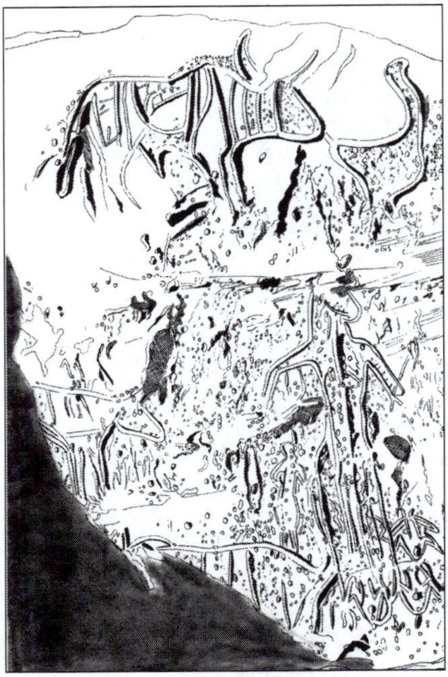

Fig. 241 – Sur une paroi sont gravés des animaux, bovidés, autruche, une grande femme debout et, à ses pieds, trois petites femmes ouvertes exactement dans la même posture. Wadi I-n-Afuda, Messak.

ment réalistes, d'autres extrêmement schématisées au point qu'elles pourraient correspondre à l'idéogramme de « femme ».

L'une des plus véristes sur le plan anatomique se trouve dans le wadi Imrawen (fig. 240) : malgré la posture conventionnelle de la femme, le sexe a été soigneusement dessiné. La vulve ouverte montre les grandes et les petites lèvres autour de l'orifice vaginal. L'anus est représenté. L'ébauche d'une seconde femme dans la même posture figure au-dessus et une autre (voire deux) sur la droite de la femme

À I-n-Afuda, au pied d'une grande femme, se trouvent trois petites femmes ouvertes (fig. 241, 242). Le symbolisme d'une invite sexuelle féminine est ici assez évident, ne serait-ce que par la répétition de l'image. À propos de « féconde », il est vrai qu'il y a une posture similaire dans l'accouplement et dans la parturition, et l'on pourrait parler de mimétisme postural pour des actes que facilite une telle posture ; un élément distinctif serait le gros ventre dans la parturition, avant l'expulsion du fœtus. Quant au mimétisme, il est remarquable que la femme manifeste la même mimique faciale et produise les mêmes cris ou gémissements dans le plaisir du coït et dans la douleur de l'enfantement. Certaines des figurations rupestres pourraient donc représenter l'un ou l'autre de ces actes…

La représentation de la vulve est souvent sommaire : une simple cupule. C'est le cas de cette femme aux bras sur les hanches (fig. 243) ou bien de cette

Fig. 242 – Détail des trois femmes ouvertes (voir fig. 241).

Fig. 243 – Représentation sommaire de la vulve par une cupule irrégulière sur cette femme ouverte. Gravures du Messak. D'après photo A. et A.-M. Van Albada.

Fig. 244 – Femme ouverte appartenant à un ensemble gravé du wadi Taleshut, Messak (voir fig. 315 à 318). Un trait dans l'axe de la vulve figure peut-être un pénis.

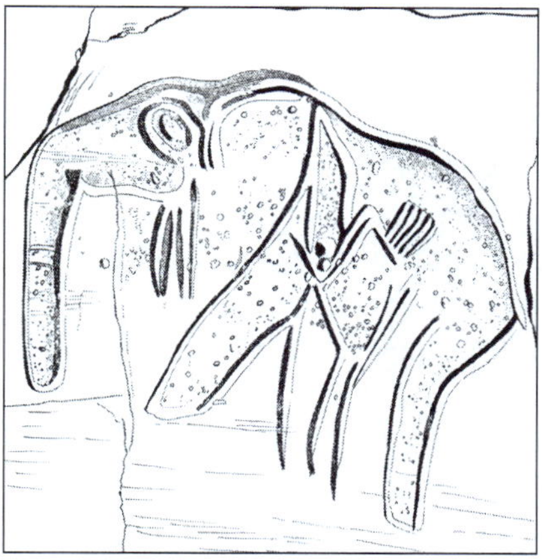

Fig. 245 – Femme ouverte schématisée gravée sur le flanc d'un éléphant, comme une sorte de calembour graphique. Messak. D'après photo A. et A.-M. Van Albada.

autre (fig. 244), aux bras levés. Ici, il est possible qu'un phallus soit dirigé vers la vulve, avec la silhouette très imprécise d'un homme allongé.

La schématisation des femmes ouvertes, le dépouillement de ce motif vers l'abstraction, possède des degrés divers. C'est seulement au Messak qu'on observe des dérivations de plus en plus poussées. Par exemple, une femme ouverte très stylisée a été gravée sur le flanc d'un éléphant, semble-t-il aux côtes saillantes, ou bien sont-ce les cinq doigts de pied de la femme (fig. 245). Ces deux dessins semblent contemporains, ce qui laisse supposer une relation voulue entre les deux représentations. D'ailleurs, plusieurs exemples montrent que des femmes, accouplées ou non, sont voisines d'animaux, le plus souvent domestiques : chiens, bovidés, etc.

L'épure du motif prend, dans certains sites, une allure très elliptique. C'est le cas de ce motif incisé, poli, superposant un grand boviné piqué au Messak (fig. 246). On a évoqué précédemment (fig. 92 à 95) la présence de « signes féminins » soit inscrits sur des vêtements, soit isolés. Selon A. et A.-M. Van Albada (2000) « la reconnaissance d'un symbolisme féminin dans des signes "scutiformes", "sagittés", ou ayant l'apparence d'une main, est l'exemple le plus fascinant que nous ayons pu observer. La clé de la signification de ces motifs abstraits (fig. 247) (le signifié) nous a été fournie par l'interprétation d'une image précise qui a permis, par effet rétroactif, de détecter une famille thématique dont (...) le mode d'expression peut présenter une grande variabilité graphique (les signifiants) ». Van Albada a publié une série de schémas qui montre la filiation graphique des motifs « femmes ouvertes » réalistes jusqu'aux signes abstraits (fig. 247).

Fig. 246 – Stylisation d'une femme ouverte superposant un boviné. Noter les bras très simplifiés et l'absence de vulve figurée. D'après photo A. et A.-M. Van Albada.

Comme une prolongation contemporaine de l'abstraction féminine du motif de la femme ouverte on trouve dans le répertoire graphique des potières de Kabylie un thème considéré par E. Westermarck (1935) comme magico-symbolique, fondamental dans le décor kabyle, celui des losanges et des triangles. En effet la « schématisation triangulaire » dans l'art kabyle (poteries, tissages, tatouages) a pour but d'indiquer que la vie sort des profondeurs secrètes du corps féminin. Dans les décors de poteries, dans tous les cas, les triangles dont le sommet est dirigé vers le bas traduisent le principe primaire de la vie dans le delta fertile du corps de la femme (Makilam, 1999). Gabriel Camps (1968, 1980) admet qu'il est impossible de dissocier le motif du triangle (ou du losange) de celui du chevron (ou du M). La forme du M correspond à un stade ultime d'abstraction des jambes écartées de la femme.

Dans son livre sur la vulve, Jean-Pierre Duhard écrit : « Kramer a démontré que dans l'écriture sumérienne le triangle fendu dénomme au départ la femme et qu'il existe un passage de ce signe au mot femme. Au début était l'image et puis l'image devint sens et signe.

À l'inverse, chez les Grecs, au début était le signe, et c'est la lettre triangulaire Delta (Δ) qui a donné son nom au sexe féminin ; il est possible que le Phi (φ) indique également un organe fendu. Rappelons que le delta grec dérive du daleth phénicien (triangulaire), qui signifie la porte, que le latin valva désigne battant de porte, et que le mot vulve dérive sans doute aussi bien de valva que de volva (puis vulva), qui est l'utérus ! La vulve est la porte du monde, n'aurait pas manqué de dire Courbet, fin connaisseur de cet organe, qui écrivait : « la peinture est essentiellement un art concret et ne peut consister qu'en la représentation de choses réelles et existantes. C'est un langage entièrement physique, dont les mots sont tous des objets visibles. Un objet abstrait, invisible, non existant, n'appartient pas au domaine de la peinture ». A. Leroi-Gourhan (1965) affirmait : « l'art paléolithique apparaît comme une écriture symbolique cohérente, dont

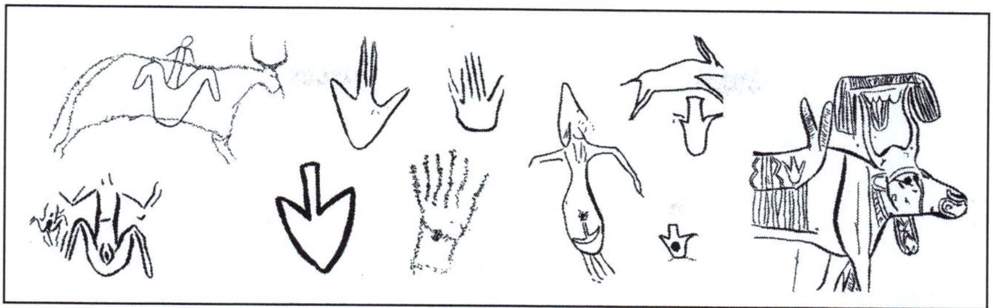

Fig. 247 – Filiation graphique des femmes ouvertes établie par A. et A.-M. Van Albada (2000). Certains motifs rappellent une main ouverte.

Fig. 248 – Différents décors céramiques des poteries kabyles. Triangles et losanges évoquent une symbolique sexuelle féminine et masculine.

Fig. 249 – Motif d'un décor céramique kabyle évoquant la vie qui sort des jambes de la mère qui accouche. Dans Makilam, 1999.

la sexualité constituerait le principe du classement, le principe syntaxique et le principe explicatif jouant peut-être un rôle analogue aux principes de l'amour et de la haine dans certaines philosophies pré-socratiques ».

Dans le décor de poterie kabyle, « l'ouverture du triangle vers le haut est dessinée par plusieurs traits parallèles (un à cinq) qui représentent les jambes. L'intérieur de cette fourche en V est complété par un point noir ou une porte magique sous forme de losange (...). Les figurations les plus fréquentes, dans leur forme simplifiée [peuvent être dessinées comme sur la fig. 248]. Ces dessins qui sont traduits en Kabyle par les noms de l'œil ou de la ruche représentent tous le sexe féminin (...) » (Makilam, *op. cit.*, p. 35-36).

« En Kabylie, la glorification de la femme dans sa nature créatrice est partout présente dans les motifs de base triangulaires. La source vitale du delta féminin se traduit par un triangle dont la pointe est dirigée vers la terre et son ouverture fertile en V, vers le ciel (...). Inversement la pointe du triangle masculin se dirige vers le ciel tandis que sa base s'oriente vers la terre (...). La représentation de la femme par un losange dans la fourche d'un triangle glorifie également la sacralité de la vie qui sort des jambes de la mère qui accouche (...). Dans les décors céramiques kabyles, les variantes des représentations du losange magique féminin sont nombreuses » (fig. 249).

La présence de signes en chevron sur des figurines paléolithiques ou qui accompagnent des gravures féminines serait, selon Duhard (1993), une symbolisation féminine : le chevron correspondrait à la figuration très schématisée du triangle vulvaire.

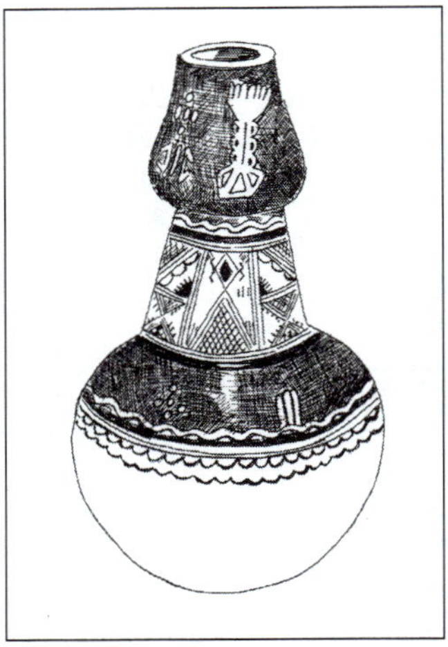

Fig. 250 – Poterie kabyle des Maatkas de forme phallique. Le décor en peigne évoque la fertilité. Dans J.-B. Moreau, 1976.

Fig. 251 – Pyrogravure sur la tête d'un lit d'hôtel au Maghreb. On retrouve, très schématisé, le motif de la « femme ouverte ». Dessin d'après photo Van Albada.

La symbolisation masculine n'est toutefois pas absente des arts céramiques kabyles. Par exemple, selon J.-B. Moreau (1976), sur le col d'une poterie phallique des Maatkas, la potière a dessiné un peigne à tisser rappelant cette forme, ce thème indiquant l'idée de fertilité. Chacun des signes décorant cette poterie est chargé de symboles (fig. 250).

Les femmes ouvertes et leur stylisation parfois poussée, au Messak, rarement ailleurs, appartiennent certes à une culture préhistorique très éloignée de la culture berbère actuelle. Mais cette digression sur les motifs féminins de Kabylie montre qu'on est en présence, dans les deux cas d'univers mentaux aux symbolismes qui ont traversé le temps et l'espace.

Dans un hôtel, au Maghreb, A. et A.-M. Van Albada ont photographié ce motif (fig. 251) pyrogravé sur le bois d'une tête de lit. L'épure de la femme ouverte s'y retrouve ! De la préhistoire à l'époque actuelle, arabo-musulmane, le symbole, on le voit, perdure dans des cultures très différentes.

Dernièrement, Yves et Christine Gauthier (2010) ont trouvé deux motifs de femmes ouvertes dans l'Aramat, une région relativement éloignée du Messak (fig. 252 et 253) (communication personnelle). La stylisation des bras et des jambes est identique à l'un des motifs du Messak (fig. 246). Il est cependant intéressant de remarquer ici la gravure d'éléments « décoratifs » sur le corps de ces femmes : des losanges inscrits dans des lignes verticales parallèles (fig. 252) ou un signe en boucle traversé par une ligne verticale (fig. 253). On constate que la symbolisation de la femme a pu dépasser les limites géographiques du Messak et alors on peut supposer que ce symbole culturel de sexualité a eu une extension un peu plus large qu'on ne supposait. Il est à noter que dans les schématisations de femmes ouvertes, l'organe vulvaire disparaît

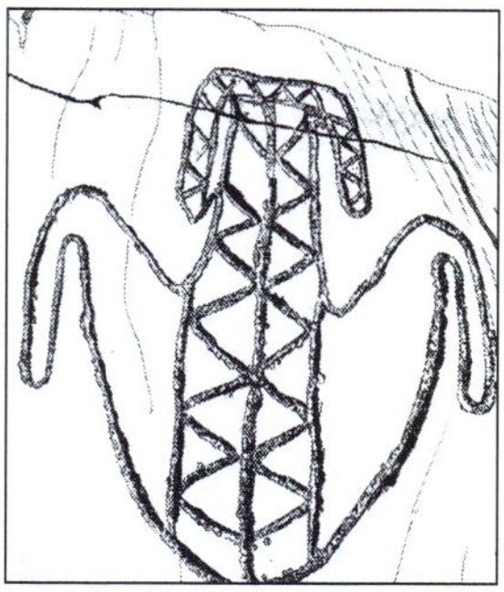

Fig. 252 – Une femme ouverte stylisée, comme celles du Messak, dans la région de l'Aramat. Ici le décor gravé est original, vu nulle part ailleurs. Relevé F.S. d'après photo communiquée par Y. et C. Gauthier.

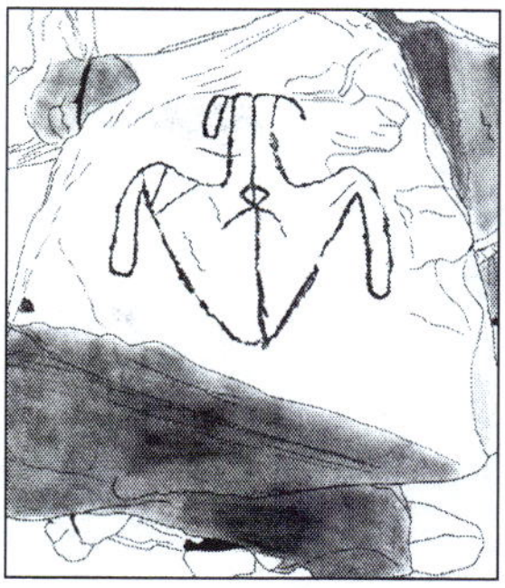

Fig. 253 – Femme ouverte, gravée, à décor interne, à proximité de la précédente (fig. 252). D'après photo Y. et C. Gauthier.

au profit de la forme du corps de la femme. La vulve n'est plus nécessaire pour donner sa signification au motif.

Dans la collection des femmes ouvertes, au Messak, la découverte toute récente (novembre 2010) d'une petite cavité basse dans le wadi Taleshut, bien cachée des regards (nous sommes passés dix fois devant, plusieurs années de suite, sans la voir), montre une version très remarquable et qui pose question (fig. 254). Il s'agit d'un personnage « ouvert », le terme de « femme ouverte » étant ici difficile à employer, en l'absence de caractère sexuel féminin, dans la position classique, bras écartés et levés, cuisses ouvertes, mais ici et jamais vu ailleurs, sa tête aux gros yeux, porte une sorte de coiffe et elle possède ce qu'on pourrait décrire comme un gros bec d'oiseau à moins qu'il ne s'agisse d'une langue pendante. Étrange personnage, plus étrange encore : d'entre les cuisses, au niveau du sexe, semble s'échapper un fluide (?) répandu en nappe. Pourrait-il s'agir d'un pagne ou bien cet élément, inconnu jusqu'à présent entre les jambes d'un personnage ouvert, pourrait-il représenter la rupture de la « poche des eaux » peu avant l'accouchement, si on renonce à l'hypothèse d'une pièce vestimentaire ? Il y aurait alors une relation directe entre la position « ouverte » de la femme et la parturition.

Fig. 254 – Femme ouverte en position gynécologique (découverte, nov. 2010). Gros yeux, bec de canard, « coiffe » rendent déjà ce personnage remarquable. Plus encore, l'espèce de nappe fluide (?) qui sort d'entre les jambes. Difficile de penser à un pagne.

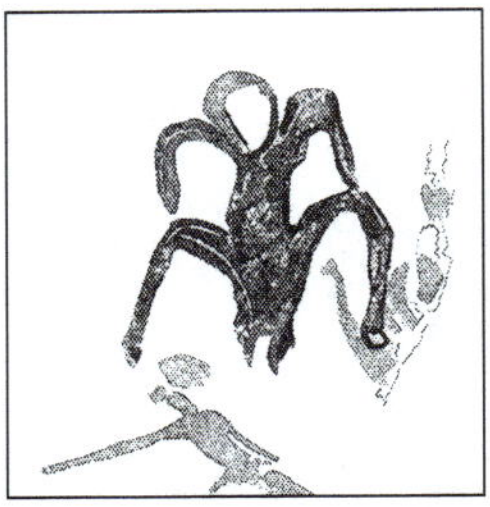

Fig. 255 – Peinture d'une femme ouverte au Tassili-n-Ajjer où les petites lèvres de la vulve paraissent distendues. Peut-il s'agir d'une coutume ?

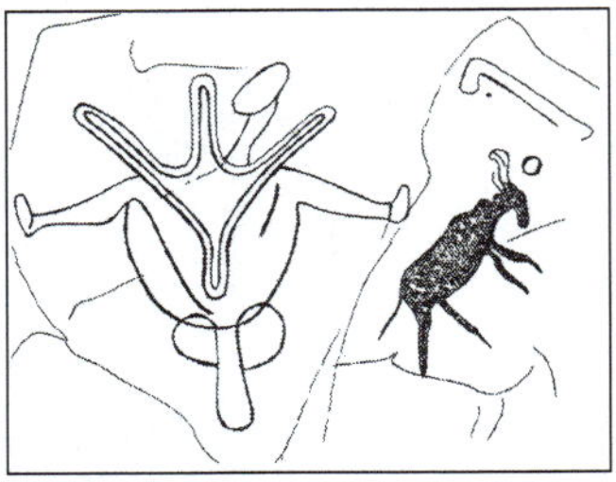

Fig. 256 – Une remarquable association : femme ouverte – appareil génital masculin a été gravée dans la station d'Egig, au nord-ouest d'Hirafok, Hoggar. Double symbolisme sexuel voulu. Le signe en double trait évoquant une selle de dromadaire (une rahla) évoque aussi un symbole féminin.

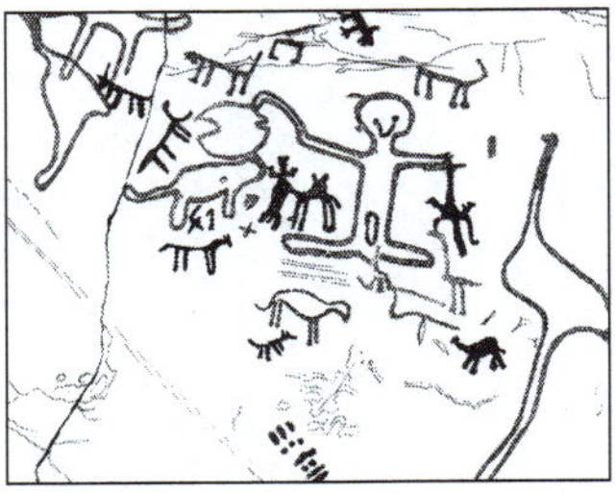

Fig. 257 – Femme ouverte ou homme ithyphallique tenant une hache ? Difficile de se prononcer. Gravure à Gouiret Bent Saloul, monts des Ksour, Atlas saharien.

Au Tassili-n-Ajjer, la peinture d'une femme ouverte pourrait montrer une particularité anatomique de la vulve (fig. 255). On voit en effet deux excroissances effilées à leur extrémité de chaque côte de cet organe. Il est possible qu'il s'agisse d'une forte élongation des petites lèvres – naturelle (congénitale) ou provoquée par manipulation (acquise) —. Une peinture pariétale de Rhodésie (Zimbabwe) montre plusieurs personnages des deux sexes accouplés. Les femmes présentent des vulves débordantes en raison de l'usage local d'allonger artificiellement les petites lèvres (Boris de Rachewiltz, 1993). On peut supposer, chez des groupes préhistoriques au Tassili, des pratiques comparables qui seraient plutôt dans l'ordre de la modification, de la transformation ou de l'ornementation sexuelle.

Comme déjà exposé, ailleurs qu'au Djerat et au Messak, les femmes ouvertes sont rares. Il faut signaler, au Hoggar, dans la station d'Egig, au nord-ouest de Hirafok, l'intéressante gravure d'un personnage aux jambes écartées (dont la posture pourrait évoquer une femme ouverte) pourvu d'un sexe masculin (fig. 256). Représentation volontaire d'une bisexualité ou simplement homme aux jambes écartées ? On notera, inscrit sur le corps du personnage, un signe en double trait qui pourrait être l'image schématisée d'une rahla, la selle touarègue placée sur le dromadaire. La forme de cette rahla (ou tarik en tamasheq) évoque celle, simplifiée, de la femme ouverte (en arabe comme en tamasheq, le genre est féminin).

Dans l'Atlas saharien, deux exemples seulement nous sont connus, l'un et l'autre à Gouiret Bent Saloul (monts des Ksour). Un personnage vu de face, bras et jambes écartés, dont le sexe est ambigu : femme ouverte ou homme en érection, présente un sexe de forme ovale (fig. 257). S'il s'agit d'un personnage féminin, on est loin de l'image « classique » de la femme ouverte. Il est possible aussi que la gravure de ce personnage montre un homme en érection vu de face, le sexe de forme ovalaire étant alors très schématisé. La tenue en main

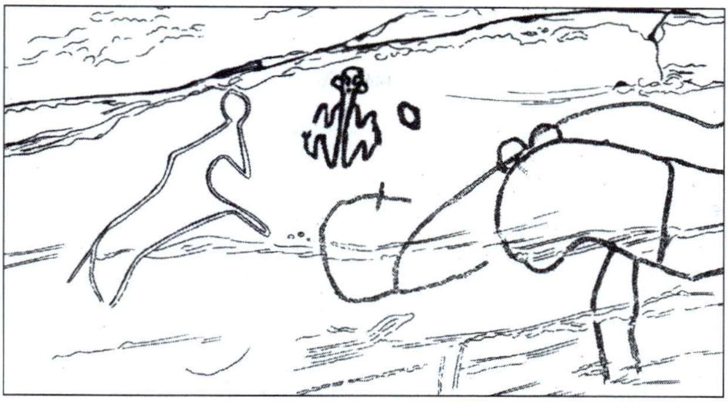

Fig. 258 – Une autre gravure à Gouiret Bent Saloul montre ici, plus sûrement, une femme ouverte comme on en voit des modèles au Messak.

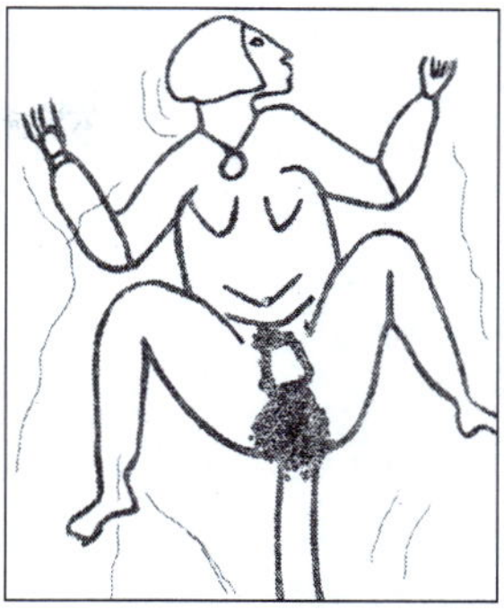

Fig. 259 – Un phallus a été figuré (peut-être ajouté) comme pénétrant dans le sexe de cette femme ouverte dans l'oued Djerat, Tassili-n-Ajjer. Exceptionnellement on voit, pendu à son cou, un bijou, peut-être analogue à celui trouvé dans le Tassili de Ti-n-Reroh (fig. 260) et qui est un galet de quartz perforé.

droite d'un objet courbe rappelant d'autres exemples de l'Atlas visiblement de sexe masculin orienterait vers cette seconde hypothèse. L'autre gravure, par contre, en piquage, voisinant des animaux d'âge plus ancien (fig. 258), peut rappeler les femmes ouvertes du Messak. C'est un petit motif, sans doute post-néolithique. Son caractère unique, dans l'Atlas, ne peut donner qu'une valeur documentaire mais peu de signification culturelle.

Des femmes ouvertes avec un phallus cofiguré, son extrémité du moins, constituent une transition graphique avec l'accouplement proprement dit. On en voit une, par exemple, dans l'oued Djerat (fig. 259) où à l'emplacement de la vulve, une plage de piquage grossier a été faite, qui peut figurer le gland du pénis, mais qui manifestement a été ajoutée postérieurement. La vulve serait gravée au-dessus, en forme de trapèze pubo-génital, bien que ni la forme ni l'emplacement ne soient réellement conformes à l'anatomie. Les deux replis médio-abdominal et hypograstrique, de même que le nombril sont bien marqués, ainsi que les seins. Cette femme, exceptionnellement dans ce modèle de représentation, porte un bijou pectoral qui pourrait être du même type que celui découvert dans un gisement néolithique au Tassili Ti-n-Reroh (fig. 260), c'est-à-dire une pendeloque perforée. Elle porte une sorte de bonnet sur la tête, orientée au profil droit.

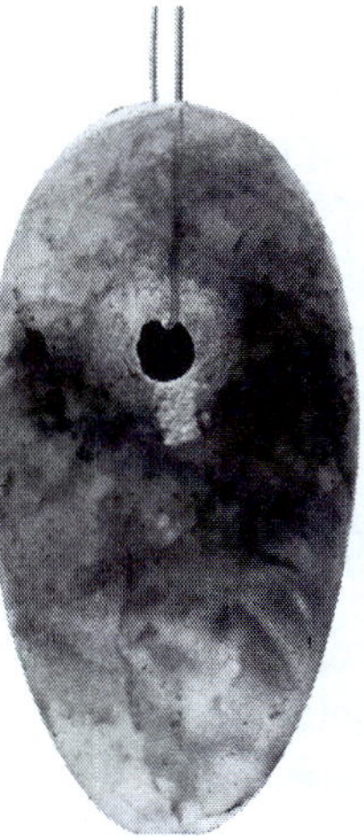

Fig. 260 – Galet de quartz hyalin, perforé, ayant probablement servi de bijou (pendentif), trouvé dans le tassili de Ti-n-Reroh, Algérie.

Toujours dans l'oued Djerat, où Lhote parle de « bacchanales » et de « scènes priapiques » le détail d'un important ensemble gravé du « Rocher Ahana » montre une femme ouverte dans une posture inhabituelle et portant, semble-t-il, un masque d'animal. Sa vulve ouverte présente ici les poils autour des grandes lèvres, détail jamais montré ordinairement (fig. 261). L'extrémité d'un énorme phallus au gland découvert touche l'orifice vulvaire. Il n'y a pas pénétration, mais la suite de l'acte paraît évidente ! Cela fait partie des images qui ont tant choqué les découvreurs du milieu du XIXe siècle jusqu'au milieu du XXe.

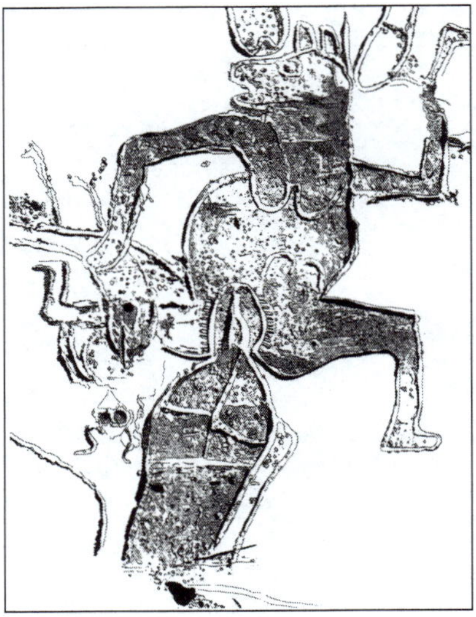

Fig. 261 – Détail d'une gravure du « Rocher Ahana » dans l'Oued Djerat (voir fig. 298) où l'extrémité d'un gros pénis s'apprête à pénétrer dans le sexe d'une femme ouverte affublée d'un masque animal. Jamais représentés habituellement, les poils autour de la vulve sont figurés.

L'accouplement

Dans son sens zoologique, l'accouplement (ou coït, ou copulation) est le fait de réunir génialement, le mâle et la femelle d'une même espèce. Cette définition s'applique aussi bien aux animaux qu'aux humains. Mais une définition proprement biologique générale conviendrait mieux : l'« accouplement est le terme biologique pour désigner le rapprochement génital de deux individus sexuellement complémentaires, et aboutissant à une reproduction sexuée ». Les termes « copulation » et coït », synonymes, seront indifféremment employés, mais véhiculent un sens moins large, leur pratique chez l'humain pouvant avoir comme unique but le plaisir.

Quelques images, des peintures notamment, montrent des couples dont on ne peut affirmer qu'ils ont une relation sexuelle parce que les organes génitaux ne sont pas montrés, mais pour lesquels il y a manifestement une relation amoureuse ou de tendresse. Les couples que nous avons pu décrire plus haut (voir chapitre III) montrent l'homme et la femme séparés, parfois se tenant simplement par la main. Avant d'aborder l'iconographie de l'acte sexuel proprement dit, manifeste sur plusieurs images rupestres, il importe d'évoquer deux exemples de relations amoureuses de couples, découverts par Bernard Fouilleux au Tassili-n-Ajjer, en Algérie (fig. 262 et 263). Il s'agit de deux peintures à l'ocre, au trait rouge foncé et dont la surface intérieure est plus claire.

L'une (fig. 262) montre une femme portant un bonnet, assise sur le bassin d'un homme à demi allongé. Ses bras sont posés sur les épaules de l'homme dans un mouvement d'affection ou d'appui postural. Les deux visages, – les

Fig. 262 – Un couple peint, au Tassili-n-Ajjer, donne l'impression d'avoir une relation amoureuse sans qu'il y ait nécessairement une relation sexuelle. Période pastorale. D'après photo B. Fouilleux.

Fig. 263 – Couple de théranthropes à tête d'oryctérope (?) étroitement embrassé. Peinture du Tassili-n-Ajjer. Période pastorale. D'après photo B. Fouilleux.

lèvres – sont très proches comme s'ils s'apprêtaient à échanger un baiser. Il y a beaucoup de naturel dans cette scène, – une scène qu'on verrait aussi bien de nos jours. Cette peinture appartient très probablement au style dit d'« Ihéren-Tahilahi » de l'époque pastorale (néolithique). La relation sexuelle, on l'a dit, n'est pas avérée, mais elle est possible, cette position étant compatible avec le coït davantage qu'avec des préliminaires amoureux. En tout cas, c'est une représentation exceptionnelle de rapprochement intime entre un homme et une femme, figurée dans l'art saharien et qui va douter de voir dans cette scène une posture sexuelle, dite d'Andromaque, épouse d'Hector, où la femme chevauche l'homme ? La position frontale dont elle est une variante est celle permettant l'échange de baisers et la vision des mimiques traduisant le désir et la montée du plaisir... Elle serait recherchée par les femmes ayant besoin de se caresser le clitoris pour atteindre l'orgasme assurent les sexologues, et permettrait de retarder l'éjaculation.

L'autre peinture (fig. 263), toujours au Tassili et appartenant au même style, relève plutôt de l'allégorie ou de la fable symbolique. On voit en effet deux êtres à tête animale et à corps humain, étroitement embrassés, l'un assis sur le bassin de l'autre qui est à moitié allongé, avec les jambes fléchies et les pieds posés sur un sol non matérialisé. La tête de ces « personnages » possède de longues oreilles comme celles d'un lièvre ou d'un oryctérope. Ce dernier animal, de la famille des Tubulidentés est l'un des plus étranges mammifères vivant actuellement en Afrique au sud du Sahara et du Soudan. Aucun auteur s'intéressant à l'art saharien n'a mentionné jusqu'à présent des images

Fig. 264 – Peinture au Tassili-n-Ajjer. Scène de sodomie ou coït vaginal en position fronto-postérieure ? Site de I-n-Aouanrhat. À droite, un homme à quatre pattes est en érection, comme assistant au coït. Un autre couple in coïtu se voit au-dessous.

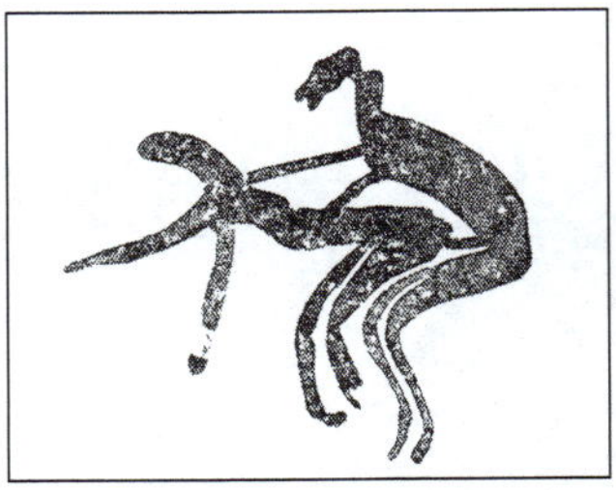

Fig. 265 – Peinture au Tassili-n-Ajjer. Coït anal ou vaginal ?

Fig. 266 – Peinture au Tassili-n-Ajjer. Coït anal ou vaginal ? D'après photo M. Sylvestre.

rupestres de cet animal. Dans le même secteur tassilien, plusieurs peintures montrent des têtes d'animaux comparables (fig. 268, 269, 270). On reviendra plus loin sur une possible symbolique sexuelle où l'oryctérope jouerait un rôle. Ici (fig. 263), les deux êtres, museau contre museau, semblent échanger un baiser, ce qui est impossible chez les animaux, mais possible dans une vision métaphorique. L'embrassement d'humains (fig. 262) et l'embrassement de théranthropes (fig. 263) participent d'un même désir de montrer la relation amoureuse, soit réelle, soit emblématique.

Les scènes rupestres d'accouplements humains à proprement parler ne sont pas rares au Sahara, mais il est parfois difficile de décider s'il s'agit d'une relation hétérosexuelle ou homosexuelle quand les caractères secondaires du genre féminin (seins, par exemple) ne sont pas figurés. Ainsi dans les scènes de rapports frontaux-dorsaux (fig. 264, 265, 266, 267), en l'absence de caractères sexuels secondaires (CS II) représentés, il peut être impossible de dire s'il s'agit de relations hétérosexuelles ou homosexuelles de même qu'on ne peut déterminer si, dans cette position, dans le cas d'une relation hétérosexuelle, il y a pénétration vaginale ou anale. De façon très théorique, l'orifice anal étant situé plus haut que l'orifice vaginal la situation du pénis, quand il est visible, permettrait un diagnostic de position orificielle selon sa hauteur par rapport aux fesses.

Dans la figure 264, le sexe féminin du sujet en dessous n'est pas douteux et la nature hétérosexuelle de la posture est probable. Dans la figure 265, le sexe masculin du sujet au-dessus est établi, mais rien n'indique le sexe féminin de celui en dessous. Dans la figure 266, ni le sexe de l'un ni celui de l'autre ne sont visibles, et une lutte entre les personnages pourrait être aussi vraisemblable.

En ce qui concerne les figures 268 et 269, peintes à l'ocre rouge, au trait, dans le style d'« Iheren-Tahilahi », au Tassili-n-Ajjer, la relation hétérosexuelle ne fait par contre aucun doute. Les deux personnages en présence ici ont des têtes animales. Comme on l'indiquait plus haut (fig. 263), il pourrait s'agir d'oryctéropes, plus probablement que de lièvres. Il y a là une intéressante as-

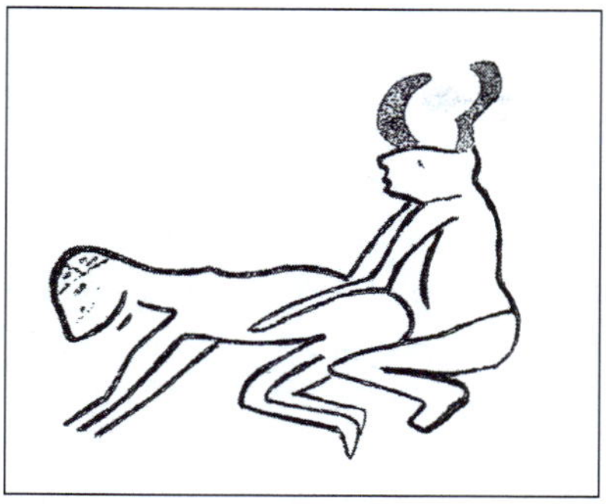

Fig. 267 — Gravure à I-n-Habeter, Messak. Sodomie ou coït vaginal ? Les cornes du personnage masculin ont peut-être été ajoutées. D'après document L. Allard-Huard, 1993.

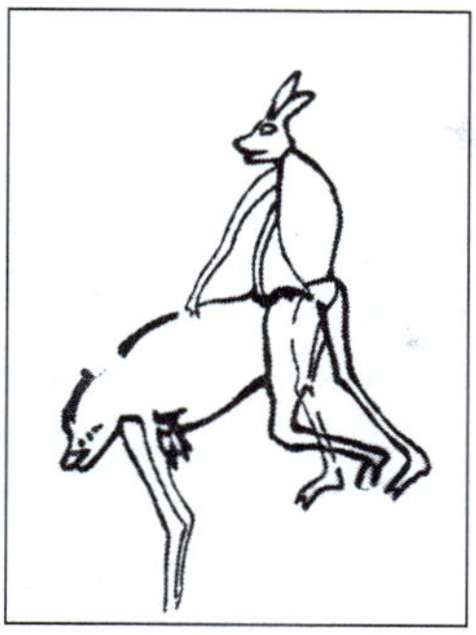

Fig. 268 – Peinture au trait d'un coït anal ou vaginal en position fronto-dorsale. Les têtes des personnages ressemblent à celles d'oryctéropes. Style pastoral d'Ihéren-Tahilahi. Tassili-n-Ajjer. D'après photo B. Fouilleux.

Fig. 269 – Peintures ocre rouge d'un coït anal ou vaginal. Les partenaires ont une tête d'oryctérope. Période pastorale. Tassili-n-Ajjer. D'après photo B. Fouilleux.

similation mythique de l'homme et de l'animal. Mais pourquoi l'oryctérope ? Cet animal étrange se nourrissant essentiellement d'insectes sociaux (fourmis, termites) grâce à sa longue langue cylindrique et visqueuse, a une tête étroite, prolongée par un museau allongé, en groin. Ses oreilles en forme de cornets sont longues, de 15 à 21 cm. Les profils de la tête des êtres se livrant au coït sur ces figures (fig. 268 et 269), ou s'y préparant (fig. 270), évoquent davantage l'oryctérope que le lièvre. Le cornet des oreilles est bien montré sur la fig. 269 et le museau de la femelle évoque un groin. Avec deux autres scènes montrant des relations sexuelles avec des hommes-oryctéropes (fig. 263 et 269) on se trouve devant un type de représentations ignorées jusqu'ici des auteurs sur l'art saharien. Ces scènes se trouvent dans un secteur limité du Tassili. Elles ont toutes été inventoriées par B. Fouilleux.

Fig. 270 – Peintures ocre rouge de deux êtres à tête d'oryctérope. Le « mâle », en érection s'apprête au coït frontal avec la « femelle » dont il maintient une jambe largement écartée. La position du rapport paraît acrobatique. Scène à gauche de la précédente (fig. 243). Période pastorale. Tassili-n-Ajjer. D'après photo B. Fouilleux.

D'après J.-Cl. Muller (1991) « les Rukuba du Nigéria central voient une homologie entre leurs chefs, les tambours de la chefferie et l'oryctérope, sans pour autant en donner les raisons. Une analyse comparative des rites et de la place du chef dans la cosmologie rukuba permet cependant de mettre en parallèle ces usages et croyances avec la cosmologie des Ba Tabwa du Zaïre. Une comparaison formelle entre le rôle de l'oryctérope chez les Ba Tabwa et chez les Rukuba montre qu'il est le créateur du monde chez les premiers alors qu'il est simplement chargé de le perpétuer chez les seconds ».

« Quand on voit imbuk [l'oryctérope (*Orycteropus afer*)] on voit le chef. C'est le commentaire cryptique que font les Rukuba pour expliquer la place de cet animal dans leur bestiaire, mais le terme bestiaire est-il bien approprié pour parler d'un mammifère qui est à la fois un animal et un homme ? Et quelles peuvent bien être les raisons de choisir cette bête nocturne si timide qu'on ne la voit presque jamais, comme *alter ego* du chef, personne la plus visible du village ? (…) les Rukuba, au nombre d'environ 12 000 vivent à quelques kilomètres à l'ouest de Jos, capitale de l'État du Plateau, Nigéria. (…) Quant au fourmilier, au caméléon et au pangolin, ils sont généralement associés au pouvoir de creuser la terre, donc à l'agriculture. Ce sont des « fouisseurs », des gratteurs de terre, ce qui comporte une connotation sexuelle (…) » (J.-P. Colleyn, 2006).

Dans l'art saharien, il n'existe que très peu d'exemplaires de pangolins (peints ou gravés) et d'oryctéropes possibles, peints, comme on vient de le voir. Si les rupestres de pangolins n'évoquent en rien la sexualité, ceux des hommes-oryctéropes se livrent manifestement à des rapports sexuels.

Des peintures qui n'appartiennent pas typiquement au style des « Têtes rondes » ont été trouvées dans la plaine aux environs du Djebel Uweinat, dans la partie libyenne du massif qui est à cheval sur l'Égypte, le Soudan et la Libye. Parmi ces peintures, Mark Borda (2011) a décelé un « curious looking animal » en présence de deux personnages, l'un debout, l'autre allongé sur le dos, les jambes levées en équerre. L'analyse précise de cet animal lui permet de le classer parmi les oryctéropes (aardvark).

La présence dans le désert libyque de cet animal, avant la dernière période de désertification, avait déjà été établie par des vestiges osseux dans les derniers dépôts quaternaires au nord-est du Gilf Kebir (Pachur et Altmann, 2006). Cela conforterait l'identification de la peinture d'un oryctérope et alors ce serait la première mention de cet animal dans le désert libyque.

L'auteur de l'article (*op. cit.*) indique que cette peinture d'oryctérope pourrait être liée à une possible influence d'une culture préhistorique du Désert libyque sur la religion et la mythologie de l'Égypte pharaonique et pré-dynastique.

Il y a un débat au sujet de l'identité de l'animal qui représente la tête de la créature composite qui, dans l'iconographie pharaonique, correspond au dieu du monde souterrain Seth, – un dieu également associé au désert. Il a été souligné qu'il y a une évidence ethnographique et iconographique liant l'oryctérope à Seth (P. de Maret, 2005).

Cette peinture d'oryctérope dans le Désert Libyque – une représentation proche de la réalité zoologique – est, bien sûr, fort éloignée de nos « hommes-oryctéropes » du Tassili-n-Ajjer en Algérie qui sont des thêranthropes. Cependant l'idée que l'oryctérope réel ou transformé ait pu être le support d'un être mythologique dans la préhistoire saharienne et, quelques millénaires après, se

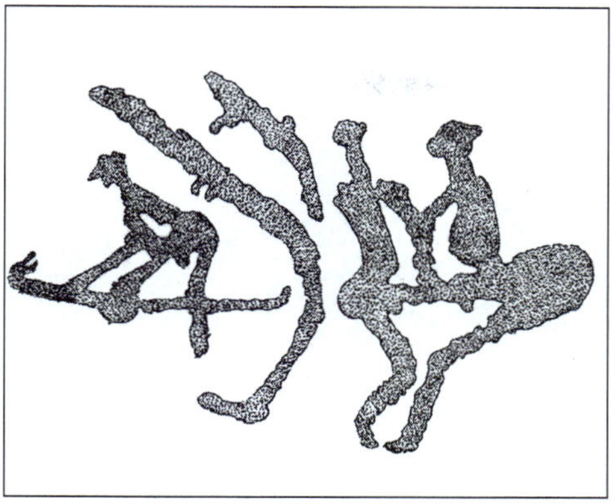

Fig. 271 – Gravures dans l'oued Djerat, Tassili. Deux scènes de coït hétérosexuel en position frontale. D'après H. Lhote, 1976.

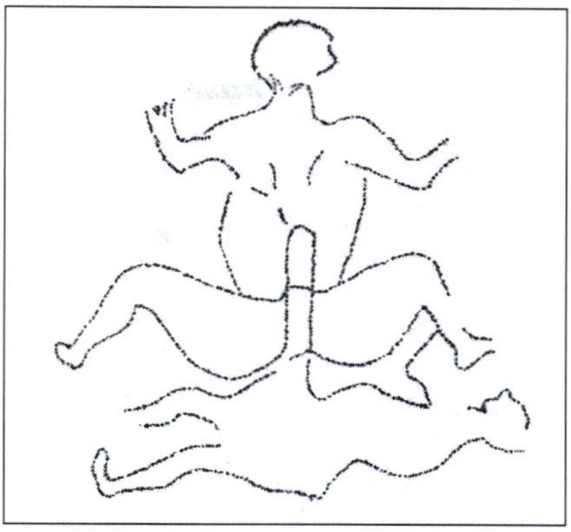

Fig. 272 – Gravure schématique d'un rapport hétérosexuel. L'homme est allongé sous la femme. Le pénis, visible jusqu'au niveau du nombril de la femme n'est pas introduit dans le vagin, ce qui donne un caractère allusif à la scène. Oued Djerat, Tassili.

retrouver dans la mythologie égyptienne, apporterait un élément supplémentaire pour expliquer l'influence possible de mythes préhistoriques au Sahara, incorporés longtemps après dans la religion égyptienne antique. Une transmission culturelle illustrant les rapports entre le Sahara et la Vallée du Nil.

Les croyances africaines actuelles, au Nigéria et au Zaïre, associant le chef à l'oryctérope, et cet animal à une symbolique sexuelle, pourraient-elles correspondre à une lointaine croyance préhistorique d'un petit groupe pastoral localisé au Tassili-n-Ajjer ? En tout cas s'il s'agit bien d'oryctéropes figurés dans nos peintures (fig. 263 et 268 à 270), on aurait peut-être affaire à la survivance d'un mythe cosmogonique saharien existant encore en Afrique Noire.

L'accouplement, notamment dans certaines gravures de l'oued Djerat, est grossièrement représenté, suggéré plutôt. Le réalisme intellectuel incite à rendre visible ce qui ne l'est pas et à apporter la preuve de l'érection… C'est le cas des gravures dans les stations IV et XXV relevées par Henri Lhote (fig. 271 et 272). L'homme allongé sous la femme et muni d'un grand phallus, suggère bien l'action d'un coït, même si son sexe reste visible entre les cuisses de la femme, jusqu'au milieu de son ventre (fig. 272). Il peut d'ailleurs s'agir d'une maladroite schématisation de la pénétration. Les deux couples de la station IV, face à face, ont une posture qui ne trompe pas, même si les organes sexuels ne sont que schématiquement figurés (fig. 271).

Les postures d'accouplement sont schématiquement de deux sortes : face à face (posture frontale) ou par l'arrière (posture fronto-dorsale). Dans ce dernier cas, on l'a dit (more ferarum disait Breuil : comme font les bêtes), on ne saurait affirmer si le pénis pénètre dans l'anus ou dans la vulve. Plusieurs exemples montrent l'ambiguïté de cette lecture (fig. 261 à 269). De possibles sodomies ont peut-être été gravées ou peintes au Tassili-n-Ajjer ou au Mes-

fig. 273 – Partie de la fresque dite du « Taureau » dans le wadi Afar, sud de l'Akakus. Quatre femmes ouvertes, plusieurs personnages dynamiques et un couple in coïtu, à gauche.

sak. Dans cette position dite « de la levrette », il est en effet très difficile sur ces images de dire quel orifice est pénétré.

Dans les rapports frontaux, il est très probable qu'on ait affaire à des couples hétérosexuels. Mais, dans le cas de relations lesbiennes, deux femmes peuvent se frotter le clitoris sur le pubis ou sur la face antérieure de la cuisse de l'autre. Cela pourrait supposer que des relations de ce type aient eu lieu au Néolithique, dans le Sahara et à défaut de pouvoir attribuer un sexe masculin à l'un des partenaires, c'est une hypothèse à évoquer.

Dans la fresque de l'« abri du Taureau » ou de la « Fertilité », au sud de l'Akakus, région du wadi Afar, un couple est en position frontale (fig. 273). La liaison sexuelle est représentée par un motif en « bâton » assez large. Il est intéressant de remarquer que, parmi les peintures de cette fresque, plusieurs personnages sont assis, jambes écartées. Cette posture pourrait rappeler celle des femmes ouvertes mais dans le contexte de cette scène (voir fig. 347), on peut tout à fait imaginer d'autres explications, pourquoi pas, par exemple, celle de musiciens participant à l'animation générale, les objets tenus en mains étant alors des instruments sonores ? Et dans ce cas le couple danserait.

La position femme accroupie sur l'homme allongé, dite d'Andromaque, se rencontre parfois, on l'a vu. Dans le wadi Imrawen, au Messak, un couple à l'intérieur d'un enclos (une hutte ?) illustre bien cette variante (fig. 274). La femme aux bras écartés et levés, aux jambes largement écartées possède une coiffe conique comme en portent souvent les femmes du Messak. La cupule vulvaire semble avoir été approfondie et le pénis, marqué d'un trait irrégulier, se prolonge au-delà des fesses de l'homme. Il est à noter que dans un rapport, avec la pénétration, le pénis disparaît dans le vagin ; il ne devrait donc pas apparaître sur la gravure mais le graveur peut avoir choisi cette solution graphique peu réaliste mais efficace dans une volonté de caractériser un acte sexuel « consommé ».

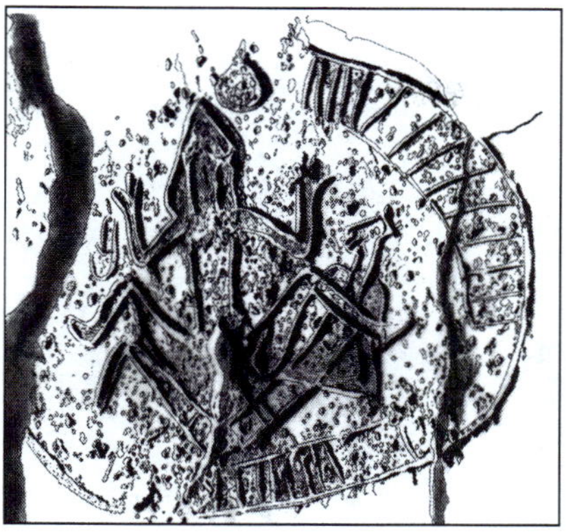

Fig. 274 – La position du rapport sexuel, homme dessous, femme accroupie dessus est relativement fréquente dans cette région, le Messak. D'après photo P. Paolo Rossi.

Fig. 275 – On retrouve la même position (voir fig. 274) du rapport sexuel dans le wadi Ti-n-Sharuma, mais ici le pénis est bien représenté à l'intérieur du vagin (vu en coupe) et les trois petites cupules ovales évoquent l'émission de sperme, seul exemple connu dans un rapport figuré. Un canidé semble observer la scène.

Fig. 276 – Gravures au trait poli dans le wadi Tillizaghen au Messak. Un couple in coïtu en position frontale. Les gravures piquées, à droite, ne sont pas de la même époque.

Plus nette encore est cette scène gravée dans le wadi Ti-n-Sharuma (Messak) (fig. 275) où trois petites cupules ovalaires sont dessinées au-dessus du gland de l'homme au méat apparent et qui pourraient évoquer l'éjaculation. Cette image est elle aussi irréaliste, le pénis ne devant pas être visible pendant le coït. La présence d'un canidé qui semble regarder ce rapport sexuel donnerait peut-être une dimension mythico-symbolique à l'acte, à moins que ce soit tout simplement le chien de la maison qui passait par là ! Plus schématisé, un accouplement frontal gravé dans le wadi Tillizaghen (Messak) (fig. 276) se fait en présence d'une vache (peut-être piquée ultérieurement). Il serait hasardeux de se lancer dans une interprétation plus ou moins ethno-comparative de ces scènes, sexuelles ou non, où l'être humain est manifestement en relation avec l'animal, sauvage ou domestiqué. Des auteurs s'y essaient, sans être particulièrement convaincants. Quoi qu'il en soit, de nombreux exemples montrent qu'un commerce imaginaire existait entre la femme en posture sexuelle et l'animal, surtout quand la posture est *more ferarum*. On aurait ici une preuve de la prise en compte de l'animal dans le processus de procréation (création) et de l'intégration de l'homme et de l'animal dans le même concept du vivant. L'animal est le commensal de l'humain, dans le sens où ils vivent tous les deux des ressources de la Nature, mais en même temps il peut lui être subordonné (domestication), ou encore être son concurrent ou son prédateur (carnivores). La cofiguration d'humains

Fig. 277 – Une série de peintures, au Tassili, montre une femme au sexe apparent, une possible scène d'accouchement et un rapport sexuel, femme assise sur l'homme. Style dit des « Têtes rondes ». D'après photo B. Fouilleux.

Fig. 278 – Peinture au trait dans le style dit d'« Ihéren-Tahilahi » (période pastorale), au Tassili-n-Ajjer. La position du couple se livrant à un coït se retrouve au Messak. L'être féminin, peut-être un oryctérope possède des seins en pointe. D'après photo B. Fouilleux.

et d'animaux montre bien que ces derniers avaient un rôle dans l'univers humain et conduit à interpréter différemment les scènes où ils sont absents et celles où ils cohabitent.

Le rapport sexuel où la femme (ou l'être féminin) est assise sur l'homme n'est pas l'exclusivité du plateau du Messak (la position d'Andromaque de nouveau). Des exemples existent au Tassili-n-Ajjer, les uns schématisés, les autres au dessin plus élaboré. Ainsi, une scène peinte au Tassili (fig. 277) montre, à droite, une femme assise sur un homme, jambes écartées et repliées. L'homme tient son membre viril d'une main, sans doute pour le diriger vers le sexe de la femme. Les bourses testiculaires sont bien marquées. Vers la gauche, dans le même style pictural, deux personnages probablement féminins, ont des postures différentes. Celui, debout, jambes écartées, mains sur le haut des cuisses, possède semble-t-il une vulve aux lèvres proéminentes. L'autre, aux couleurs passées (rouge clair), peut-être plus ancien, est une femme ouverte dont une main est posée sur la hanche et un bras posé sur le genou. Au niveau du sexe, de fortes protubérances figurent peut-être, à gauche et à droite, les lèvres de la vulve. Au milieu, dans l'axe du corps, on peut s'interroger sur la masse arrondie : le début de l'expulsion (apparition de la tête du nouveau-né ?) lors de l'accouchement (?) Si c'est le cas, on aurait dans ces trois figures une séquence « pédagogique » : femme nue, en marche, rapport sexuel, prélude à une grossesse et femme en train d'accoucher. Ce n'est bien sûr ici qu'une hypothèse mais conforme à la biologie et à la reproduction humaine.

Une autre scène peinte, toujours au Tassili, (fig. 278) nous renvoie à une mythologie sexuelle où des humains-oryctéropes se livrent à un rapport dont le modèle est bien connu ailleurs. On peut cependant hésiter ici sur l'appar-

Fig. 279 – Peintures dans le secteur de Séfar, Tassili-n-Ajjer. Un rapport « normal » entre un homme et une femme. Notons la longueur inhabituelle du pénis pénétrant dans le sexe de la femme et celle, franchement démesurée du pénis de l'homme, à gauche. D'après photo F. Sauthier-Delabre.

Fig. 280 – Peintures au Tassili-n-Ajjer. Un couple se livre à un rapport sexuel « classique » dans un enclos. Un bœuf se tient à l'extérieur. D'après photo F. Sauthier-Delabre.

tenance à l'espèce Orycteropus de la « femme » assise sur l'« homme ». Son museau pointu ne ressemble guère au groin de l'oryctérope, mais ses oreilles, par contre, seraient conformes à celles de cet animal. Quoi qu'il en soit, il est intéressant de remarquer la présence de plusieurs de ces thèranthropes dans une aire limitée au Tassili-n-Ajjer. Cela permettrait de maintenir l'hypothèse développée plus haut d'une cosmogonie néolithique à connotations sexuelles dans ce secteur saharien, comparable à celle d'Afrique Noire, encore actuelle.

Le rapport sexuel dit « normal » en Occident (position frontale allongée) a été peint ou gravé dans plusieurs lieux. Dans le secteur de Séfar (Tassili-n-Ajjer), un homme pénètre une femme couchée sur le dos (fig. 279). L'un et l'autre portent une coiffe arrondie. Un autre homme placé derrière, avec une érection conséquente assiste à la scène, attendant son tour ?! La démesure du pénis pourrait traduire une excitation exacerbée.

Dans cette autre scène, également peinte au Tassili, un couple, dans un abri, se livre à des ébats amoureux (fig. 280). Un bœuf se tient devant la hutte, attestant l'âge pastoral de la scène. La peinture de la fig. 281, toujours au Tassili, montre un couple étroitement « emboîté », dans un enclos. Si l'homme est placé à droite, on ignore la signification des deux petites excroissances, de part et d'autre de ses hanches. De même l'appendice qui sort de la bouche du personnage de gauche peut-il être une langue ? Ces peintures de la période pastorale dénotent un intérêt légitime pour la sexualité active, peut-être même un goût particulier pour cela.

Fig. 281 – Un couple se livre à un rapport sexuel dans un enclos (hutte ?). Peinture ocre rouge d'âge pastoral probable. Tassili-n-Ajjer. D'après B. Fouilleux.

Fig. 282 – Peintures paéloberbères dans l'Akakus central. La femme déjà décrite (voir fig. 87) appartient à un ensemble de peintures comprenant, en superposition des caractères d'écriture libyco-berbère. À droite, vers le bas, trois petits couples se livrent à des activités sexuelles ou non (voir fig. 283).

Les accouplements dans des enclos, à l'abri des regards, donc, ne sont pas absents dans l'art saharien. Quelques — uns sont gravés au Messak (fig. 274), d'autres sont peints au Tassili-n-Ajjer (fig. 280, 281). On peut s'interroger sur la motivation des artistes : parfois on manifeste l'intention de rendre intime et « privé » le rapport sexuel en le « cachant » dans une hutte, d'autres fois on le montre comme s'il se déroulait aux yeux de tous, sans tracé périphérique illustrant son caractère privé. Bien sûr, dans les deux cas, sur les parois, le rapport est visible par tous, mais c'est l'intention de l'artiste qui diffère.

À une époque bien postérieure, pendant la phase paléoberbère de l'art, dans l'Akakus central, dans le même ensemble de peintures qui montrent une (jolie ?) femme en « mini-jupe » (voir fig. 87), on voit, vers la droite, trois petits couples aux pigments un peu estompés (fig. 282, 283). Celui du milieu montre un accouplement. Celui de gauche, peut-être aussi. Par contre, à droite, il semblerait que deux hommes, l'un allongé, l'autre penché sur lui, le maintenant peut-être de force au sol, n'aient pas une attitude sexuelle. Ce petit ensemble de peintures n'appartient sans doute pas à la même époque que celle de la femme parée. Trois situations principales peuvent être distinguées : à gauche, un coït fronto-dorsal (debout, appuyé sur un bâton ou couché sur le côté ; puis un coït frontal ; enfin, ce qui ressemble à une lutte entre deux hommes. La nature du récit nous échappe totalement, mais son caractère sexuel semble patent.

Dans l'Atlas saharien d'Algérie, les peintures sont extrêmement rares. Ce sont des milliers de gravures que l'on trouve sur quelque 1 200 km, d'est en

Fig. 283 – Détail de l'ensemble précédent. Les deux couples à gauche se livrent à un coït. Pour celui de droite, deux hommes en érection probable ne semblent pas avoir d'activité sexuelle. D'après photo P. Dumoulin.

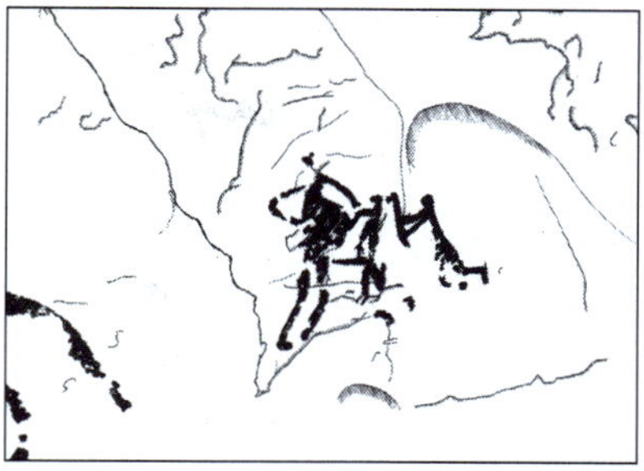

Fig. 284 – Peintures dans l'abri de Zaccar, monts des Ouled Naïl, Atlas saharien. Deux personnages en position de coït, une femme à gros ventre et un homme fortement ithyphallique. Derrière celui-ci un personnage semble s'apprêter à lui porter un coup fatal. Un jaloux ? ou un mari qui ne supporte pas l'idée de voir sa femme enceinte se livrer à un rapport ? !

ouest. Un petit abri dans la région de Djelfa, monts des Ouled Naïl, à Zaccar, contient cependant quelques peintures. Parmi plusieurs personnages, des archers et quelques animaux, dont des tortues (!), on voit une petite scène curieuse : un homme ithyphallique se tient debout devant une (possible) femme à gros ventre (fig. 284). Son intention paraît claire ! Derrière lui, un autre homme (ou une femme ?) brandit une sorte de hache à long manche (une hallebarde ?) avec l'intention, semble-t-il, de frapper son rival (?) Une scène de jalousie néolithique ? Il n'est pas interdit d'imaginer que la rivalité sexuelle n'a pas d'âge… et que des affrontements en ont résulté !

Dans les arts rupestres d'Afrique australe, les rapports sexuels sont parfois représentés. Chaque culture, à vrai dire, quels que soient son âge et sa localisation a manifesté un intérêt pour la sexualité en l'illustrant sur les rochers. En Namibie, par exemple, dans le site de Gobabis, une gravure montre la simulation d'un rapport sexuel (fig. 42). On a décrit cette scène plus haut (chap. I).

Rapports sexuels non reproducteurs

Il y a dans l'art saharien des scènes qui rassemblent des hommes, des femmes, des animaux, qui se livrent à des actes sexuels dont on peut penser qu'ils sont soit « contre-nature » ou pervers, soit irréalistes dans la mesure où il est plus que douteux qu'ils puissent être reproducteurs pour l'espèce humaine.

Le plus évidemment « non reproducteur » de ces actes est la zoophilie ou la bestialité. Ce dernier terme a deux acceptions : ou bien caractère d'un homme qui se livre à des instincts bestiaux ; il est alors voisin des termes animalité, brutalité, grossièreté ; ou bien cela désigne une perversion qui consiste, pour un humain à rechercher ou à pratiquer des rapports sexuels avec un animal. On parle alors de zoophilie érotique. La zoophilie doit être qualifiée car ce mot employé seul désigne, au sens étymologique, une personne qui manifeste

Fig. 285 – Gravures dans le wadi Aramat, lieu-dit Timeshral. Un grand ithyphalle derrière un asiné et une scène de bestialité : un personnage masqué avec une petite queue, pratiquant un coït avec une brebis.

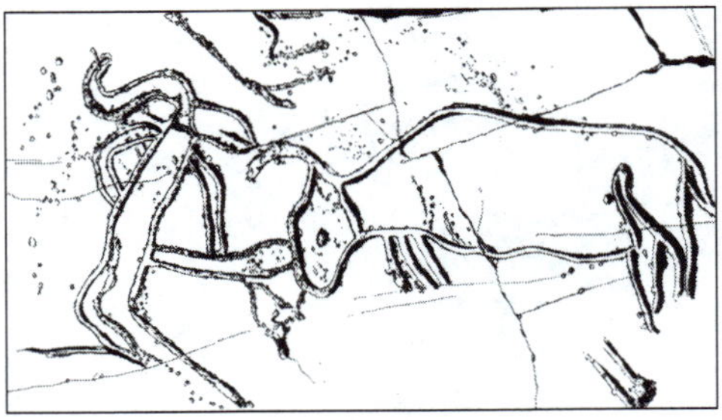

Fig. 286 – Gravures dans le wadi Taleshut au Messak. En l'absence de coït entre un homme ou un théranthrope et un animal, il ne peut s'agir ici de bestialité. Simplement un contact sexuel avec un bovidé à corne en avant.

de l'intérêt, de l'amour pour les animaux. La vieille dame avec son chat serait donc zoophile. Cette sympathie pour les animaux, lorsqu'elle est exagérée peut être plus ou moins pathologique et elle confine alors à la zoomanie. Pour notre propos, la bestialité dans l'acception d'une sexualité déviante ou perverse sera le terme le mieux adapté – la perversion se définissant classiquement comme une déviation de l'instinct sexuel —.

De tout temps la bestialité a dû être pratiquée comme certainement encore de nos jours. On connaît des peintures grecques sur céramiques montrant le commerce sexuel d'un homme avec un animal. Par exemple, le fond de ce vase (fig. 26) exposant un homme, sans doute un satyre pratiquant un coït avec une biche.

Dès le Néolithique et sans doute avant, la bestialité était probablement pratiquée. Au Sahara, elle est montrée – rarement il est vrai – sur les rochers. Une scène gravée dans le wadi Aramat, déjà évoquée pour son grand ithyphalle (fig. 285), laisse voir sur la droite un personnage masqué portant une petite queue, qui pratique un coït avec une brebis. Acte réel ou seulement imaginé, il ne correspond pas moins à une pratique qui pouvait exister au Néolithique dans cette région. La zoophilie érotique n'est possible que sur un animal domestiqué, à moins de la pratiquer sur le cadavre, par exemple d'un animal sauvage (nécro-zoophilie). Pour le Paléolithique, rien ne vient étayer cette hypothèse. Il semblerait qu'en Égypte quasiment tous les animaux aient été domestiqués. Le chien l'a été le plus anciennement domestiqué, suivi des capridés, ovidés et bovidés, etc.

Peut-on qualifier d'acte de zoophilie érotique la scène gravée dans le wadi Taleshut (fig. 286) ? Un ithyphalle portant une tête d'antilope (ou bien un masque de cet animal), touche de son phallus le front d'un boviné à la corne en avant. La sexualité masculine ici exacerbée a une évidente relation avec l'animal, sans doute de nature symbolique : affrontement avec le bovidé tête baissée pour encorner et l'homme vainqueur, pénis dressé..

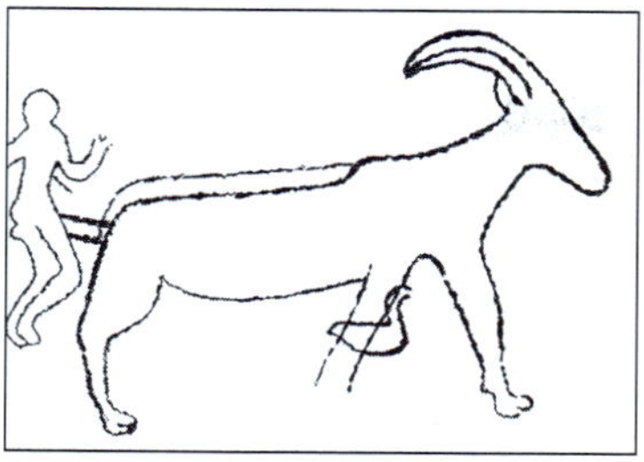

Fig. 287 – Gravures dans l'oued Djerat, Tassili-n-Ajjer. Même si le sexe a été ajouté, il n'est pas douteux que l'intention soit de montrer un acte de bestialité entre un homme et une antilope. Période bubaline.

Fig. 288 – Gravures dans l'oued Djerat. Tassili. Scène totalement irréaliste d'un homme mégaphallique se livrant à un rapport sexuel avec une girafe. D'après H. Lhote, 1976.

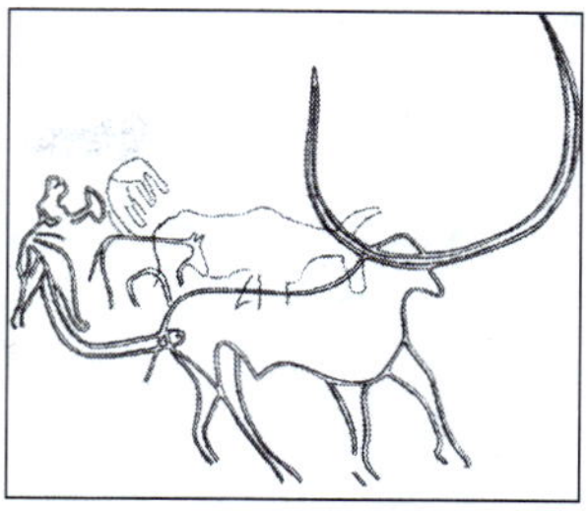

Fig. 289 – Gravures dans l'oued Djerat, Tassili. Scène imaginaire d'un coït entre un homme au phallus démesuré et courbe et un grand bovidé. D'après H. Lhote, 1976.

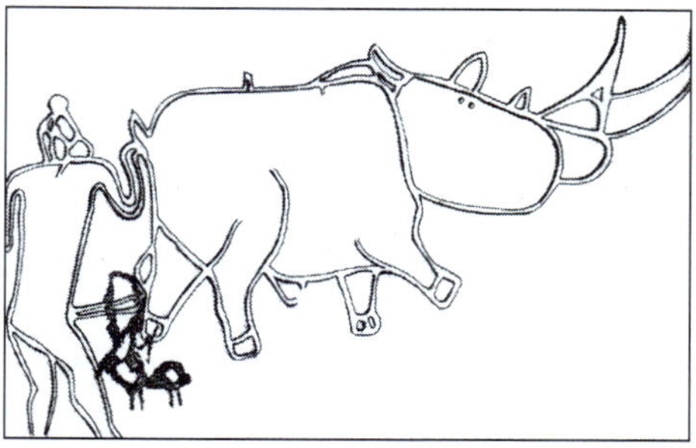

Fig. 290 – Gravures dans l'oued Djerat, Tassili. Contact sexuel entre un ithyphalle et un rhinocéros. L'homme touche la queue ou l'anus de l'animal. D'après H. Lhote, 1976.

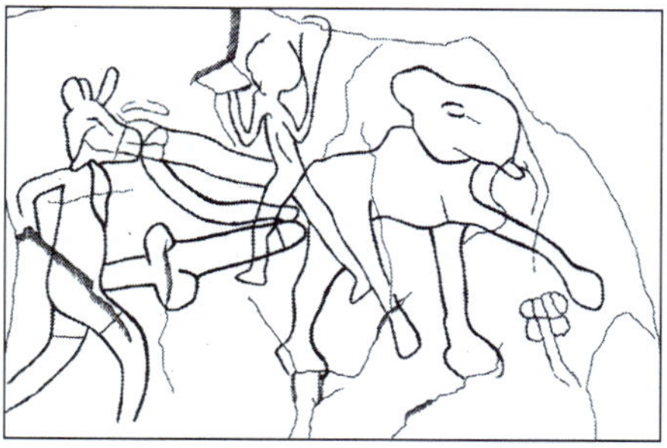

Fig. 291 – Dans le wadi Tillizaghen, au Messak, une scène irréaliste d'un ithyphalle masqué à l'énorme pénis s'approche d'un éléphant en marche. L'exagération des membres virils et les simulations d'accouplements avec des animaux caractérisent certains secteurs rupestres du Sahara central. D'après Gauthier, Morel et Tillet, 1996.

Bien que Henri Lhote (1976, p. 590) indique que le phallus de l'homme derrière l'antilope « a été rajouté » (fig. 287), il n'en reste pas moins que cette gravure dans l'oued Djerat (station XLIV) a été modifiée afin de lui donner l'aspect d'un acte de bestialité ; même si l'intention initiale était autre.

On trouve, dans le Djerat, des images de bestialité totalement irréalisable, de l'ordre du pur fantasme. C'est le cas d'un homme à l'énorme phallus derrière la dernière girafe d'un groupe de trois (fig. 288). C'est le cas tout aussi impossible de cet archer au phallus démesuré, courbe, introduit à l'arrière d'un grand bovin aux cornes en lyre (fig. 289). Comme tout aussi improbable, cet homme touchant l'anus d'un rhinocéros et dont le phallus en érection est au contact de sa patte arrière (fig. 290).

Dans le wadi Tillizaghen (Messak), un homme à tête de canidé est prêt à s'accoupler à un éléphant (fig. 291).

Ainsi que d'autres, çà et là, de telles scènes relèvent de l'imaginaire pur, mais leur réalisation sur la roche révèle des motifs culturels profonds, propres au groupe qui les contemplait sur les rochers. On ne saurait malheureusement en dire plus sur ces motifs, sauf à parler de la domination de l'humain sur l'animal.

Des rapports sexuels probablement improducteurs, à moins qu'ils illustrent un (des) mythe (s), entre hommes et femmes ont été gravés, plutôt que peints, en divers endroits, dans le massif de l'Akakus, au Djerat, etc. Il ne s'agit plus de bestialité, le sujet du coït étant une femme véritable, mais de la description d'actes improbables entre des hommes masqués ou des thérianthropes et des femmes, ces dernières – des archétypes d'épouses ? de prostituées ? – apparemment offertes au sexe masculin.

Sur la grande paroi gravée de la station de Ti-n-Lalan au nord de l'Akakus, se déroule une longue frise impressionnante par la « vigueur » de ses sujets à motifs sexuels (fig. 292 à 296). Les Touaregs qui conduisent les touristes à cet endroit restent généralement à l'écart ou bien ils ont des sourires discrets. Devant ces images, on entre dans le domaine d'une sexualité irréaliste dont on peut penser cependant que les concepts qui ont présidé à sa mise en scène graphique avaient une réalité sociale, culturelle, mythique, peut-être sacrée ? Il faut noter que sur cette paroi toutes les gravures ne sont pas contemporaines, mais leur inscription progressive illustre un concept rémanent transculturel.

En dehors d'un personnage à grandes oreilles dit en « posture de Bès » (voir chapitre VI), jambes fléchies et gros phallus pendant, d'une femme ouverte à la vulve très apparente, d'un grand éléphant en marche et d'une petite autruche, les sujets qui retiennent l'attention sont trois scènes de coït, deux avec des hommes masqués et une avec un homme sans autre ornement qu'une coiffure prolongée d'un trait (une plume ?). Celui de gauche est un théranthrope (queue, tête de chacal) et possède un phallus triangulaire de dimensions relativement modestes comparées à ceux des autres, qui s'apprête à pénétrer une femme à longs cheveux, portant un collier, un large pectoral, une ceinture ouvragée, des bracelets et dont la vulve est schématisée par une cupule ovale, peu profonde, en piquage fin. On a signalé (chapitre I) sa ressemblance de posture et d'ornements avec une femme (prostituée ?) dessinée sur le Papyrus de Turin de l'époque ramesside (voir fig. 16).

Immédiatement à droite se trouve un autre couple in coïtum, l'homme, bien proportionné, en mouvement de marche, est dessiné d'un tracé net mais son phallus, exécuté en piquage et partant de la taille et non de l'entre-jambe, est tellement allongé qu'on voit qu'il a été ajouté pour rejoindre le sexe de la femme qui paraît être une imitation assez grossière de la première, à gauche. À noter les volumineux testicules pendants entre les jambes. La différence de technique de gravure entre l'homme d'une part et la femme ouverte et le phallus d'autre part semble bien indiquer deux graveurs différents même s'il est impossible de dire de quelle époque datent les rajouts.

Fig. 292 – La frise de gravures à Ti-n-Lalan, nord de l'Akakus, montre trois accouplements simulés entre deux théranthropes et un homme « normal » hormis son phallus démesuré, peut-être ajouté. D'autres sujets ont été représentés : un « djenoun » en posture de Bès (voir chapitre VII), un grand éléphant, une femme ouverte, une autruche. C'est une séquence composite où toutes les gravures ne sont sans doute pas contemporaines ; elle est cependant vouée à des sujets à caractère sexuel, dont la plupart sont irréalistes.

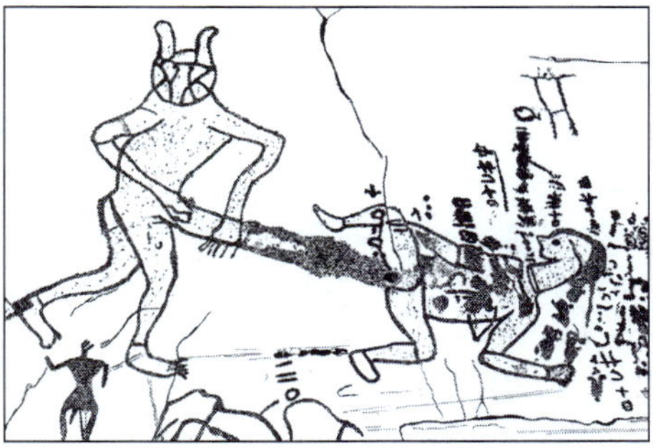

Fig. 293, 294, 295, 296 – Détails des différents éléments de la frise gravée de Ti-n-Lalan (voir fig. 292).

La troisième scène de coït, sur la droite de la frise, pourrait avoir les mêmes caractéristiques pour le phallus : longueur et technique piquée vers son extrémité. L'attitude de la femme, allongée sur le dos, jambes ouvertes, tête de profil, est quelque peu différente des précédentes : un bras le long du corps, l'autre plié vers le haut, une coiffe ou des cheveux courts rassemblés derrière le crâne. Le grand personnage dont la tête masquée est vue de face et le corps de profil, paraît en marche, comme s'il se dirigeait vers la femme, son phallus érigé et probablement prolongé à une époque incertaine pour atteindre la vulve de la femme.

Quand on considère cette paroi dans son ensemble, force est de voir, pour une fois, dans ce site un lieu particulièrement voué au sexe – et à la fécondité. Fonction qui a probablement perduré si l'on en croit les rajouts notoires (et qui perdure peut-être encore).

Une autre catégorie de rapports sexuels concerne ces fameuses scènes « priapiques » et « obscènes » relevées par Henri Lhote au Djerat dans les années 1970. Il s'agit essentiellement du « Rocher Ahana » (station VIII) où on voit un grand nombre de gravures à caractère sexuel (fig. 297 à 300) : « les gravures s'emmêlent dans un enchevêtrement indescriptible où les scènes priapiques constituent le thème essentiel ; nous sommes en présence d'un ensemble unique en son genre, figurant des scènes particulièrement dépravées. Il paraît difficile de donner des explications rationnelles d'un culte et de rites se rapportant à la fécondité à propos de ces corps enchevêtrés exprimant des mœurs outrepassant la saine nature. On a l'impression d'être en face d'un lieu de dépravation collective où l'on pratiquait les excès sexuels en tous genres. L'ensemble appartient à la période bubaline, mais il y a aussi des gravures caballines inspirées par les premières, puis d'autres gravures, camelines et sans rapport avec les précédentes (1976, p. 100). Ainsi s'exprimait H. Lhote devant ces images de bacchanale néolithique.

Sur l'ensemble principal, face ouest, haut de 2,50 m, le grand personnage au phallus pendant, porte des cornes d'antilope et des oreilles courtes. Les yeux ronds sont des cupules surmontées d'arcs de cercles figurant les sourcils (fig. 297). Il mesure deux mètres de hauteur et il semble présider les scènes sexuelles qui se déroulent autour de lui. À sa gauche, une femme à tête de chouette (?), les jambes écartées, est traversée par un énorme phallus qui prend naissance entre deux jambes, elles aussi écartées (fig. 297).

Sur la même face du rocher, on voit une scène qualifiée de "lubrique" par Lhote (fig. 298). D'après cet auteur, la gravure a un trait poli, large de 4 à 12 cm ; elle a subi un piquage préalable. La largeur du panneau est de 2,70 m. Une femme à l'envers, jambes écartées, sexe béant, est approchée par l'extrémité d'un gros phallus (voir fig. 261). Les sujets sont mêlés et leur lecture est assez difficile. Dans la partie gauche, deux êtres ont une posture difficile à interpréter, notamment un personnage allongé de la bouche duquel sort un

Fig. 297 – Un ensemble de gravures bubalines sur le « Rocher Ahana ». Une scène de coït avec une femme aux yeux ronds ; un être mégaphallique portant un masque à cornes... D'après H. Lhote, 1976, ainsi que les fig. 298 à 300. Le phallus semble traverser le corps de la femme.

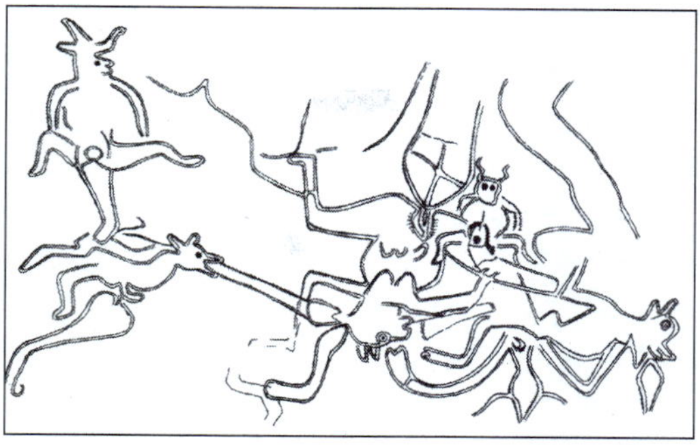

Fig. 298 – Scène « de débauche » selon Henri Lhote (1976) : coït, fellations, mégaphallus, il y a ici un « enchevêtrement indescriptible » de sexualité débridée.

Fig. 299 – Une autre scène sur le « Rocher Ahana » montre le coït d'un thérianthrope avec une femme au profil bestial.

Fig. 300 – Une femme à coiffe en capeline est approchée par trois phallus en érection ; celui près de sa bouche, isolé, pourrait montrer une éjaculation si on en croit le petit trait qui sort du gland. À droite, un accouplement. « Rocher Ahana », oued Djerat, Tassili.

long phallus. Dans une fellation, ce serait plutôt le gland qui disparaîtrait dans la bouche. Le gland est ici presque au contact de la tête de la femme gravée à l'envers (fig. 298) : un dessin qui reste indéchiffrable mais qui participe à la charge fortement érotique de cet ensemble.

Plus conventionnellement, pourrait-on dire, une scène gravée sur dalle dans la station XXVII (fig. 299) présente un couple in coïtu. La femme, sur le dos, a un profil "grotesque" selon Lhote (*op. cit.*, p. 376), avec de longues oreilles. Un seul sein est visible. Son partenaire est beaucoup plus petit ; c'est un thérianthrope à tête de canidé avec la queue en l'air. Il tient la jambe de la femme d'une main et regarde derrière lui. À droite, un personnage debout, homme ou femme, a le sommet de la tête détruit par une écaillure de la roche. Ces gravures sont d'époque bubaline.

Sur une autre dalle (station XXXI), portant un ensemble de six humains, Lhote a décrit une scène "étrange, au caractère d'une rare obscénité où la femme tient le rôle central" (p. 530). Celle-ci porte un grand chapeau ; son profil est europoïde. Les seins sont visibles et elle est vêtue d'une longue robe évasée sur les chevilles (fig. 300). Elle tend un bras vers un couple in coïtu en position frontale. Deux hommes en érection dirigent leur sexe l'un vers les fesses de la femme et l'autre vers le bas de sa robe. Le gland d'un autre phallus, isolé, est placé au niveau de la bouche de la femme. Un petit trait dépassant le méat pourrait figurer un jet spermatique.

L'interprétation de cette scène particulièrement phallique est difficile. La femme semble le sujet du désir exacerbé de trois hommes en même temps si on inclut le sexe isolé près de sa bouche. Sa motivation est sans doute du même ordre que celle du "Rocher Ahana" qui selon Lhote répondrait "peut-être à des rites analogues à ceux des bacchanales" ou qui, selon J.-L. Le Quellec, réfèrerait "à une expression non narrative de la sexualité". Si c'est non narratif, c'est bien imité ; c'est une mise en scène de fantasmes, y compris avec un sexe « volant » désincorporé. On peut se poser la question de l'identité des graveurs : des hommes ? des femmes ? Dans l'art paléolithique, plusieurs auteurs, notamment Yves Coppens et Jean-Pierre Duhard pensent qu'il s'agit d'artistes masculins.

Les premiers voyageurs européens qui virent les gravures de l'oued Djerat furent médusés par les nombreuses scènes manifestement érotiques, au point que certains auteurs préférent laisser inédites ces images, ou les amputer de ce qui, précisément, en faisait l'originalité.

Lhote distingue six groupes parmi ces gravures sexuelles :

1. « des femmes ouvertes
2. des femmes ouvertes avec un pénis associé
3. des hommes dans la même position
4. des couples in coïtu
5. des scènes où les deux sexes s'entremêlent de façon lubrique
6. des rapports contre nature ».

C'est le groupe 5 qui donne son originalité à l'ensemble « sexuel » du Djerat. En effet, nulle part ailleurs au Sahara on ne rencontre de telles scènes, pas même sur le plateau du Messak où pourtant les images sexuelles sont assez nombreuses. On peut alors penser que dans la vallée du Djerat, plusieurs stations étaient vouées au sexe : au seul plaisir sexuel ou plus vraisemblablement à un culte à proprement parler (culte du membre viril ? valorisation de l'acte créateur ? rites destinés à favoriser la fécondité ? tous thèmes liés).

Accouplements symboliques

La valeur métaphorique de la relation sexuelle d'un homme et d'une femme reliés par une ligne partant du sexe de chacun n'est représentée, à notre connaissance, que dans deux régions seulement de l'art saharien : une fois dans l'oued Djerat au Tassili-n-Ajjer et plusieurs fois dans l'Atlas d'Algérie, dans les monts des Ksour.

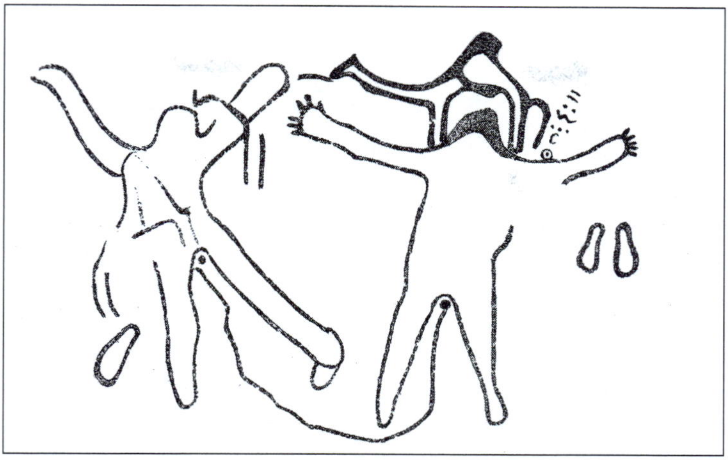

Fig. 301 – Gravures d'un accouplement symbolique dans l'oued Djerat, Tassili. Le sexe des personnages n'est pas identifiable. Une ligne symbolique les relie.

La station III, en rive droite de l'oued Djerat, est proche de la palmeraie de Nafeg, en face d'un rocher appelé Isakharet qui est le lieu d'une coutume probatoire. Les Touaregs qui passent à proximité s'amusent à prendre leur élan pour escalader l'une de ses faces, un plan incliné assez raide. Ils font probablement un vœu et, en cas de réussite, celui-ci sera exaucé.

Toutes les gravures de cette station sont réalisées sur des dalles. Il y a une profusion de contours de sandales (920 !). Cette abondance est probablement en rapport avec la croyance attachée au rocher et représente peut-être la marque, à titre d'ex-voto, des individus qui tentent l'escalade.

Deux grands personnages d'environ deux mètres de hauteur sont reliés au niveau des parties sexuelles (fig. 301). Ils ont les bras écartés, l'un avec des mains largement ouvertes, dans la position des orants. Le sexe est simplement marqué par une petite cupule. On ne sait distinguer homme ou femme, aucun caractère sexuel primaire déterminant n'étant précisé. Ces gravures piquées sont de la période caballine. Au-dessus du personnage de droite, comme à cheval sur ses épaules, un dromadaire a été gravé, également d'âge caballin.

Y-a-t-il dans cette représentation l'intention de symboliser un accouplement ou au moins une relation sexuelle destinée à assurer la descendance du couple et, partant, celle du groupe ? On ne saurait le dire, mais il est certain que la liaison des sexes exprime l'idée d'une relation sexuelle, féconde ou pas.

Il est intéressant de constater qu'à quelque 1 500 km de là, au nord du Sahara, des scènes très comparables ont été gravées dans la station de Tiout (monts des Ksour), dans la région de Aïn Sefra. Rappelons d'abord que cette station est « historique » dans la mesure où elle fut la première localisation de l'art rupestre en Algérie, – la première au monde – découverte en 1847 par la colonne militaire du général Cavaignac. Accompagné de quelques civils

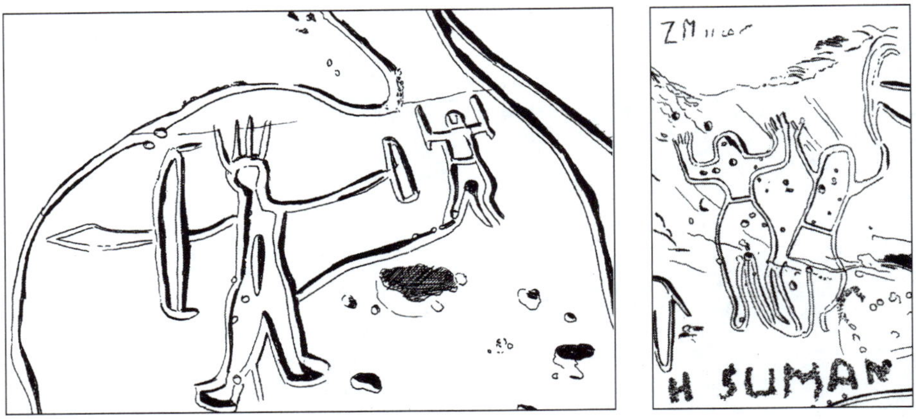

Fig. 302, 303 – Gravures d'accouplements symboliques dans la station de Tiout, près de Aïn Sefra, monts des Ksour, Atlas saharien. Là encore, les genres ne sont pas identifiables. Seul un trait réunit les sexes : un archer et un orant (fig. 302) ; deux orants (fig. 303).

dont le docteur Félix Jacquot, un détachement s'arrêtait près du village de Aïn-Sefra, le 25 avril. Ces hommes découvrirent sur une haute paroi rocheuse en falaise un grand nombre de gravures profondes, soigneusement polies : des éléphants, des antilopes, des autruches, des bovinés, des personnages, certains brandissant arcs et flèches, d'autres, bras levés en posture d'orant, portant parfois des vêtements munis de franges sous les bras (fig. 302 à 305) et dont quelques-uns ont la tête ornée de traits rayonnants.

Dans l'hypothèse actuellement développée par quelques préhistoriens, de la pratique animiste du commerce avec le « monde des esprits », au Paléolithique supérieur ou au Néolithique, certains de ces personnages pourraient évoquer des chamans. À l'étonnement de voir ces scènes se mêlaient des commentaires qui ne pouvaient admettre une grande ancienneté des gravures : l'existence de l'homme fossile était encore inimaginable, la tradition biblique, dans la Genèse, faisant d'Adam et d'Ève les seuls ancêtres possibles de l'homme. En 1847, la préhistoire n'est pas encore née. (Soleilhavoup, 2003).

Revenons à notre sujet. Parmi les gravures de Tiout, on trouve plusieurs couples, soit en relation sexuelle « directe », « rapprochée » (fig. 305) qui indiquent vraisemblablement des coïts (frontaux-dorso), soit des relations « indirectes », analogues à celle décrite dans l'oued Djerat. Dans les figures 302 et 304, l'un des deux partenaires est un archer ; dans la fig. 303 les deux personnages sont des orants. Ces gravures sont d'époque ancienne, « Bubalin Naturaliste ». La liaison des organes génitaux externes pour des individus, là encore sans différenciation sexuelle, par un « cordon » symbolique pose les mêmes questions qu'au Djerat. Dans les deux endroits, figurent des personnages aux bras levés, à la façon des orants. Les critères de similitude sont nombreux dans ces images. Mais la principale différence tient à l'âge des

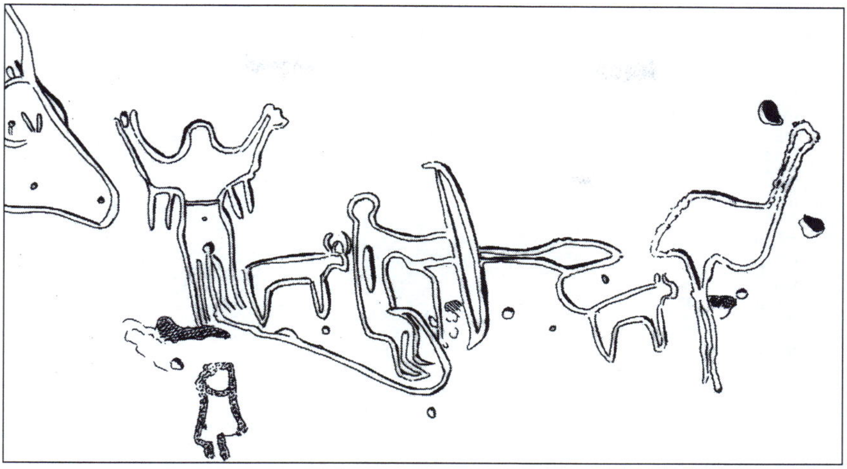

Fig. 304 – Une autre scène gravée sur la paroi de Tiout montre une liaison sexuelle entre un orant (un chaman ?) et un archer qui semble viser une autruche. Un chien se trouve à côté. Un bovidé est placé entre les deux personnages reliés par le sexe.

figures : camelin au Sud, bubalin au nord. Une dernière remarque : pourquoi seulement ces deux lieux très éloignés dans l'espace et dans le temps pour cette symbolique sexuelle ? C'est ce que l'on appelle le phénomène de convergence qui illustre l'universalité de l'esprit humain.

Fellation

Dans l'ordre des pratiques sexuelles et par souci d'exhaustivité dans les thèmes abordés, il n'est pas inutile de citer la fellation. Dans l'art saharien on ne connaît pas de fellation, c'est-à-dire où le pénis est dans la bouche d'un autre humain (femme chez les hétérosexuels), ni d'ailleurs de cunnilingus, la bouche de l'humain au contact du sexe de la femme.

J.-L. Le Quellec (1998, 2002) décrit deux scènes gravées, au Messak, où des canidés tiennent dans leur gueule le membre en érection d'un homme, pour le mordre ? pour le lécher (fellation) ? Bien que les canidés aient une propension naturelle pour une telle pratique, ces images ne prouvent nullement qu'au Sahara, au Messak, en l'occurrence, des actes de ce genre aient pu réellement être accomplis. D'ailleurs, deux images seulement, dans le wadi Imrawen, parmi des dizaines de milliers de gravures, ne paraissent guère indiquer une habitude chez ces populations néolithiques ! B. et G. Delluc répètent à l'envi que le non-dit est aussi important que ce qui est montré, et l'absence de figurations de contacts orogénitaux n'est pas la preuve d'une absence de pratique ; on ne voit pas non plus d'humains occupés à manger, par exemple ; ou encore, si les enfants sont rarement représentés, il serait hasardeux d'affirmer que la natalité était faible ou qu'il y avait un contrôle sévère des naissances, y compris par infanticide.

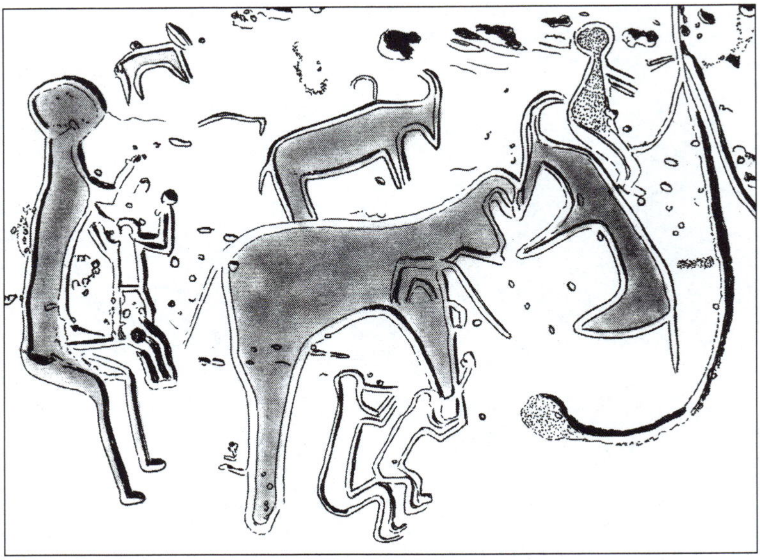

Fig. 305 – Parmi des animaux (bovidés), deux couples sont in coïtu en position fronto-dorsale. Sur la même paroi de Tiout on voit des accouplements symboliques et des accouplements « directs ». Deux aspects, imaginaires et réels, sont figurés à cet endroit voué à la sexualité.

Reste l'aspect mythologique de ces scènes. Le Quellec (2002) indique qu'au Sahara central, les canidés (chiens, chacals) ont dû jouer un rôle important dans des images sexuelles. La présence de chiens lors d'accouplements (voir fig. 275) ou de théranthropes à tête de chacal se livrant au coït avec des femmes (voir fig. 292, 293) semblerait l'illustrer. Si le rôle des canidés dans la symbolique sexuelle des sociétés néolithiques a pu être important, nous n'irons pas, comme l'a fait Gabriel Camps (1993), jusqu'à rapprocher l'image de la femme pénétrée par un théranthrope à tête de chacal sur la frise de Ti-n-Lalan (voir fig. 292) de l'expression « mariage du chacal » répandue dans tout le Maghreb et le Sahara pour désigner l'arc-en-ciel ou la pluie par temps ensoleillé (Le Quellec, 2002, p. 10).

Chapitre VI

Grossesse et accouchement

La grossesse

À part la peinture au sujet fort douteux d'une femme enceinte au Tassili (voir fig. 96), on ne connaît pas d'images rupestres de cet état chez la femme dans l'art saharien. Par contre, même si elles sont rares en Afrique australe, quelques peintures semblent bien montrer la grossesse. On en trouve trois exemples dans le beau livre de Renaud Ego (2000) sur l'art des San (bushmen) d'Afrique du Sud.

La femme aux lèvres de la vulve hypertrophiées, dont le ventre a été souligné par un trait rouge autour d'une cavité naturelle de la paroi (fig. 306) a manifestement l'apparence de la gravidité. Ses jambes repliées évoquent une position d'accouchement.

R. Ego parle de « femmes mythiques » « représentées de face et qui possèdent un trait pictural qui les distingue des autres peintures. Leur puissance est liée à cette vue frontale, plus accentuée encore par la profondeur de la roche (...) lorsque ces peintures ont été réalisées sur les bords d'anfractuosités naturelles dans la pierre (...) ».

La femme de Gxaligenwa, près de Cobham au nord du Drakensberg, Afrique du sud (fig. 307) – comme celle, dans la même station (fig. 308) mais dont le sexe n'a pas été marqué – associe nature et culture avec une grande intelligence graphique ; l'emploi de cavités ou de reliefs naturels

Fig. 306, 307, 308 – Trois femmes enceintes ont été peintes à partir de petites cavités naturelles de la paroi, dans le site de Gxaligenwa, dans le Drakensberg, Afrique du Sud. D'après photos in R. Ego, 2000.

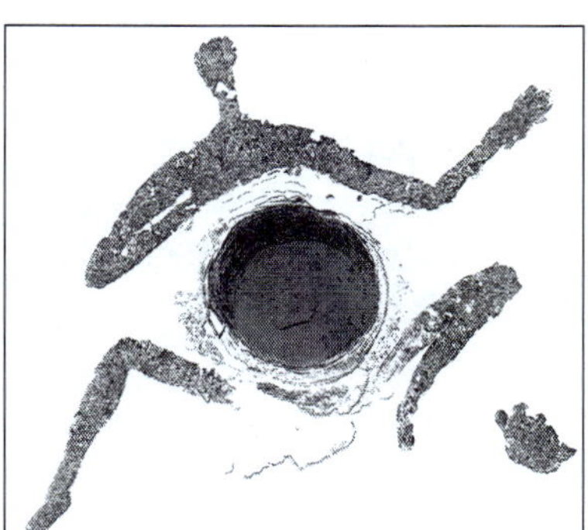

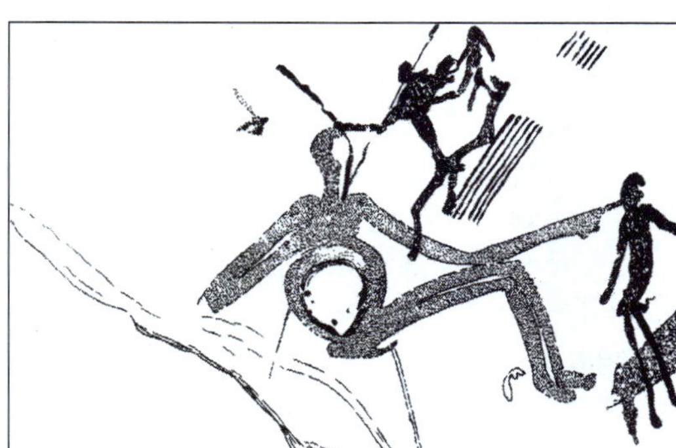

pour symboliser la matrice, même s'il existe depuis la nuit des temps, est ici particulièrement saisissant. L'art des San est intellectuellement très élaboré. L'ancienneté des peintures témoigne de la prééminence de leur peuplement : si quelques rares fragments peints ont été datés de 27 000 à 20 000 ans av. J.-C., cet art a connu un réel épanouissement il y a trois ou quatre mille ans en Namibie, puis, au début de l'ère chrétienne, en Afrique du Sud. À cette époque, la vie des San est à peine modifiée par l'arrivée des pasteurs bantous descendus d'Afrique centrale (R. Ego, 2000). La troisième peinture, toujours dans le même site (fig. 308) montre cette fois le profil d'un personnage considéré par R. Ego comme un homme au vu de ce qu'il décrit comme un pénis dans le prolongement des fesses, mais qu'on peut aussi prendre pour la lèvre hypertrophiée d'une vulve en vue latérale. Le dessin pourtant correspond là encore à l'utilisation d'un creux de la roche pour illustrer la grossesse pour cette femme assise, jambes repliées, un bras fléchi, l'autre tendu. En superposition, d'autres peintures violet foncé, sont postérieures.

L'accouchement

Précisons que le terme parturition signifie accouchement (humain) ou mise bas (animal).

Il s'agit de l'accouchement naturel. S'il n'existe, à notre connaissance, aucune représentation incontestable de cet acte dans l'art paléolithique, on en trouve, çà et là dans le monde, dès le début du Néolithique, en petite quantité il est vrai.

Au Sahara, rares sont les gravures et les peintures explicites de la parturition. Au Messak, dans le wadi Alamas, la phase de la délivrance du nouveau-né, tête à droite, est bien montrée sur cette gravure d'une femme portant coiffe conique. Le bébé est représenté sous ses fesses (fig. 309). La position des jambes est typiquement celle de l'accouchement, comme rappelons-le, celle des femmes ouvertes. Ici est figuré semble-t-il l'utérus dans lequel se trouve encore le cordon ombilical, en zigzag. Cela démontrerait une bonne notion de l'anatomie interne féminine chez le graveur. La gravure correspondrait à la période ancienne. La vulve est largement ouverte, peut-être aussi l'anus dilaté. La tête, vue de face, présente un visage peut-être marqué par les douleurs de l'enfantement : les yeux ronds comme écarquillés et la bouche largement ouverte, béante, comme dans un cri (de douleur ?). Sur la gauche, près de la tête de cette parturiente, une scène de coït est peut-être représentée. Une autre, plus petite est incertaine. Il peut y avoir dans ce groupe de gravures l'intention de montrer la relation de causes à effets entre l'accouplement et l'accouchement. Ce tableau aurait alors une vertu pédagogique.

Au Tassili-n-Ajjer, dans la station de Oua-n-Azawa, région de Tesserert-Iharaïen, dans un ensemble de peintures, une petite scène semble montrer le début de l'expulsion du nouveau-né (fig. 310). Sur la gauche, en effet, une

Fig. 309 – Une rare scène d'accouchement. Il y a un certain réalisme dans l'acte représenté : le nouveau-né sous la femme au sexe béant, est encore attaché au cordon ombilical en zig-zag dans l'utérus. La tête de la femme présente une bouche ouverte comme dans un cri, celui de la douleur de l'enfantement (?). Probablement période ancienne (Bubaline ?). D'après photo Y. et C. Gauthier, 2002.

Fig. 310 – Un ensemble de peintures dans le Tassili du Nord, dans le site de Tasserert-Iharhaïen. À gauche, une probable scène d'accouchement assisté : la tête du nouveau-né apparaît entre les jambes d'une femme ouverte, tenue par l'assistant (e). Période pastorale. D'après photo S. et G. Lachaud, 2009.

femme, jambes écartées présente au niveau de la vulve un petit cercle peint en rouge foncé qui pourrait être la tête du nouveau-né en train de sortir. Cela est d'autant plus plausible qu'un personnage bras tendus vers cette tête semble aider l'accouchement. Quoi de plus normal que cette assistance, comme cela se pratique évidemment de nos jours dans les maternités ? Il y aurait donc un remarquable naturel dans la représentation de l'acte de la naissance. D'autres personnages figurent sur ce tableau, dont un grand, peut-être une femme enceinte (?) si on considère son ventre assez volumineux qui semble assister à l'accouchement. À côté, des personnages plus petits se livrent à des actions indéchiffrables. Un très petit, notamment, bras tendus accrochés au bras pendant de la grande femme pourrait-il figurer l'un de ses enfants voulant l'attirer pour une quelconque raison ? Toujours est-il qu'on ne peut s'empêcher de penser que cette scène pouvait correspondre au récit d'un événement où la gestation et la parturition jouaient un rôle important.

Une autre scène peinte, toujours au Tassili (fig. 311), peut-être de la période bovidienne, montre, à la droite d'un possible caballin, plusieurs personnages dont une femme si on considère les deux petites excroissances au niveau du sexe. Elle a les jambes largement écartées. Un personnage muni d'un long objet paraît toucher une autre petite excroissance, dans l'axe du sexe. Peut-être s'agit-il d'une assistance à l'accouchement ? Et, dans ce cas, quel serait le rôle de l'objet tenu par le personnage ? Un autre personnage, à sa gauche,

Fig. 311 – Un autre exemple de peintures au Tassili-n-Ajjer montre une scène d'accouchement possible, à la droite d'un grand animal (cheval ?). Période bovidienne probable.

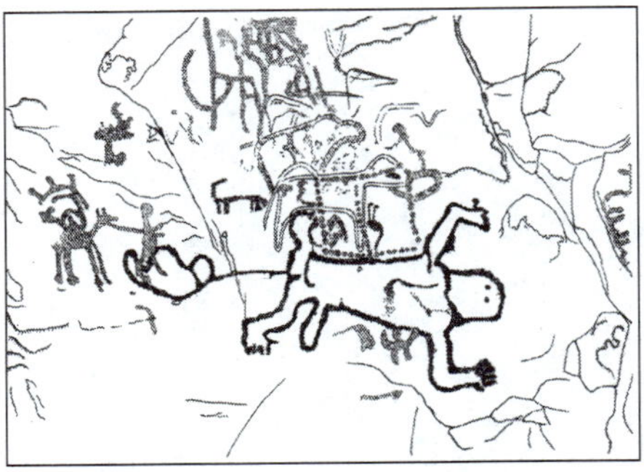

Fig. 312 – Dans l'Atlas saharien, une exceptionnelle scène gravée d'un accouchement : la femme, sur le dos, vient d'expulser son bébé ; il est encore relié à l'utérus par le cordon ombilical. Âge bovidien probable.

agenouillé, tend les bras vers une des jambes écartées de la femme. On ne peut s'empêcher de penser à une scène d'accouchement...

Une autre scène (fig. 312), gravée cette fois, a été trouvée dans l'Atlas saharien, dans l'oued Chréa (= Cheriha), monts des Ksour, au sud de El Bayadh (anciennement Géryville). Elle appartient à une longue suite de panneaux rocheux délimités par des fissures naturelles, le long d'une grande delaa (affleurement rocheux en relief sur une plaine) où l'on compte environ 250 gravures, la plupart du Bubalin Naturaliste, quelques-unes d'époque paléoberbère et islamo-berbère (camelines) (Soleilhavoup, 1993, 2003).

Une femme est allongée sur le dos, bras et jambes écartés, la tête très simplifiée avec seulement deux yeux figurés. Ce que certains avaient pris pour un pénis, sur le côté, doit être en réalité un pagne relevé. À l'extrémité de la ligne sortant de son sexe, une petite forme est attachée. Il s'agit du nouveau-né (forme fœtale), encore relié au cordon ombilical, du moins cela en a toute l'apparence. Il s'agirait alors de la phase finale d'un accouchement juste avant l'expulsion placentaire (ou délivrance). La position gynécologique, sur le dos, apporterait un argument complémentaire à cette hypothèse. Quelques gravures camelines superposent cette gravure, ce qui lui donnerait un âge au moins bovidien, peut-être antérieur. Un animal au trait poli, Bubalin, se trouve au-dessus. Ce serait la seule scène de parturition existant dans l'art de l'Atlas d'Algérie.

Dans l'Égypte Antique, l'accouchement a fait l'objet d'un hiéroglyphe pour « mettre au monde », « faire naître », « accoucher « (fig. 313). Cet acte se déroulait dans un local réservé également aux femmes pendant leurs règles. La mère allaitait pendant environ trois ans son enfant. Les traités médicaux indiquent que la plupart du temps les naissances se succédaient à un rythme très rapide (sauf que l'allaitement rend généralement infertile, mais pas toujours) et beaucoup de femmes souffraient des maux consécutifs à leurs grossesses répétées : descente des organes, infections, etc. (R.S. Antelme et S. Rossini, 1999).

Fig. 313 – Image d'un accouchement dans l'Égypte Antique. D'après R. Schumann Antelme et S. Rossini, 1999.

Fig. 314 – Gravure sabéenne du Yémen. Un accouchement. Bizarrement les cheveux du nouveau-né sont dressés sur sa tête, à moins qu'il s'agisse d'un symbole.

Adèle Getty (1992) écrit que "les simples mortelles ne sont peut-être jamais plus proches de l'aspect sacré du féminin que lors de l'accouchement. Car les processus de la naissance et de la mort sont régis par la Grande Mère, de même que la mort est toujours contenue en germe dans la naissance. C'est pourquoi les femmes qui restent debout pour mettre au monde une nouvelle vie témoignent éloquemment de la puissance de la Déesse".

La gravure rupestre sabéenne du Yémen (fig. 314) montre une mère et un enfant reliés par un cordon ombilical. Selon A. Getty "le faisceau d'énergie qui jaillit de la tête du nouveau-né illustre le flux continuel de la vie" (p. 43).

Rappelons que les Sabéens (Royaume de Saba) sont un peuple d'Arabie qui vivait au Yémen. Ce sont les membres d'une secte religieuse mentionnée dans le Coran, probablement des chrétiens adorateurs des astres.

Il est probable que, d'une façon ou d'une autre, la naissance ait été sacralisée dans la plupart des cultures, y compris préhistoriques. Même si l'ambiance des rares œuvres rupestres sahariennes qui montrent un accouchement ne semble pas "baigner dans le sacré", on pourrait admettre, du seul fait de l'avoir représenté sur les rochers, qu'un intérêt ou un respect y était attaché et il est remarquable que ce soit la vie qui est représentée et jamais la mort : l'art rupestre est un art du vivant.

La puerpéralité, période suivant l'accouchement, jusqu'au retour des règles normales ne semble pas avoir été représentée, sous quelque forme que ce soit, dans l'art saharien. Pas d'allaitement, par exemple, alors que dans les arts historiques et dans l'art religieux occidental, il est parfois abondamment figuré.

Formes placentaires (ou ovulaires)

Un sujet probablement mythique, ou au moins métaphorique, associant la fécondité humaine et la fertilité de l'animal ou du troupeau, chez les pasteurs du Messak et, semble-t-il, nulle part ailleurs dans l'art saharien, est celui de formes qu'on peut qualifier de "placentaires" par leur aspect et par la présence à l'extérieur ou à l'intérieur d'animaux : brebis ou bovins. Ces formes découvertes et inventoriées par A. et A.-M. Van Albada (1992) et par J.-L. Le Quellec (1992, 1995, 1996, 1998) ont fait l'objet d'interprétations assez différentes les unes des autres. Le terme de placentaire est inapproprié, il faudrait dite "ovulaire" ; l'œuf en obstétrique est l'ensemble formé par le placenta, les membranes, le fœtus, le cordon (et le liquide amniotique), toutes parties dérivant de l'ovule fécondé et implanté.

Ce qu'il est d'abord intéressant de remarquer, dans l'optique étendue de manifestations d'ordre sexuel, c'est la particularité de ces gravures dans l'art du Messak. Et cela impose la spécificité d'une culture pastorale, de mythes et probablement de rites propres à la région.

En réalité, dans cinq wadis, seulement, sur plusieurs dizaines qui sillonnent le plateau, on observe, en très petit nombre, de telles images : les wadis Iser, Beddis, Imrawen, Sharuma et Taleshut (voir fig. 83).

C'est dans la vallée du Taleshut que ces "formes placentaires" sont les plus élaborées (fig. 316 à 319). On a déjà évoqué plusieurs fois ce wadi, en particulier à cause de la symbolique féminine et de ses dérivations graphiques (fig. 247), à cause aussi des femmes ouvertes assez nombreuses qu'on y voit, particulièrement celle découverte récemment (fig. 254) qui pourrait être une femme en position gynécologique en train de "perdre les eaux". Les "formes placentaires" viennent s'ajouter, à une remarquable collection d'images à caractère sexuel qui feraient de cette vallée un lieu voué à la fécondité tant humaine qu'animale.

Sur un bandeau rocheux au-dessus d'une petite cavité (fig. 315) se développe une frise en plusieurs "épisodes", du moins en plusieurs scènes qui paraissent liées par un "récit" ou une intention mythico-symbolique. De gauche à droite, un boviné paraît associé à une femme ouverte (1 et 2, fig. 315 et 316) et on peut se demander s'il n'y a pas, dessous, un homme allongé, le pénis dressé, ce qui en ferait une scène d'accouplement.

Immédiatement sur la droite, une brebis paraît mettre bas dans une forme ovale (n °3 et n° 4, fig. 315 et fig. 316) qualifiée d'"ovaloïde à cupule" par J.-L. Le Quellec (1995, 1998), la "cupule" inférieure ayant été supprimée par le bris du rebord rocheux (?). Le "cordon ombilical" reliant la brebis à l'agneau (?) est nettement marqué, ce qui évoque en effet une mise bas. Une autre hypothèse pourrait proposer que la "brebis" soit un agneau, relié par le cordon au placenta, reposant sur ou enfermé dans une structure non définissable. Mais dans les deux lectures, le cordon est mal placé : il devrait être plus en arrière, périnéal si c'était une brebis qui venait de mettre bas un "œuf" ou embryon non différencié

Fig. 315 à 318 – Sur un bandeau rocheux au-dessus d'une petite cavité se déroule une frise gravée où figurent des « formes placentaires » (fig. 317, n° 3 et 4, fig. 318, n° 6), sur la droite d'une femme ouverte (fig. 316, n° 2), à côté d'un bovidé. Wadi Taleshut, Messak. Période bovidienne (pastorale).

et médio-abdominal si c'était un agneau encore relié au placenta.

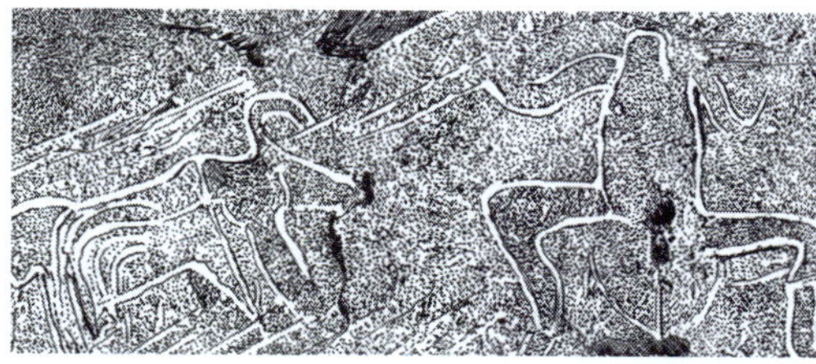

Fig. 316. — Brebis et la forme placentaire.

Un peu plus à droite, sur la même face rocheuse, une gravure en bas-relief se développe de part et d'autre d'un dièdre (n° 6, fig. 315 et fig. 318) : un boviné à “cornes en tenailles”, pattes antérieures repliées et pattes postérieures qui semblent se redresser comme le font ces animaux pour se mettre debout, les pattes arrière en premier. Entre les pattes, au niveau du sexe, part un triple trait qui fait le tour complet de l'animal avant de rejoindre une forme contenant l'ébauche d'un personnage, – deux jambes et une fesse, le reste n'ayant peut-être jamais été tracé. Plutôt qu'un “placenta”, nous verrions plutôt une enveloppe ou “poche amniotique” (fig. 318). Quoi qu'il puisse en être d'une quelconque interprétation mythico-symbolique, il paraît ici évident qu'on a affaire à l'illustration d'un ensemble fœtal où fœtus et enveloppes seraient représentés, interprétation que contestent A. et A.-M. Van Albada qui font remarquer d'une part que “l'animal est adulte (cornes) [...] le placenta [ne présente pas] les nombreux cotylédons qui caractérisent cet organe chez les ruminants” et

Fig. 317 – Mise bas (symbolique ?) d'une brebis. Le double ovale peut figurer les enveloppes amniotiques (?). Wadi Taleshut.

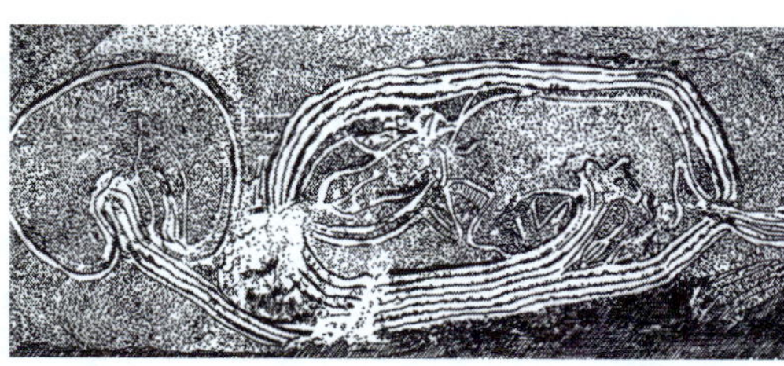

Fig. 318 – « Formes placentaires » du wadi Taleshut.

d'autre part que "l'abdomen présente un dessin d'éclatement d'où sortent les traits démesurément longs". Ils suggèrent "la possibilité d'une éventration rituelle avec disposition des intestins terminés par la panse du ruminant à moins qu'il ne s 'agisse d'un serpent mythique sortant du corps de l'animal". Il y a une relation graphique entre la région ombilicale du boviné et la forme "placentaire" (cette fois) ; l'ébauche d'un corps humain dans cette forme vient brouiller la lecture et envisager une relation symbolique entre l'humain et l'animal, ce dernier, un boviné apportant à l'homme la vie grâce à son lait et/ou sa chair. C'est vers cette idée que s'oriente Le Quellec.

Selon J.-L. Le Quellec (1998), il s'agirait "d'un homologue graphique au mythologème du bovin créateur de l'humanité que connaissent, sans souci de réalisme biologique, bien des mythologies africaines". On pourrait alors expliquer à la fois la "moitié hyper réaliste" [le bœuf à droite] et la "moitié fabuleuse" [à gauche] de cette représentation, ces deux moitiés étant habilement séparées par une arête naturelle du dièdre de la paroi » (fig. 318). La place ne manquant pas sur la surface, il est clair que la distinction était voulue.

Ce qui permettrait de soutenir cette hypothèse serait, ailleurs dans le wadi Taleshut, la présence de deux « enveloppes placentaires » séparées par une femme (fig. 319).

En conclusion, cet ensemble de gravures dans la vallée du Taleshut – peut-être lieu de rassemblement pour célébrer la fécondité animale et humaine – possède plusieurs éléments reliés directement ou non à cette thématique. Selon J.-L. Le Quellec :

– petite cavité à l'aplomb de laquelle est gravée une femme ouverte. Rappelons que la cavité, la grotte, est symbole de la matrice, organe de la gestation ;

– brebis mettant bas ;

– boviné mythique « créateur de l'humanité » dans un cordon ombilical relié à un « placenta ».

Tout cela peut être mis en connexion avec les autres images « sexuelles » sur les parois du même lieu, sexualité et fertilité partageant la même biologie.

Dans le wadi Ti-n-Sharuma, une autre « forme placentaire » découverte par A. et A.-M. Van Albada (1992) orne sur le bas d'une paroi jouxtant un témoin rocheux couvert de gravures en bas-relief de nombreux bovidés. Cette scène (fig. 320) montre deux bovidés disposés en sens inverse et entourés d'une longue ligne double (dans laquelle A. et A.-M. Van Albada ont reconnu « deux serpents aux têtes nettement gravées »). En dépit de cette description, l'hypothèse d'« enveloppes fœtales » (membranes ovulaires ou poche ovulaire) nous paraît cependant la meilleure (cornes mises à part).

Dans plusieurs wadis du Messak, des « formes placentaires » sont associées soit à des êtres humains, soit à des animaux (fig. 321, 322, 323). La relation entre gestation humaine et gestation animale paraît évidente. Il est intéressant de remarquer que ces représentations gravées n'existent que sur le plateau du

Fig. 319 – Deux « enveloppes placentaires » séparées par une femme dans une autre station du wadi Taleshut au Messak.

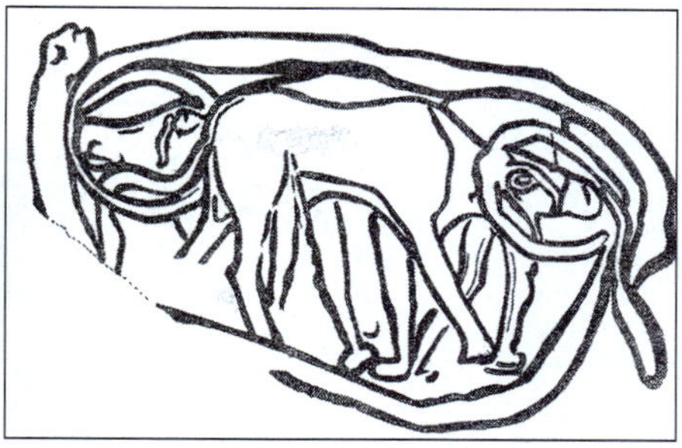

Fig. 320 – Cette « forme placentaire » du wadi Ti-n-Sharuma rappelle celles précédemment décrites dans le wadi Taleshut (fig. 318), géographiquement proche. D'après document A. et A.-M. Van Albada, 1992.

Messak. On n'en voit nulle part ailleurs. Cela peut laisser penser que les populations de ce qu'on peut appeler la « Civilisation du Messak », – des populations d'éleveurs – reliaient l'homme et l'animal domestique dans des mythes de gestation.

Fig. 321, 322, 323 – D'autres formes « placentaires » ont été gravées sur le plateau du Messak, dans plusieurs wadis. Elles participent probablement d'une même mythologie de la reproduction et de la gestation.

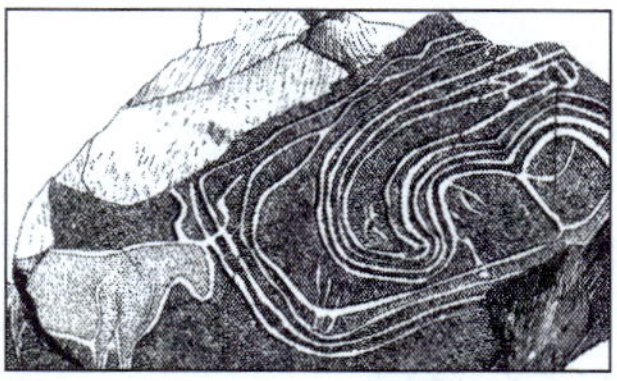

321 : wadi Imrawen, relevé d'après Le Quellec et Gauthier, 1992-93.

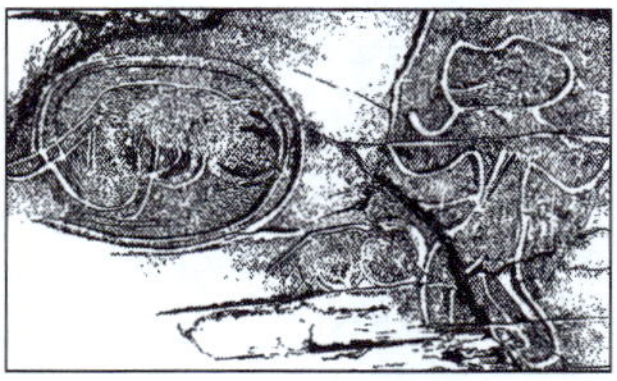

322 : wadi Tidûwa, relevé d'après Le Quellec, ; 1995

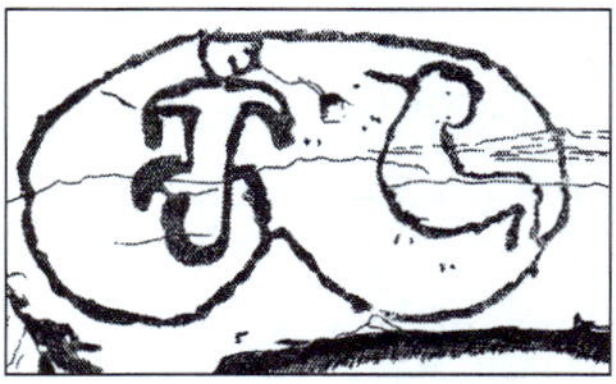

323 : Wadi Iser, relevé d'après Le Quellec et Gauthier, 1992-93.

Graphiquement très différent des scènes du Taleshut, mais possédant une connotation de reproduction féconde, pourrait être la fresque dite du « Taureau » ou de la « Fertilité », dans l'un des abris du wadi Afar au sud du massif de l'Akakus (fig. 324). Sur la droite d'une scène montrant un grand taureau (voir plus loin, fig. 347), un ensemble fort étrange présente deux anthropomorphes aux structures complexes qui ont prêté à une lecture audacieuse par le regretté Guido Faleschini (1993) qu'on ne résiste pas à la tentation de reproduire ici (fig. 324) : « à l'intérieur de l'un est reproduit un gros ventre surmonté d'une tête arrondie, dans lequel on reconnaît les représentations symboliques : des intestins sous la forme d'une longue ligne double ondulée disposée horizontalement à partir de la base de la tête (œsophage) ; du fœtus indiqué par un cercle autour duquel s'enroule un boyau (le cordon ombilical) ; de la durée de la gestation, exprimée en lunes et représentée par un compartiment séparé du fœtus par dix cercles (dix lunes = environ neuf mois). Quelques traits partant du corps pourraient représenter du duvet ou encore le liquide amniotique ». Voilà une bien curieuse interprétation qui a le mérite à nos yeux, de décrire l'indescriptible et d'expliquer l'inexplicable ! Le même auteur reconnaît que

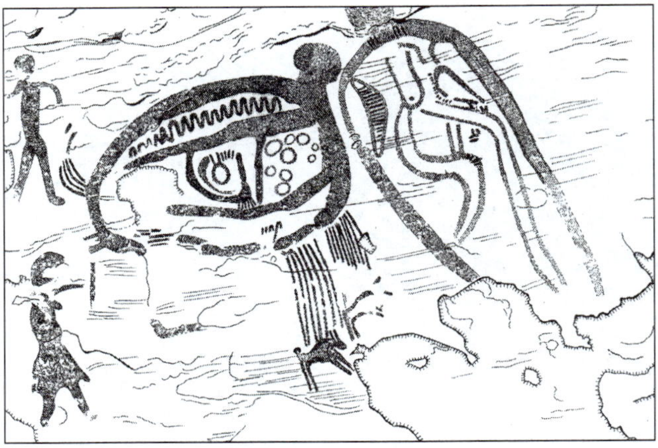

Fig. 324 — Relevé de la partie droite de la fresque peinte de l'abri du « Taureau » dans le wadi Afar, sud de l'Akakus.

« l'autre sujet [à droite] présente un symbolisme plus hermétique » ce qui ne l'empêche pas d'évoquer « la mère dont la tête a disparu (...) étendue dans un manteau, après l'accouchement, vue de face, les jambes à demi écartées, avec à droite le corps du nouveau-né encore recroquevillé et, à gauche, peut-être le placenta ». Il ajoute, comme s'il fallait à tout prix trouver le fin mot de l'affaire : « Ou bien selon une autre interprétation plus convaincante [sic !], elle représente encore le ventre avec à l'intérieur le corps d'un bébé à deux étapes de son évolution, avant et après la formation complète du squelette » (!). Une longue citation, certes, mais il y a là un bel exemple du danger qu'il peut y avoir à déchiffrer des images d'un passé lointain en se référant à une logique sous-tendue par nos connaissances actuelles. Un seul commentaire : pour les lunes, l'interprétation serait assez juste. La grossesse humaine dure 41 semaines depuis le premier jour des dernières règles ; la durée du mois lunaire étant de 29,5 jours, la grossesse dure 9,72 mois lunaires.

Cela dit, de telles peintures ont de quoi laisser perplexe ou alors de permettre, comme on vient de le lire, les interprétations les plus originales ! Dans cet ensemble, d'ailleurs, rien ne permet d'identifier un homme ou une femme ou deux individus du même sexe. La seule chose qu'on puisse dire c'est que les éléments symboliques ou les signes sont abondants, en connexion ou non. Autant les « formes placentaires » du Messak paraissent clairement identifiées ou interprétables, autant ces peintures du wadi Afar sont hermétiques – comme c'est souvent le cas dans le style « Têtes rondes » –, sans possibilité d'une explication cohérente, même si elles peuvent vaguement évoquer des liens avec une sexualité diffuse.

Chapitre VII

Éthologie sexuelle chez les animaux

En 1849, dans son *Histoire Naturelle générale des règnes organiques*, I. Geoffroy Saint-Hilaire écrivait : « C'est à l'éthologie (...) qu'appartient l'étude des relations des êtres organisés (...) dans l'agrégat et dans la communauté ». Ce mot éthologie, forgé par ce grand naturaliste pour désigner ce qu'on appelle, en vertu d'une tradition vieille de plus de deux siècles, l'étude des mœurs des animaux (étymologiquement : l'étude des manières d'être des animaux) a pris la définition contemporaine de « Science des comportements des espèces animales dans leur milieu naturel ».

Bien que le sujet principal de ce livre porte sur les comportements sexuels des êtres humains, il n'est pas inutile d'observer les images rupestres qu'ont laissées les populations sahariennes sur les comportements sexuels des animaux sauvages et domestiqués qu'elles observaient. Dans ces comportements on englobe les attitudes proprement sexuelles, mais aussi les comportements des groupes, des mâles, des femelles et de leurs petits.

De fait, les œuvres rupestres concernant cette éthologie sexuelle sont très peu nombreuses par rapport à celles qui montrent la sexualité humaine, prise dans son acception la plus large. Si les images sexuelles animales sont rares dans l'art saharien, elles n'en sont pas moins significatives de la justesse des observations des artistes.

Quelques animaux mâles en érection sont visibles. Parmi les très nombreuses gravures du Bubalin Naturaliste dans l'Oued Djerat, un seul exemple, un possible cheval a été représenté (fig. 325). Henri Lhote (1976), dans la légende de son relevé met un point d'interrogation à Equus. La gravure mesure 1,2 mètre. Lhote indique que le corps et la tête de l'animal ainsi que sa queue évoquent un cheval, de même que le sexe. Ce dernier est maladroitement placé sur une jambe arrière. L'érection est manifeste, mais hors contexte animalier proche, il est impossible de préciser s'il s'agit d'un prélude à une saillie ou bien d'une érection spontanée comme cela s'observe parfois chez les équidés ou les asinés.

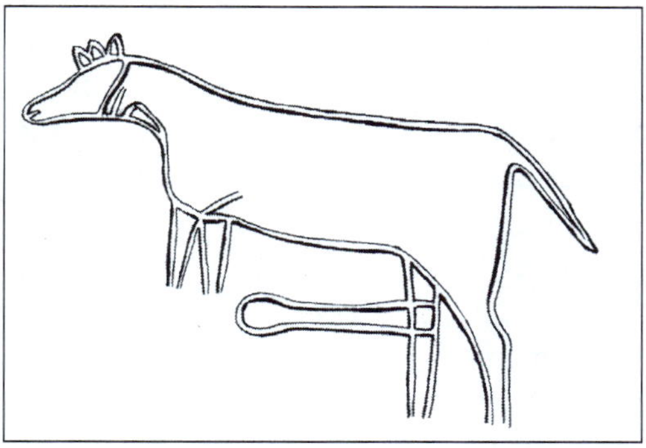

Fig. 325 – Un probable équidé gravé, en érection, Tassili-n-Ajjer. La position du pénis, sur la jambe, est curieuse.

Au Tassili-n-Ajjer, la peinture à l'ocre rouge d'un canidé en érection est remarquable de réalisme (fig. 326). Le dessin est très juste dans ses proportions et l'attitude de l'animal très naturelle, tête retournée, longue queue en panache, griffes bien marquées. Étant isolé, là encore, il est difficile de dire si cet animal est dans un état d'excitation sexuelle préludant une saillie ou bien si l'érection est involontaire.

La gravure de cette girafe, en marche, sur une dalle rocheuse dans le wadi Djerouriaouane (région de l'Aramat) indique par contre une érection avant un accouplement (fig. 327). Il est en effet très rare de voir les mâles de girafe montrant une érection spontanée. Les girafes sont très souvent représentées dans l'art du Sahara central, à toutes les époques, peintes ou gravées. Parfois on voit de véritables troupes dépassant la dizaine d'individus. Leurs comportements éthologiques sont montrés de façon variée : couchées, se léchant le dos, cou tendu pour manger les hautes feuilles d'un acacia supposé (les arbres ne sont jamais représentés), etc. Une girafe en érection n'avait pourtant jamais été observée ; l'exemple ici est donc unique à notre connaissance.

Unique aussi la scène d'accouplement, immédiatement voisine, sur la même dalle. Le rapprochement mâle en érection (fig. 327) et accouplement avec une femelle (fig. 328) est évident : dans l'esprit du graveur les actes sont évidemment liés ; il les a certainement observés. Les phéromones émises par la femelle en rut déclenchent l'érection chez tous les mâles présents, mais seul le dominant accède à l'accouplement. La gravure de l'accouplement est très juste. Pour s'en convaincre il suffit de regarder la photo du réel (fig. 329).

Fig. 326 – Peinture réaliste d'un canidé en érection. Tassili-n-Ajjer. D'après photo F. Sauthier-Delabre, 2008.

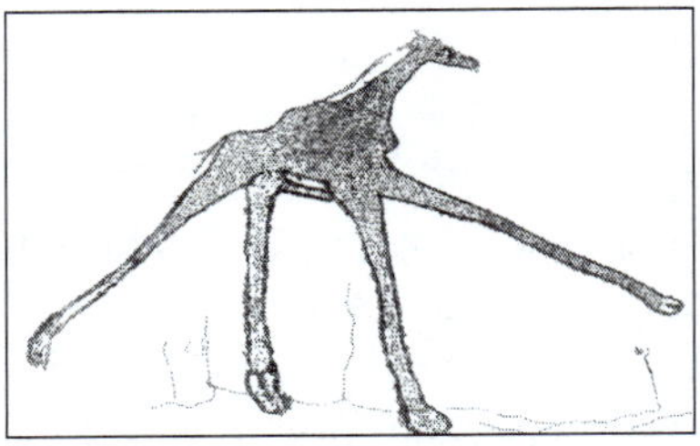

Fig. 327 – Gravure d'une girafe en érection à Oua-n-Kalia, wadi Djerouriaouane, région de l'Aramat. L'animal est en marche et proche, sur l'affleurement rocheux, d'une scène d'accouplement (voir fig. 328).

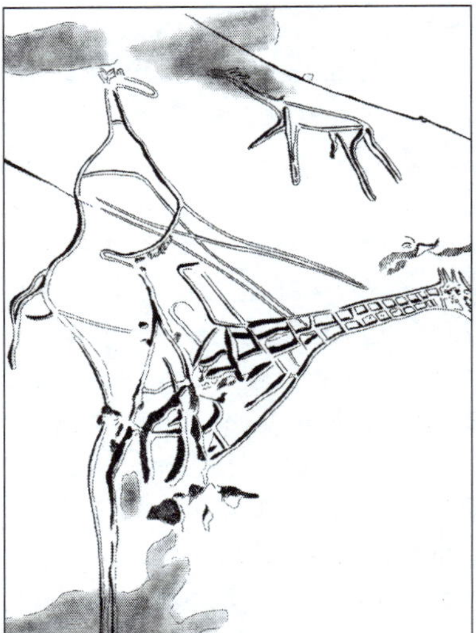

Fig. 328 – Scène gravée, unique à notre connaissance, d'un accouplement de girafes. Wadi Djerouriaouane, Aramat.

Fig. 329 – La posture des girafes s'accouplant est identique à celle, néolithique, de la figure 328). Cela dénote une juste observation du graveur.

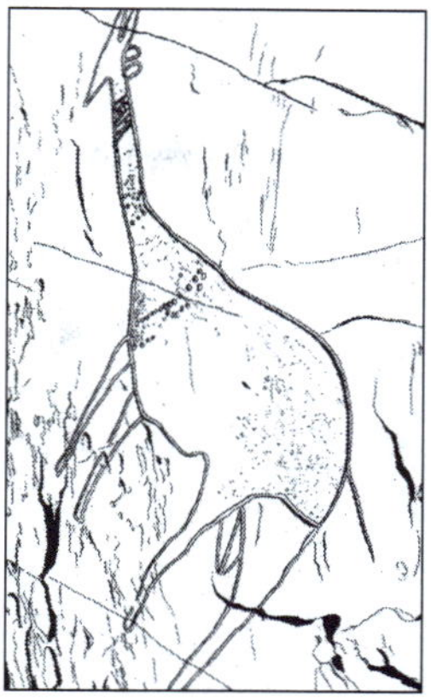

Fig. 330 – Une très rare gravure de girafe femelle avec ses mamelles. Noter sur le cou, la présence d'un possible collier. Wadii Djerouriaouane, Aramat.

Une question cependant doit être posée : pourquoi, dans la profusion des images de girafes, partout dans le Sahara central, n'existe-t-il qu'une seule scène d'accouplement – de mâle en érection aussi ? Du moins, s'il y en a d'autres, elles seraient rarissimes. Il est vain de rechercher les motivations des graveurs qui ont produit ces œuvres, mais il est certain qu'elles différaient de celles de tous les autres artistes qui se gardaient de montrer la sexualité active des girafes.

C'est encore dans le wadi Djerouriaouane, sur le plateau de Tissatine Karbetina qu'on voit la gravure d'une girafe femelle montrant des mamelles (fig. 330). Ordinairement, dans les figurations de girafes isolées ou en groupes, il n'est pas possible de distinguer les mâles et les femelles. Dans le même secteur que les girafes se livrant à des activités sexuelles (fig. 327 et 328), celle-ci, sur une dalle faiblement inclinée, montre des mamelles, ce qui complète en quelque sorte l'imagerie, après l'accouplement (fig. 330) et la mise bas, vient l'allaitement du girafon. Notons donc au passage que dans ce petit secteur, une séquence complète de la reproduction chez la girafe a été représentée. On ne trouve pas ailleurs de telles images. Pour notre girafe à mamelles, il est intéressant de remarquer, sur son cou, des traits parallèles, parfois reliés par des segments qui pourraient évoquer un collier. On sait pourtant qu'il n'y a pas eu de domestication de cet animal, ni au Néolithique ni après, même si dans certains cas, on peut penser à des tentatives d'apprivoisement : des girafes gravées, ici et là, tenues en longe par un personnage.

Dans les temps historiques, le voyage de la célèbre Zarafa, depuis le sud de Khartoum jusqu'au Muséum d'Histoire Naturelle de Paris, pendant près de trois ans et quatre mille kilomètres, a défrayé la chronique. Cette belle girafe, présent de Méhémet Ali, vice-roi d'Égypte, au roi Charles X a traversé la France depuis Marseille, sous la surveillance d'Atir, un esclave affranchi. Elle suscita une véritable « girafomanie » dans le pays, envahissant le langage, la mode, le mobilier, la chansonnette, les pamphlets, les spectacles ; Balzac, Stendhal, Flaubert, l'évoquent ! Elle sera présentée à Charles X le 9 juillet 1826 par Geoffroy Saint-Hilaire.

Notre mot « girafe » dérive de l'arabe *zerafa*, variante phonétique de Zarafa qui signifie « charmante » ou « aimable ». Cet extraordinaire voyage est plaisamment conté par Michael Allin (2000). Tout dernièrement (2011), l'histoire romancée et quelque peu transformée de cette jolie girafe a fait l'objet d'un dessin animé de Rémi Bezançon. L'intérêt pour cet étrange animal, la fascination qu'il exerçait sont très anciens. On peut penser qu'au Néolithique, dans le Sahara, il en fut de même : la quantité de ses images rupestres semble bien l'attester.

Elles ont en effet été représentées de multiples manières (Soleilhavoup, 2008). Lorsqu'elles sont réalistes, leurs représentations indiquent un désir de vérité dans leurs formes, leurs attitudes et leurs comportements ; un désir aussi de montrer les utilisations qu'on pouvait en faire : sa poursuite, sa capture, sa chasse et peut-être des tentatives d'apprivoisement. Lorsqu'elles sont irréalistes, les images de la girafe dénotent des intentions mythologiques ou symboliques. Elles sont alors chargées de significations qui nous échappent. Ce qui est sûr c'est que ce grand animal à la morphologie si particulière, a, de tout temps, alimenté l'imaginaire et peut-être, pour des groupes animistes, était-il un esprit auxiliaire ? « La girafe est l'hiéroglyphe de la vérité dans le monde animal » assurait Charles Fourier, ce qui ne veut rien dire hors contexte, mais qui devient plus clair dans la suite du texte : broutant les branchages à 18 pieds au-dessus du sol, elle « élève son front au-dessus de tous les autres ». Il en va de même des figures étudiées qui doivent être placées en situation.

Une lointaine relation avec l'éthologie sexuelle de la girafe existe dans cette belle peinture d'une femelle couchée, son girafon entre les pattes (fig. 331), dans une petite niche haut perchée à la confluence des wadis Ahloun, Aheir et Tabrakat, dans la région de l'Aramat. La qualité du dessin et de la mise en couleurs (blanc et rouge clair) font de cette girafe réticulée l'une des plus belles peintures animalières de l'art saharien. La scène est paisible. La maman et son petit, au repos, ont une attitude parfaitement naturelle, et cela indique une fois de plus la justesse de l'observation du peintre.

Dans l'Atlas saharien d'Algérie, comme au Sahara central, on l'a vu, les scènes de copulation sont rares. L'une d'elles, gravée sur la paroi verticale d'une des stations de Guébar Réchim (monts des Ksour) (fig. 332), appartient à un ensemble de gravures, nombreuses où les éléphants dominent (Soleilhavoup, 2003). À droite, deux animaux, probablement des antilopes, sont en train de copuler (fig. 332) ; à gauche, une femelle d'antilope (?) avec son petit. Il est possible que dans l'esprit du graveur il y ait eu relation de cause à effet. Ces gravures sont d'époque bubaline.

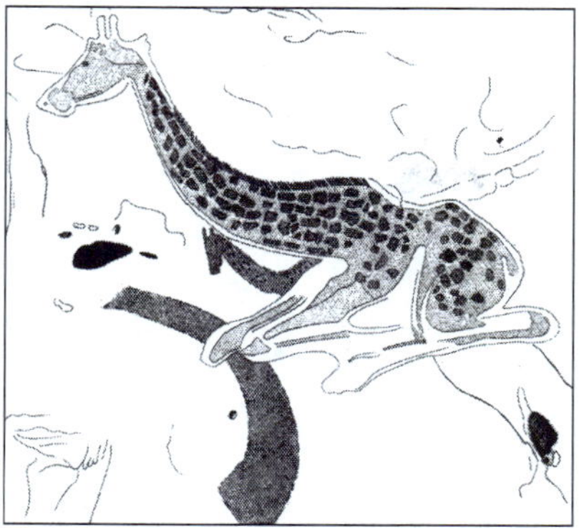

Fig. 331 – Belle peinture d'une girafe femelle couchée avec son girafon. Confluence des wadis Ahloun, Aheir et Tabrakat, dans l'Aramat.

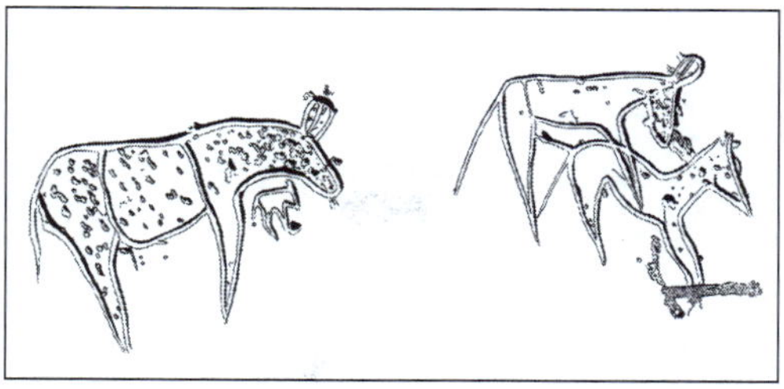

Fig. 332 – La copulation des animaux est rarement représentée dans l'art saharien, au nord comme au sud. Ici, le détail d'un large panneau gravé à Guébar Réchim, monts des Ksour, Atlas saharien. Accouplement de deux antilopinés (?).

Fig. 333 — Une rare scène de copulation de bovinés au Tassili-n-Ajjer. Période pastorale (néolithique). Peinture à l'ocre rouge. D'après photo B. Fouilleux.

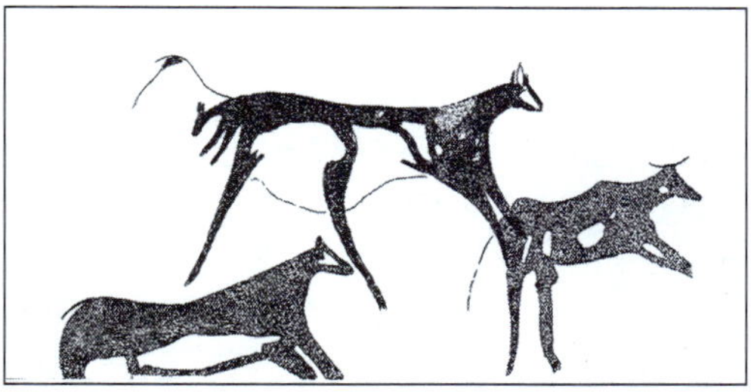

Fig. 334 – Encore plus rare, la mise bas chez les animaux : ici, à vrai dire, le seul exemple connu au Sahara du vêlage d'un veau. Détail d'une fresque peinte au plafond d'un abri bas dans le Karkur Driss, Gebel Uweinat, sud-ouest de l'Égypte. D'après J.-L. Le Quellec, 2005.

Une rare scène de copulation de bovinés, au Tassili-n-Ajjer. Cette peinture rouge est réaliste, malgré la difficulté de distinguer le dos de la femelle et le ventre du mâle (fig. 333). On peut se demander pourquoi, chez des éleveurs qui étaient aussi des sélectionneurs d'espèces bovines, pendant le Néolithique pastoral, les images de saillies n'étaient pratiquement pas représentées. Cet acte était si banal qu'on ne voyait pas l'utilité d'en montrer des images rupestres ? Toujours est-il que l'intérêt documentaire de cette peinture est indéniable et cela d'autant plus que la sexualité animale est peu représentée au Sahara.

Une seule scène de vêlage est actuellement connue dans tout l'art saharien (fig. 334). Elle a été décrite par J.-L. Le Quellec et P. et Ph. De Flers (2005) dans leur bel ouvrage sur l'art rupestre du sud-ouest égyptien. La légende de cette peinture qui appartient à un ensemble de 21 bovins, mâles, femelles, petits et 4 personnages, des pasteurs, indique : « une vache en train de vêler, scène qui fut souvent représentée par les artistes de l'Égypte ancienne, mais qui, à ce jour, demeure unique dans l'ensemble des arts rupestres du Sahara » (p. 69). Le troupeau et cette scène de vêlage se trouvent dans un abri très

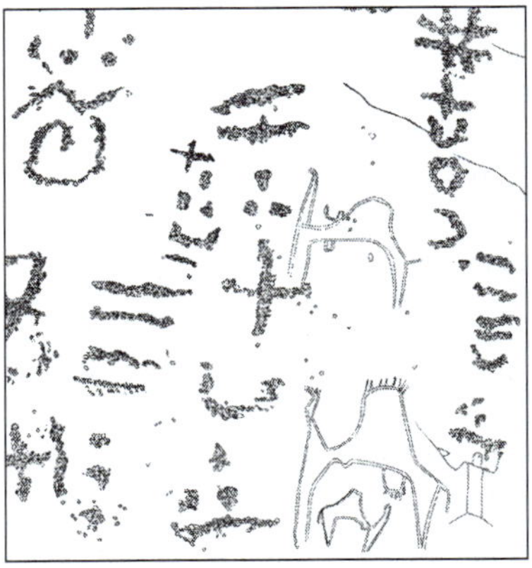

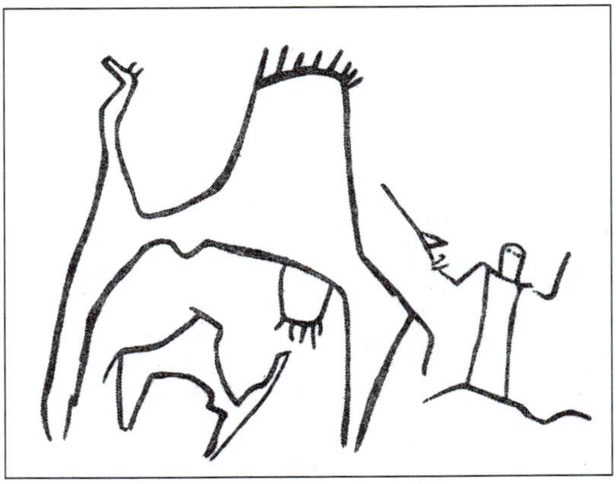

Fig. 335 et 336 – Partie d'un panneau gravé dans l'Akakus. En fine incision, deux chameaux dont une femelle allaitant son petit, en présence d'un chamelier.

336 : détail. Epoque arabo-berbère.

bas du Karkur Driss dans le Djebel (Gebel) Uweinat, massif qui est à cheval sur l'Égypte, la Libye et le Soudan. Ces peintures sont d'époque pastorale, néolithique.

Dans un tout autre lieu, à une toute autre époque, chez des nomades chameliers arabo-berbères du plateau du Messak, en Libye, parmi des caractères d'écriture tifinar (fig. 335, 336), une chamelle allaite son chamelon, en présence du berger brandissant un bâton, peut-être pour l'interrompre : l'allaitement était limité à certains moments de la journée afin d'entretenir la lactogenèse et de pouvoir traire la femelle au profit des éleveurs car le lait de chamelle, riche en vitamine C a la réputation d'être un reconstituant ou tonifiant.

D'un bout à l'autre de la chronologie des populations sahariennes, il est certain que la reproduction des animaux sauvages et la fécondité des animaux domestiques devaient être des sujets importants. Quoi de plus naturel, dans des populations de chasseurs et d'éleveurs pour qui, outre la cueillette, la subsistance du groupe dépendait des animaux chassés, de la viande et du lait et pour qui l'aisance économique dépendait de la fertilité du troupeau ? Ces populations associaient la chasse, la cueillette et le pastoralisme. Ces activités faisaient sans doute l'objet de « spécialités » dans plusieurs groupes masculins et féminins.

D'ailleurs les groupes d'animaux sont parmi les thèmes fréquemment gravés ou peints dans l'art saharien. Des groupes où sont souvent mêlés des adultes et des petits. Des hardes parfois nombreuses sont ainsi représentées en divers lieux, tant dans les monts de l'Atlas qu'au Sahara central.

Dans les tassilis du nord, Adrar Ahelakane, à l'intérieur d'une cavité complexe, ont été peints au moins soixante-dix mouflons, à l'exclusion de toute autre représentation animalière ou humaine. Nulle part à notre connaissance, dans l'ensemble du Sahara, on ne rencontre une telle concentration de peintures de mouflons, cet ovin sauvage, ancêtre du mouton domestique.

Fig. 337 – Fresque peinte dans un abri de l'Adrar Ahellakane, secteur Ebérère, tassilis du nord, Algérie. Une harde de mouflons est dessinée avec réalisme, dans un style original. Epoque bovidienne probable.

Si cette imagerie animalière est loin d'être nouvelle dans l'art saharien, à toutes les époques, on doit cependant se poser la question de la présence, dans un seul abri, d'un aussi grand nombre de ces ovinés sauvages, mais il est vrai que l'habitat rocheux du secteur est particulièrement propice au développement de ces animaux.

En plusieurs endroits de l'abri, on voit des groupes de mouflons. Le style des peintures et leur technique sont homogènes et laissent penser qu'un seul artiste ou un très petit nombre d'artistes de la même école sont responsables de ces œuvres. L'ensemble de la décoration de l'abri possède d'ailleurs une unité stylistique très frappante.

La représentation de « vieux mâles », de jeunes, de femelles, de petits, le mouvement donné aux animaux, la composition des ensembles, dénotent une observation aiguë du comportement social de cette espèce. Il ne fait pas de doute que le (ou les) artiste (s) appartenaient à une société (néolithique ? post-néolithique ?) qui pratiquait couramment la traque du mouflon et sa chasse, ou, peut-être l'avaient domestiqué (?).

Par exemple, sur une paroi de cet abri, une véritable fresque (fig. 337) montre une harde de 26 individus ; un grand mâle « dominant », en position centrale, est précédé et suivi de mâles plus jeunes et de femelles suitées, c'est-à-dire suivies, accompagnées de leurs petits. Pour qui a déjà observé les déplacements d'un groupe de mouflons, on ne peut qu'être admiratif devant la vérité de cette fresque, ainsi que par la maîtrise de sa réalisation (Soleilhavoup, 1997).

Ce bel exemple de l'art naturaliste saharien montre bien l'intérêt que portaient les populations de chasseurs aux groupes d'animaux qui manifestaient une fertilité certaine.

La présence de l'hippopotame dans l'art rupestre du Sahara, notamment au Néolithique est l'un des indices les plus sûrs de phases climatiques humides. Cet animal est en effet strictement dépendant des eaux pérennes (lacs, fleuves,

Fig. 338 – Une « famille » d'hippopotames gravée sur un gros bloc, dans le secteur de Oua-n-Kalia, plateau du Karbetina, Aramat. Le groupe est en marche : deux adultes et deux petits. Le personnage, à droite, n'est pas contemporain.

mares permanentes). Les artistes l'ont représenté abondamment, à tel point qu'au Messak, par exemple, on peut parler de « vallées des hippopotames » pour certains wadis. On voit parfois des gravures de cet animal dépassant quatre mètres de longueur ! Ailleurs, ce sont des « familles » qui ont été dessinées. C'est le cas sur le plateau du Karbetina (wadi Djerouriaouane), dans l'Aramat, où, sur la face d'un gros rocher, ont été gravés deux adultes probablement un mâle et une femelle plus petite, avec deux petits (fig. 338). Là encore l'observation est exacte. Un petit personnage, derrière le grand mâle a peut-être été ajouté par la suite.

La sexualité active des animaux est peu représentée, on l'a dit, mais elle est implicite quand les petits sont représentés. Leur vie sociale, par contre, fait l'objet de nombreuses figurations. On vient d'en voir quelques exemples. Il est clair que la vie « amoureuse » des animaux intéressait beaucoup moins que celle des hommes, bien que dans l'art, la représentation animale domine celle des humains.

Dans les années 1970, Konrad Lorenz critiquait les savants de son temps « qui rejetaient sans les examiner davantage les similitudes importantes qu'il y a néanmoins entre les comportements sexuels de l'homme et de l'animal. Je n'entends pas par là les effets purement sensuels des instincts sexuels, mais les comportements très subtils et très "humains" [chez les animaux] consistant à tomber amoureux, faire la cour, être jaloux, etc. (...). Et pourtant, est-il en soi si surprenant que ce soit dans ce domaine précis qu'on trouve le plus grand nombre de parallèles entre les comportements humains et animaux ? Nul ne

Fig. 339 – Détail d'une frise gravée sur une paroi verticale, à Oua-n-Rechla, tassilis du sud, Algérie. Deux vaches africaines, museau contre museau, donne une impression de « tendresse » ; rapprochement entre un mâle et une femelle.

peut nier que c'est dans le domaine sexuel que l'homme a conservé un nombre particulièrement grand de comportements instinctifs ».

Certes, les sentiments amoureux, la tendresse, ne sont guère perceptibles dans les images rupestres du Sahara ou ailleurs, ni chez les humains ni chez les animaux. Mais des couples, des hommes et des femmes étroitement rapprochés ou se touchant, des mâles et des femelles animaux se frôlant le museau comme à Oua-n-Rechla dans les tassilis du sud (fig. 339), manifestent non seulement le rapprochement de deux individus, mais aussi peut-être l'attachement. Dans l'art préhistorique, les réflexions de Konrad Lorenz prennent du sens, au moins autant que pour les comportements humains et animaux actuels.

Dans l'art du Messak, plus qu'en d'autres lieux du Sahara, des gravures montrent des relations entre l'homme et l'animal, en particulier d'ordre sexuel au sens large. J.-L. Le Quellec (1992-93) souligne l'attention particulière portée par les graveurs de cette région à la reproduction des Bovins. Dans le wadi Beddis – I-n-Hagalas pour les auteurs —, une gravure (fig. 340), décrite par J.-L. Le Quellec et Y. Gautier, montre « un homme masqué [qui] vient toucher le sexe hypertrophié d'un Boviné à collier, en présence d'un quadrupède couché à l'intérieur duquel se laisse deviner la forme fœtale (?) d'un animal à oreilles arrondies ». L'homme touchant le sexe de l'animal renvoie à une idée de la fécondité du géniteur, – source de la prospérité des éleveurs –, ce que tous les pasteurs, depuis la Préhistoire ont souhaité.

Fig. 340 – Gravure d'un personnage touchant le sexe en érection d'un boviné à corne en avant. Il y a manifestement ici une symbolique de la sexualité féconde chez l'animal. Reproduit de J.-L. Le Quellec, 1998 d'æ. une photo A. et A.-M. Van Albada, 1992. Wadi Beddis, Messak. Période pastorale.

De la sexualité animale, rappelons-le, – surtout celle de leurs animaux domestiqués – dépendait l'économie des groupes d'éleveurs néolithiques. Il n'est donc pas étonnant de rencontrer çà et là, parmi les œuvres d'époque pastorale, des scènes où l'homme, fortement sexué ou non, entretient un commerce ou des contacts avec l'animal.

Chapitre VIII

Érotisme quotidien, symbolique sexuelle et Éros sacré au Sahara préhistorique

Si les Grecs en on fait une divinité et la psychologie moderne une fonction, celle du désir amoureux, Eros existait-il dans la pensée des populations préhistoriques du monde, celles du Sahara en particulier ? Certainement oui et même la concrétisation de ce désir existait bien chez les hommes préhistoriques, traduite pour nous, des millénaires ou des dizaines de millénaires après, sous la forme d'objets et d'images pariétales et rupestres. Le propre de l'homme est sans doute moins le rire que son intérêt pour l'activité sexuelle et son addiction au plaisir.

« L'homme descend du sexe » assure A. Langaney (1989), constatant ; « l'homme (est) capable d'un grand nombre de répertoires de comportements sexuels, différents selon les populations. Alors qu'une espèce animale autre se caractérise habituellement par un type fixe de structure sociale et un répertoire stéréotypé de comportements, l'espèce humaine semble libérée des contraintres biologiques qui causent cette uniformité ». La sexualité est une dynamique de la vie dont la femme est le moteur dans toutes les sociétés et la prévalence de la représentation du corps féminin et de la sexualité humaine témoigne de leur importance dans la représentation de l'univers. La sexualité est un élément moteur dans la relation à l'autre et elle est génératrice de sociétés.

Mais, au Sahara, le sexe était-il seulement reproducteur ou bien était-il en même temps divinisé ? L'ensemble des images rupestres qu'on vient de voir tendrait à démontrer que le sexe était l'un et l'autre. Evidemment reproducteur, sans quoi l'humanité n'aurait pu exister ni se développer, mais certainement bien au-delà de cette fonction biologique comme de nombreuses représentations semblent le montrer depuis le Paléolithique supérieur.

Mis à part sa conclusion pour le moins fumeuse et inutile, le beau film en relief de Werner Herzog consacré à la grotte Chauvet en Ardèche *La grotte des rêves perdus* (2011) montre, parmi 425 représentations d'animaux la peinture noire d'un être composite mi-animal (bison), mi-humain (femme). C'est au profond de cette longue cavité qu'a été tracée cette association hautement symbolique : un bison à la tête massive est courbé et cache le haut du corps d'une femme incomplètement dessinée. Il semble que la vulve ait été dessinée en premier, puis « habillée » de membres inférieurs en même temps qu'était figuré le bison. Sa patte arrière, comme une jambe humaine est effilée vers le bas. La femme laisse voir un sexe réaliste : sous le repli hypogastrique, le triangle pubien est marqué d'un trait médian inférieur correspondant à la partie antérieure de la fente vulvaire. Vieilles de 31 000 BP (+/- 1 300 ans), ces peintures presque exclusivement animalières prennent une dimension particulièrement mystérieuse (ou religieuse ?) du fait de la présence d'une seule image féminine et de quatre autres vulves ; aucun signe masculin n'a été jusqu'ici mis au jour.

Pour l'art rupestre, surtout néolithique du Sahara, quelque trente mille ans après l'art des cavernes, la question posée par A. Leroi-Gourhan garde toute sa valeur : « (...) un symbolisme fondé sur la représentation des organes de la reproduction a bien des chances de n'être pas l'apanage exclusif du Paléolithique supérieur : à une expression aussi banale de la réalité, peut-on demander des témoignages significatifs ? Ce qui est significatif pour le Paléolithique supérieur, ce n'est pas l'existence des figures sexuelles, c'est leur intégration dans un système représentatif complexe que nous comprenons encore très mal, précisément parce que nous ne sortons pas de la réalité des documents. Nous ne pouvons pas emprunter notre interprétation aux Australiens et aux Dogons (...) mais nous pouvons percevoir très bien dans quel ordre de pensée se situe la pensée magdalénienne parce qu'on possède, dans le monde vivant, des témoignages de pensées religieuses qui offrent les mêmes traits complexes d'affrontement, d'interchangeabilité et de complémentarité entre sexes, êtres humains et animaux (...) » (1992, p. 157).

Cette remarque perspicace est tout à fait applicable aux arts post-paléolithiques dans le monde.

Pour tenter d'y voir un peu clair dans les images à caractère sexuel au Sahara où sont exposés phallus, vulves et pratiques sexuelles variées, il convient de les placer dans un contexte plus général, celui d'ensembles rupestres, dans un abri, un ensemble d'abris, dans une morphologie rocheuse, dans un paysage même, où sujets sexuels et non sexuels pourraient prendre une signification que la seule représentation d'un ithyphalle ou d'une femme ouverte ne saurait donner. Quelques essais de globalisation de cette nature ont été tentés.

Les images rupestres au Sahara sont muettes à jamais, comme c'est le cas presque partout dans le monde sauf, peut-être, en Australie où perdure la tradition orale du « Temps du Rêve » que les peintres aborigènes connaissent encore.

Il s'agit beaucoup moins de faire de l'ethno-comparatisme que d'essayer de comprendre, dans l'actuel, la complexité des cheminements de la pensée « religieuse » (ou autre) chez les populations africaines – le Sahara fut d'abord peuplé de Noirs – et méditerranéennes, pour tenter – exercice bien difficile – d'en retrouver des traces dans les images rupestres.

On voit donc que l'interprétation des « images sexuelles », comme d'ailleurs toutes celles d'autres thématiques, est bien périlleuse. À défaut de connaître les contextes culturels des divers groupes qui ont occupé le Sahara pendant près de 10 000 ans, on ne saurait comprendre le rôle individuel, social, spirituel (pour ne pas dire religieux) de telles images, soit dans le quotidien, soit dans l'imaginaire.

Variabilité des images sexuelles selon les paléocultures sahariennes

Deux sortes d'images sexuelles existent, celles, réalistes, dont la lecture pourrait se faire « au premier degré » — ce qui, d'ailleurs, ne nous renseigne pas forcément sur les motivations de leurs auteurs — ; celles, irréalistes, symboliques et/ou mythiques dont l'interprétation peut prêter à toutes sortes de spéculations.

Les thèmes sexuels semblent différer quelque peu selon les époques et donc, sans doute, selon les cultures. La localisation géographique de ces thèmes est également variable.

Par exemple, dans les régions de l'ouest du Sahara central, le sexe et la sexualité sont peu représentés, contrairement aux régions de l'est (tassilis, Aramat, Akakus, Messak) où ils sont relativement fréquents. Il y a des secteurs, essentiellement des vallées d'oueds (wadis ou koris ou enneris) où certains thèmes semblent concentrés. Ce serait, par exemple, le cas d'ithyphalles dans l'oued Djerat, en Algérie ou celui des femmes ouvertes dans plusieurs wadis du Messak, notamment dans le Taleshut – au bord d'oueds donc – qui, à l'époque, étaient pour la plupart des fleuves ou des rivières pérennes, car c'étaient les lieux de vie les plus favorables pour les populations.

Si l'ithyphallisme est bien représenté dans les périodes récentes, camélines et caballines, il n'est cependant pas absent dans les phases anciennes (Bubalin Naturaliste). Les femmes ouvertes, présentes au Djerat, sont beaucoup plus fréquentes au Messak, dans la période pastorale notamment. Peut-on alors dire que certains sites étaient plutôt voués à l'homme et d'autres plutôt à la femme, même si la symbolique de la puissance génésique, de la reproduction, de la fécondité, est interchangeable dans ces sites ?

L'accouplement non monstrueux semble être plus volontiers représenté chez les pasteurs, au Tassili-n-Ajjer (période bovidienne), alors que les quelques scènes de sexualité « débridée », où le priapisme le dispute à la fellation ou aux accouplements multiples ont plutôt été réalisées pendant la période bubaline.

On a ainsi un tableau varié dans l'espace et dans le temps, sur toute l'aire saharienne, du sexe et des manifestations de la sexualité. Mais ce tableau est-il représentatif de l'idée que se faisaient les populations des relations entre les hommes et les femmes ? Montre-t-il des sentiments, des désirs amoureux ? Il n'est pas possible de le dire, sauf, peut-être, pour certaines représentations de couples où une certaine tendresse pourrait transparaître.

Bien sûr, ithyphalles et femmes ouvertes portent un symbolisme sexuel évident. Le brouillard s'épaissit quand il s'agit d'interpréter des mises en scène d'activités sexuelles sans rapport avec la réalité. Certains mythologues ont donné des récits expliquant certaines scènes en s'appuyant sur des traditions ou des légendes encore véhiculées dans certaines populations. L'exercice est délicat et, seule la logique d'un enchaînement rigoureux d'idées, chez ces auteurs, permet de construire une explication d'apparence cohérente. Mais rien ne permet d'affirmer que la description d'une scène à caractère sexuel ou autre correspond au mythe qu'elle est censée contenir. Il nous a toujours paru hasardeux d'utiliser des mythes encore vivants pour décrire et expliquer des mythes qu'on suppose représentés dans des images préhistoriques. C'est tout le problème de l'utilisation d'une méthodologie dont on ne peut assurer la validité.

En fait, quand on dit : « C'est une scène mythique », on n'a rien dit car la variabilité des récits de la création du monde est quasi-infinie dans les cultures. Et rien n'indique, dans les images rupestres, qu'il s'agisse plutôt d'un mythe de Création ou plutôt d'un mythe de Fertilité, d'un mythe de la Pluie, etc., car ces mythes se rejoignent dans une universalité de l'imaginaire humain. Dans ces scènes, l'énigme du sens reste totale. Dans les différentes représentations à caractère « mythique » (du moins le suppose-t-on) qu'on a pu observer, seule, à nos yeux, la description précise et neutre (en supposant qu'elle puisse l'être) de ce que l'on voit est envisageable. Déborder ce cadre risque d'exposer aux erreurs et aux errements de l'interprétation. Mon Maître en Géologie, André de Cayeux [1907 – 1986] me disait : « Observez, décrivez avec la plus grande précision. Seules les bonnes descriptions resteront ; les interprétations changeront ». Ce qui est valable pour les Sciences de la Terre l'est évidemment aussi pour les Sciences Humaines. Nombre de chercheurs devraient s'inspirer de ce conseil.

Il n'en reste pas moins que des frises ou des fresques où, manifestement, une activité sexuelle est visible, donneraient bien envie d'en savoir plus ! À Ti-n-Lalan (fig. 292), sur le Rocher Ahana dans le Djerat (fig. 297 à 300), dans l'abri du Taureau du wadi Afar (fig. 324), etc. on aimerait posséder un fil qui mène à une explication solide. Théranthropes accouplés à des femmes, enchevêtrements indescriptibles de corps priapiques, de femmes ouvertes, accumulation de dessins de personnages contorsionnés ou en postures sexuelles autour d'un grand taureau… tout cela renvoie peut-être à des récits mythiques dont le propos nous échappe. Ajoutons à cela que ces œuvres rupestres sont parfois intentionnellement placées dans des lieux certainement chargés de sens pour les artistes : autour de fissures ou de cavités, dans des abris profonds, haut perchés sur des corniches de versants, au fond de dédales rocheux, termes peut-être de parcours initiatiques…

Souvent le thème des scènes et la configuration du paysage sont liés. Pourquoi une association ou cofiguration femme-bison, au fond de la grotte Chauvet, comme on l'a indiqué plus haut ? Sans doute parce que le pendant stalagmitique se voit de loin. Pourquoi un ensemble de formes placentaires, de femmes ouvertes et d'animaux, au-dessus d'une cavité dans le wadi Taleshut (fig. 315 à

316). Des explications ont été proposées, faisant intervenir la sexualisation des grottes, cavité et replis de la Terre (théorie de Leroi-Gourhan). On n'y adhère qu'en fonction de notre culture et de nos croyances actuelles. Le mur du silence, pour le préhistorien de l'art, est le plus souvent infranchissable.

Symbolique sexuelle dans l'art saharien

En matière d'art érotique, le champ symbolique et métaphorique nous paraît plus accessible que le domaine du mythe. Peut-être est-ce une illusion ? Toujours est-il que le symbolisme sexuel nous parle mieux car, de tous temps, il s'applique à des archétypes que nous sommes capables de comprendre. Puissance du mâle humain ou animal, par son phallus, perpétuation de la vie par la femme, au travers de sa vulve, fécondité, fertilité du groupe, tout cela nous est compréhensible dans les images rupestres, bien plus en tout cas que d'éventuels récits mythiques.

On l'a évoqué au début, la définition d'« arts érotiques » est-elle applicable aux rupestres sahariens ? Des images, des scènes, peuvent-elles être qualifiées de « pornographiques » ? d'« obscènes » ? Le Grand Larousse en sept volumes publié entre 1900 et 1917, sous la rubrique « Encyclopédie » indique que « la pornographie est la dépravation des mœurs publiques, l'obscénité publique, ou, en termes plus précis et plus juridiques, l'outrage aux bonnes mœurs ».

Dans le Grand Robert en six volumes, édition de 2001, la définition est plus « sobre » : « Représentation (par écrits, dessins, peintures, photos,...) de choses obscènes destinées à être communiquées ou vendues au public ». À un siècle de distance, la définition a conservé l'association pornographie et obscénité et y a ajouté la notion de commerce. Il faut observer qu'à notre époque, grâce aux nouvelles techniques de diffusion, la pornographie a pu considérablement augmenter son audience.

Il paraît alors difficile de considérer certaines images sexuelles au Sahara comme pornographiques (ou obscènes) dans la mesure où on ne peut imaginer que gravures et peintures de cette nature étaient à vendre ou faire l'objet d'un tarif de visite ! C'est donc bien à un art érotique que nous avons affaire ; la question se posera de distinguer « érotisme du quotidien » et « érotisme sacré ».

Dans sa préface au beau livre de Gerhard Bosinski : « Femmes sans tête » (2011), J.-L. Le Quellec cite une expression d'Alain Roger (1987) : « la vulve est une femme sans tête ». Dans la stylisation parfois très poussée des « femmes ouvertes » dont A. et A.-M. Van Albada nous ont donné une remarquable filiation graphique, on trouve, sinon des femmes sans tête, du moins, un puissant symbolisme de la féminité. Un symbolisme analogue à celui que A. Leroi-Gourhan (1965, 1971) avait démontré dans l'art paléolithique des cavernes (fig. 341). Il indiquait que « les symboles féminins sont exprimés de manière constante par des ovales (fig. 132) ou par des triangles (fig. 134) coupés ou non par un trait médian ». Il précisait qu'au style II, Gravettien, il est fréquent que ces figures soient remplacées par des ovales emboîtés ou par des cercles. Au style III ce sont des quadrilatères qui peuvent être recoupés par des figures en damiers, comme les « blasons » de Lascaux (p.234).

Il apparaît évident, depuis le Paléolithique jusqu'au Néolithique, que le symbolisme féminin est constant, quel que soit le graphisme. On a décrit un seul exemple de graphisme vulvaire qui ressemble à celui des vulves paléolithiques, en Tripolitaine (fig. 142, 143), mais cela n'enlève rien à la force et à l'universalité du symbole. « Il y a une femme à l'origine de toute grande chose » pourrait-on dire avec Alphonse de Lamartine.

Par contre il n'y a pas d'équivalent des signes masculins et de leur filiation graphique dans l'art saharien, analogue à ceux définis par Leroi-Gourhan (fig. 342). Il est intéressant de noter que le phallus n'a pas fait l'objet d'une telle stylisation au Sahara. La conception masculine de l'organe sexuel différait probablement ici de celle des Magdaléniens ou, peut-être avaient-ils une moindre tendance à l'abstraction, cette opération consistant à isoler par la pensée les qualités d'un objet concret pour un former une représentation intellectuelle.

À propos des scènes d'accouplement – assez présentes, on l'a vu, dans l'art néolithique du Sahara –, Leroi-Gourhan, parlant de l'art des cavernes, note qu'« aucune scène d'accouplement humain ou animal n'est attestée avec certitude. Il semble qu'une forte contrainte morale ou magique se soit exercée dans ce domaine, ce qui explique, en particulier durant les styles III (Solutréen) et IV (Magdalénien ancien) l'enfouissement des symboles sexuels dans des formes géométriques presque méconnaissables ». L'auteur ajoute cette remarque : « l'ésotérisme figuratif est pratiquement contemporain de la naissance de l'art lui-même. Loin d'être un phénomène tardif, il est directement lié au fait que les figures sont des symboles et non des copies (…) » (1965, p. 234).

Cette comparaison des symboles sexuels féminins et masculins, au Paléolithique et au Néolithique est intéressante dans la mesure où on s'aperçoit que les idées que pouvaient se faire l'une et l'autre de ces populations si distinctes dans le temps, sur le sexe et la sexualité, reposaient sur des conceptions sans doute très différentes, sur des cultures, sur des tabous ou sur des interdits, imposés ou non par des relations sociales et économiques spécifiques à chaque communauté. Ainsi, à un symbolisme universel peuvent correspondre des conceptions graphiques distinctes selon les cultures.

À propos des vulves sahariennes, nombreux sont les cas, ici et là, où elles ont manifestement été ajoutées à des gravures de femmes ou de personnages qu'on peut supposer féminins. Ce n'était donc pas dans l'esprit de l'initiateur de l'œuvre. En revanche, d'autres figures féminines ont été gravées avec une vulve évidente, la motivation était donc différente : ces œuvres avaient, dès l'origine, un caractère sexuel alors que les autres ont été transformées en

Fig. 341 – Tableau des symboles et des signes féminins dans l'art paléolithique, par A. Leroi-Gourhan (1971). Les dérivations graphiques sont parfois importantes. À part quelques signes similaires dans l'art néolithique du Sahara, la symbolique sexuelle féminine y est grandement différente, notamment par la présence des femmes ouvertes et de leurs dérivations graphiques (voir chap. V, fig. 247).

symboles sexuels par le rajout ultérieur de cupules. De toute façon, rajoutées ou non, ces vulves ont été utilisées (et le sont peut-être encore) à des fins propitiatoires, comme en témoigne en général l'aspect plus clair de leurs patines, indice de frottages répétés. À plusieurs endroits dans l'Atlas saharien, des ovales vulvaires sont frottés, usés, luisants, comme le pied de certains saints dans les églises. L'intention, pour des femmes en mal d'enfants ou stériles,

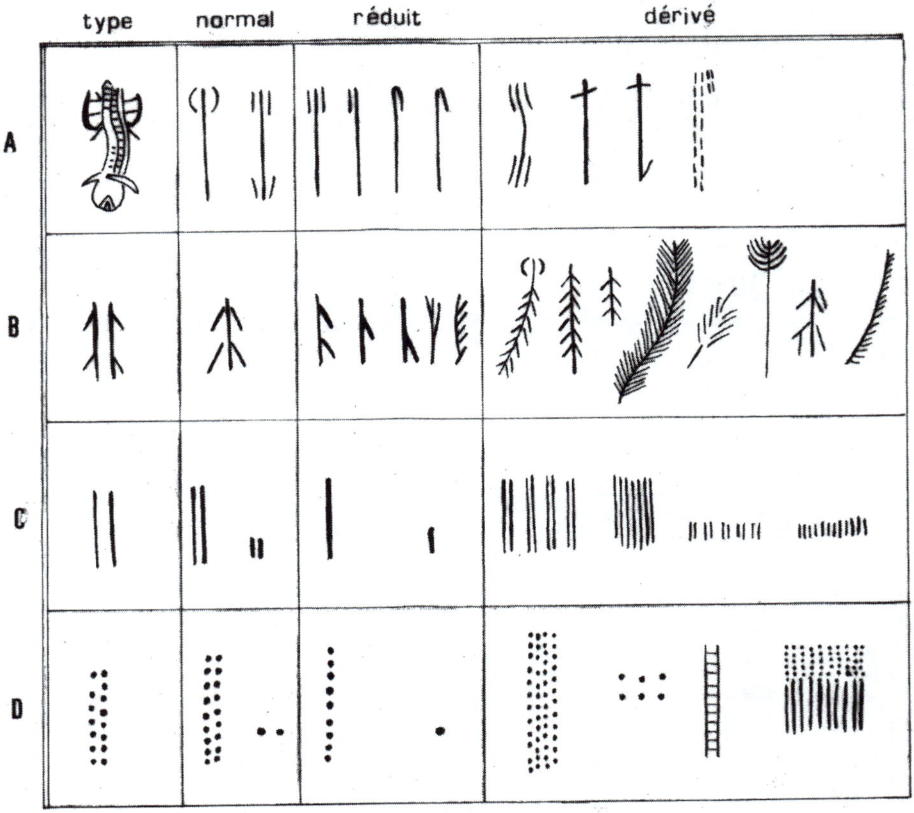

Fig. 342 – Tableau des symboles et des signes masculins dans l'art paléolithique, par A. Leroi-Gourhan (1971). L'art néolithique du Sahara ne montre nulle part une telle symbolique. Seuls, les bâtons tenus en main par des hommes, généralement peints, dans la période paléoberbère, pourraient correspondre à un signe masculin mais non pas à un symbole.

est de favoriser la conception. De nos jours encore des villageoises de l'Atlas se rendent pour cette raison dans des stations rupestres. Les vulves votives, comme d'autres parties du corps, démontrent l'irrationnel de croyances existant depuis les temps les plus reculés. On n'est pas éloigné des amulettes conjuratoires ou propitiatoires, portées par des femmes et des hommes dans beaucoup de cultures anciennes et actuelles. Le fait de croire, c'est-à-dire de tenir quelque chose pour vrai, donne à l'objet de la croyance une réalité et peut, par le biais de mécanismes psychosomatiques, aboutir à des résultats qui deviennent la preuve de son existence.

Posture de Bès, « Djenoun » ou « Kel Essouf »

Dans la symbolique sexuelle saharienne, il est un sujet qui paraît assez spécifique de l'art érotique, c'est celui d'hommes au phallus hypertrophié, dont la posture, de face, rappelle celle du dieu égyptien Bès (fig. 343, 344, 345). Ces personnages aux attributs sexuels démesurés, jambes écartées, mains sur

Fig. 343 – Trois « djenoun » ou personnages en posture de Bès, gravés au Messak, dans le wadi El Aurer. Ce modèle de personnages mégaphalliques, dans une posture conventionnelle est présent au Sahara central bien que le nombre de ses représentations soit assez réduit. Il est par contre totalement absent au nord (Atlas saharien).

les flancs et tête ornée de deux pointes, tiennent leur surnom de Bès du fait que Leo Frobenius en 1937, devant certaines gravures de ces personnages, au Messak, les comparait avec des amulettes de la XIIe Dynastie de l'Égypte Antique figurant le dieu Bès, une comparaison purement formelle entre les gravures du Messak et la divinité égyptienne. D'ailleurs l'ithyphallisme – le mégaphallisme plutôt – n'apparaît que tardivement dans les représentations de Bès, à la Basse-Epoque. Avant, était figurée une queue pendante entre les jambes et non pas un phallus (Le Quellec, 1998).

Plus tard, ces personnages à la posture si caractéristique ont été qualifiés de « djenoun » par H. Lhote et P. Colombel (1979). Djenoun (singulier djinn) désigne, en Arabe, des esprits malins ou mauvais génies. Chez les Touaregs, ces « esprits de la solitude » qui tourmentent le voyageur sont appelés « Kel Essouf ». Pas plus que « posture de Bès », les expressions « djenoun » ou « Kel Essouf » n'ont de valeur historico-comparative.

On connaît ces représentations dans plusieurs secteurs du Sahara central : au Hoggar, au nord-ouest du Tassili-n-Ajjer, près de Djanet, au nord et au sud de la Tadrart, à l'est du Tassili, au Djado (Niger) et au Messak Settafet. Au total, cependant, ces images, essentiellement gravées, sont peu nombreuses. Quelques représentations féminines avec orifice vulvaire et seins figurés ont été rapprochées des « djenoun » par J. et B. Choppy (1996). À nos yeux, il s'agirait plutôt de femmes ouvertes, ne serait-ce qu'à cause de la position des jambes, différente de celle de la posture dite « de Bès ». Nos personnages ne seraient alors que des hommes mégaphalliques qui ne se livrent pas à des

Fig. 344 – Dans le nord de l'Akakus, sur un gros rocher dans l'abri du wadi Tazbot, un grand « Djenoun » possède un énorme phallus assorti de deux gros testicules. Cette gravure est caractéristique de ce modèle. Sur la gauche, quelques gravures fines, très postérieures, arabo-berbères, dont un chameau portant un palanquin.

Fig. 345 – Un « Djenoun » gravé dans l'oued Djerat, Tassili-n-Ajjer. Période bubaline. D'après H. Lhote, 1976.

accouplements. Il est difficile de donner un âge à ces figures. Nous pencherions pour une période ancienne, Bubalin Naturaliste.

Compte tenu de l'assez vaste répartition de ces personnages, on peut penser à un caractère culturel largement diffusé. Son aspect sexuel est évident, évoquant une symbolique phallique « vigoureuse ». Les quelques exemples montrés ici l'attestent (fig. 343 à 345). Les têtes, peut-être masquées, en tout cas munies d'une coiffe à oreilles pointues ou arrondies, en font des hommes transformés plutôt que des théranthropes.

Dans le wadi Tazbot (Akakus), le « masque » est remarquable avec ses oreilles incurvées et pointues (fig. 344) et surtout ses yeux ronds, un trait qu'on retrouve ailleurs, comme dans l'oued Djerat au Tassili-n-Ajjer (fig. 345). Au vu de ce stéréotype imaginaire de la puissance masculine, on pourrait penser à la représentation d'une divinité ou d'un esprit (?). En tout cas elle était suffisamment répandue pour avoir fait l'objet, sinon d'un culte, du moins d'une révérence particulière.

Culte du Taureau

S'il est douteux qu'un culte du taureau se soit développé au Sahara préhistorique, bien loin de l'aire méditerranéenne où, pendant l'Antiquité, il était très répandu, on doit évoquer cet animal tant représenté parmi les bovinés parce que, sans que sa sexualité soit explicitement représentée, il était le géniteur des troupeaux et les pasteurs devaient le considérer, – de même que maintenant –, comme la clé de leur prospérité. Est-ce pour autant que, dans l'esprit des néolithiques sahariens, le taureau ait incarné deux qualités fondamentales de l'idéal masculin, la force et la virilité ? Et à ce titre, pouvait-il faire l'objet d'un culte ? En tout cas, rien dans l'art rupestre ne désigne clairement une relation dans l'ordre de la sexualité entre l'homme et le taureau. Sauf, peut-être, d'une façon métaphorique, des scènes peintes qui évoquent la taurokatapsie, « ancien jeu thessalien d'époque hellénistique où des cavaliers forçaient des taureaux sauvages, puis les terrassaient en les saisissant par les cornes » (J.-L. Le Quellec, 1993). La virilité des jeunes hommes se confrontait à celle du puissant animal et, en ce sens, les puissances sexuelles pouvaient se mesurer.

Fig. 346 – Partie de la fresque de Ti-n-Hanakaten, Tassili-n-Ajjer. Une scène peinte de taurokatapsie. Période bovidienne. D'après Aumassip, Marmier et Trécolle, 1975.

On est certes éloigné de la sexualité telle qu'on a pu la décrire dans ce qui précède, mais il ne fait pas de doute que l'allusion « sexuelle » est patente dans la relation entre l'homme et l'animal.

On pourra se demander si le culte du taureau si clairement exprimé par la suite dans le Bassin méditerranéen ne dérivait pas de quelque manière, de ces jeux sahariens préhistoriques si tant est que ce fussent des jeux.

En réalité, seulement deux scènes peintes, l'une dans l'abri de Ti-n-Hanakaten au Tassili-n-Ajjer (fig. 346), l'autre dans l'abri dit du Taureau, wadi Afar, dans l'Akakus (fig. 347) montrent ce jeu avec le taureau. C'est bien peu pour l'ensemble du Sahara, pour démontrer la transmission d'une coutume pratiquée, plusieurs millénaires après, jusque sur les rives de la Méditerranée.

À Ti-n-Hanakaten (fig. 346) « les six personnages qui entourent le taureau semblent se livrer à une véritable danse qui n'est pas sans évoquer, comme le suggérait G. Camps, certaines scènes d'art créto-mycénien. L'attitude particulièrement calme et pacifique de ce taureau muni de tous les attributs de sa virilité, au milieu de cette agitation, ne semble guère pouvoir s'expliquer autrement que par le fait qu'il s'agit d'un animal mythique. Cette impression est renforcée par l'existence d'un trait qui part de son sexe pour venir se terminer devant la bouche d'un personnage » courbé en position acrobatique [Aumassip, Jacob, Marmier, Trécolle, 1975, p. 64]. En réalité ce que n'ont pas vu Aumassip et ses collaborateurs, c'est que le trait partant du sexe du taureau passe devant la bouche de ce personnage, puis derrière sa tête et ses jambes, pour se terminer sous le cou de l'animal. Cela affaiblit quelque peu l'idée d'un taureau mythique, mais conserverait celle d'une ligne symbolique magique. Cette scène d'âge bovidien a manifestement un caractère rituel.

Dans l'abri du Taureau du wadi Afar, la partie gauche d'une fresque (fig. 347) attribuée par certains au style des « Têtes rondes » (Soleilhavoup, 2007) et par d'autres au Bovidien (Le Quellec, 1993), la taurokatapsie n'est pas évidente malgré la présence de nombreux personnages dynamiques, certains contorsionnés, d'autres touchant la queue d'un grand taureau sans cornes figurées (peut-être effacées ?), d'une femme paraissant sauter par dessus le dos de l'animal, de plusieurs personnages assis, d'un couple probablement en train de pratiquer un coït. Tous ces personnages accomplissent des actions dont on ignore la signification, mais, entourant le taureau, il semble bien qu'ils aient une relation avec ce dernier : rituel initiatique ? fête en l'honneur du taureau, animal sacré ? Et, peut-on relier la symbolique sexuelle de cet animal (puissance génésique, fécondité) aux différents sujets « sexuels » du site ? La question vaut d'être posée.

Fig. 347 – Partie gauche de la fresque du « Taureau » dans le wadi Afar, sud de l'Akakus. Une possible scène de taurokatapsie. Peintures de la période des « Têtes rondes » selon certains, ou pastorale (bovidienne) pour d'autres (voir aussi fig. 273).

Le roi Minos, l'un des trois fils de Zeus est le fondateur de la Crête. La culture minoenne, réputée pour son raffinement, se développa en Crête de 2700 jusqu'à 1100 avant notre ère. Le palais de Cnossos fut construit entre 1700 et 1400 ans av. J.-C. pendant l'apogée du pouvoir grec et de sa culture. Parmi les remarquables peintures pariétales de sa décoration, une scène de taurokatapsie est représentée (fig. 348). À l'époque dite post-palatiale, entre 1400 et 1100, c'est le déclin de la culture minoenne. Les Mycéniens envahissent la Grèce. En réalité, les reconstitutions faites par Evans des fresques du palais de Knossos, laissent dubitatif. Si l'on compare au musée d'Héraklion l'état des originaux et le résultat des restaurations, on ne peut que douter de leur validité… où l'imagination supplée à la pauvreté des restes laissés après le passage du tsunami contemporain de l'éruption de Santorin.

Les spécialistes considèrent que, dans le monde crétois, la taurokatapsie était une sorte de corrida, une véritable solennité religieuse tenant une place importante dans la vie du peuple. Lors des corridas, les cornes magiques et fertilisatrices deviennent l'élément central du spectacle.

Fig. 348 – L'une des fresques murales du Palais de Cnossos en Crête. Culture minoenne (2700 à 1100 ans av. J.-C.). Une scène de taurokatapsie.

Fig. 349 – Représentation schématique du saut périlleux des athlètes crétois dans l'arène. 1, 2, 3, 4 : les différents mouvements pour accomplir ce saut, l'athlète saisissant une corne du taureau. Le mouvement de la tête de l'animal est décomposé en 1, 2 et 3. D'après J.R. Conrad, 1978.

Dans un texte bien documenté, J. R. Conrad (1961) explique cet exercice hautement sportif : « Divers rites préfaçant la corrida avaient pour but de transférer une partie de la vigueur du taureau aux hommes. Des athlètes des deux sexes, spécialement entraînés, descendaient dans l'arène, mains nues et debout, attendaient calmement la charge sans bouger jusqu'à l'ultime moment où l'animal était presque sur eux. Puis, aggripant ses cornes, une fraction de seconde avant d'être projeté en l'air par un coup de tête, se catapultant en l'air, ils accomplissaient un saut périlleux, pour retomber debout sur le dos de la bête, ou bien à terre » (p. 139) (fig. 349). Il s'agit d'une remarquable performance athlétique nécessitant maîtrise de soi, réflexes très aiguisés et force musculaire. Le même auteur indique une variante de cette technique qui consistait à saisir l'une des cornes par le côté et à sauter par-dessus l'animal pour retomber du côté opposé.

À chaque fois l'athlète cherchait à « prendre contact » avec les cornes, à s'approprier l'influx de vigueur et de fertilité de l'animal pour le bénéfice de la communauté tout entière. Cet éternel prestige de la virilité est encore confirmé par les images de taureaux en érection (fig. 348) qu'on a découvertes en abondance à Cnossos et aussi par le fait que toutes les athlètes de l'arène portaient une sorte de pantalon bouffant par devant, de façon à se donner l'apparence extérieure de la masculinité.

Rien ne permet de supposer une relation entre ce que l'on observe dans les rituels crétois et les peintures sahariennes.

La tombe étrusque de Tarquinia

Les Étrusques, apparus au centre-est de l'Italie, ont connu leur apogée au VIe siècle av. J.-C. On ignore l'origine exacte de ce peuple, aucun groupe humain présentant les mêmes caractéristiques sociales et ethniques n'existant ailleurs en Europe ou en Asie. Les Étrusques parlaient une langue non indo-européenne dont l'origine est inconnue.

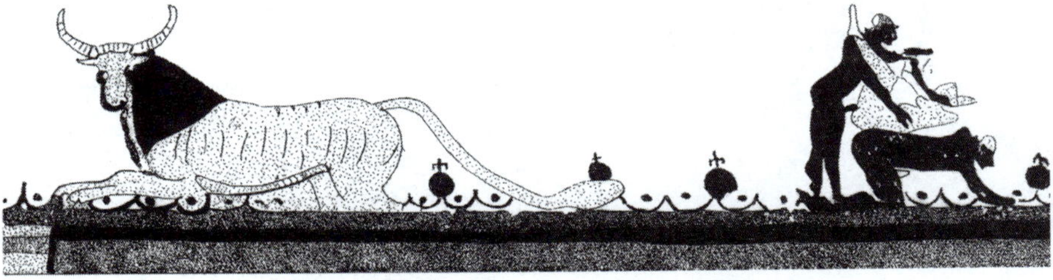

Fig. 350 – Partie gauche d'une fresque dans une tombe de Tarquinia, Italie centrale, la tombe dite « des Taureaux ». Un couple se livre à un coït, la femme étant sur le dos d'un autre homme à quatre pattes. D'après photo, site internet.

Deux grandes nécropoles, celle de Cerveteri et celle de Tarquinia sont des témoignages exceptionnels de la civilisation étrusque, la seule civilisation urbaine de l'Italie pré-romaine.

La nécropole de Tarquinia, vers le VIe siècle av. J.-C. possède un remarquable groupe de tombes peintes.

« La tombe dite des Taureaux date de – 540. Elle appartenait à la famille des Spurinna. La fresque qui couvre la paroi centrale du fond de la chambre principale de cette tombe mêle un taureau excité, deux groupes érotiques humains et une scène tirée des récits troyens » (P. Quignard, 1994, p. 203). Cette fresque mêle volontairement la sexualité humaine et le rut des animaux. Sur le bandeau supérieur, à fond blanc, ces scènes érotiques, en rouge, (les taureaux sont gris et rouges, aux cornes verdâtres) sont de deux sortes : à gauche, l'accouplement d'un homme et d'une femme – la femme étant allongée sur le dos d'un autre homme. Derrière ce trio, leur tournant le dos, un taureau est paisiblement couché. À droite, deux homosexuels se livrent à une sodomie, l'un des deux amants tient à deux mains un frêle arbuste, comme pour se cacher d'un taureau ithyphallique qui avance vers le couple (fig.350).

Couple hétérosexuel et taureau immobile d'un côté, couple homosexuel et taureau sexuellement excité de l'autre (fig. 351), il y a une opposition de double nature, celle des relations humaines et celle des comportements taurins. Opposition voulue dont la symbolique sexuelle paraît claire : rapport reproducteur et rapport non-reproducteur.

P. Quignard (*op. cit.*, p. 205) nous dit : « on ne connaîtra jamais le sens des symboles phalliques dans les tombes pour ceux qui les creusaient et les peignaient (...) ou peut-être les scènes homosexuelles entourant le taureau saillissant ont-elles été figurées dans le dessein de leur assurer, sinon une survie ou une renaissance, du moins la compagnie d'une vitalité paroxystique dans le secret et la crypte de la tombe ».

Fig. 351 : Partie droite de la fresque « des Taureaux » à Tarquinia. Scène de sodomie entre deux homosexuels devant un taureau en érection, en train de marcher.
Culture étrusque, vers le VIe siècle av. J.-C. pour la construction de la tombe.

Dans les scènes de taurokatapsie, il y a l'affrontement de l'homme et du taureau, la mort de l'homme (ou de la femme) pouvant conclure cet affrontement. Dans ce jeu mortel deux virilités sont antagonistes. La symbolique sexuelle n'est qu'allusive. Dans la tombe des taureaux de Tarquinia la sexualité humaine est active en présence des taureaux.

Pascal Quignard précise que les anciens Etrusques ont toujours lié désir et mort. Revenant sur le coït anal il se demande pourquoi ce coït est lié au guet-apens de la mort. Il indique alors que « chez Homère, le verbe meignumi qui dit le coït, dit aussi la mêlée du combat. Mettre sous le joug une femme est le même verbe que mettre à mort l'adversaire (...). Pourquoi la fresque de Tarquinia présente-t-elle l'image d'un coïtus a tergo ? ».

Comprendre les idées que se faisaient les anciens du sexe et de la sexualité est plus aisé que de tenter d'interpréter des images sexuelles préhistoriques. Des textes existent dans le premier cas qui aident à l'interprétation ; l'absence totale d'écrits dans le second cas ouvre, comme on l'a souvent dit, le champ à notre imaginaire spéculatif.

Les théories

On en est donc réduit à poser des hypothèses, à bâtir des théories, parfois en tricotant des fragments de mythes qui perdurent dans certaines traditions. C'est à la fois stimulant pour la réflexion et frustrant pour la recherche car on sait que toute tentative d'explication de l'art érotique de la préhistoire restera vouée à l'échec ou du moins restera fragmentaire. De brillants esprits s'y sont essayés et s'y essaieront. Au moins donnent-ils des pistes de constructions intellectuelles motivantes.

L'aperçu des images à caractère sexuel qu'on vient de donner, surtout dans l'art rupestre du Sahara permet peut-être de dégager deux ensembles : des images réelles et des images fantasmées. Ces deux catégories pourraient se rapporter d'une part à une sexualité « familière », du réel, et d'autre part à une sexualité « spirituelle » ou sacrée.

Il est très probable que les groupes néolithiques sahariens et les sociétés post-néolithiques ont représenté les activités sexuelles qu'ils pratiquaient, pour leur plaisir et pour assurer leur descendance. Et, comme dans toute société traditionnelle, jusques et y compris dans la nôtre, moderne, la sexualité faisant fonctionner cette sphère mentale où la chimère, le fantasme, l'onirique, le légendaire, le sacré s'entremêlent de façon complexe, il est naturel que des images rupestres aient pu illustrer cette part « obscure » du cerveau humain.

Des artistes ont-ils dessiné sur les parois rocheuses les actes sexuels pratiqués « au quotidien » ? On pourrait le croire devant certaines scènes gravées ou peintes où les positions et les gestes sont naturels, paraissant montrer des relations « normales » à nos yeux occidentaux.

D'autres scènes, à l'évidence, relèvent de l'imaginaire et probablement sont-elles plus nombreuses. Cela laisse penser que la sexualité rupestre au Sahara donnait des clés d'ordre spirituel pour ceux qui la regardaient. Des clés d'ordre mythologique, sans doute aussi. Mais, on l'a plusieurs fois évoqué, on ne saurait aller au-delà de cette suggestion sans verser dans l'opinion gratuite et invérifiable.

Dans l'imagerie rupestre saharienne, il apparaît que les rôles sociaux, parfois religieux de l'homme et de la femme sont distincts. L'homme est montré comme chasseur ou pasteur, ou guerrier, ou conducteur de char, ou cavalier. Parfois sa représentation évoque un être supérieur, un chef, un « dieu » ou bien un officiant « religieux » ou encore un chaman. Ithyphallique, il montre son pouvoir géniteur, de même lorsqu'il se livre à un accouplement hétérosexuel. Mégaphallique, il entre dans le domaine d'une sexualité fantasmée.

L'image de la femme, hors sexualité, est le plus souvent « domestique » : femme au foyer avec ses enfants, membre du couple. Plus rarement, en particulier dans la période des « Têtes rondes », la femme est orante, vénérant un être supérieur (masculin). Dans le domaine sexuel, c'est plutôt une image de la fertilité féconde que donne la femme : nombreux sont les exemples qu'on a décrits dans ce travail. Elle en devient un symbole, par exemple dans les « femmes ouvertes ».

CONCLUSION

Qu'on ne s'y trompe pas : les images rupestres à caractère sexuel dont on vient de rassembler ici quelques exemples ne représentent en réalité qu'une faible partie de l'ensemble considérable des gravures et des peintures qui couvrent les rochers du Sahara. Ce n'est pas de l'art saharien en général qu'il a été question, mais bien d'une thématique particulière de cet art.

Dans un livre qui vient de paraître, Jean-Dominique Lajoux (2012), photographe, qui était dans l'équipe de copistes des peintures du Tassili dirigée par Henri Lhote dans les années 1950-1960, consacre un petit chapitre aux images à caractère sexuel, intitulé « Des rives de sexes » (titre incompréhensible !), p. 233-239. Il écrit : « Parmi les milliers de figures que le passé préhistorique du Sahara nous a léguées, il aurait été surprenant que les images de sexes ne soient pas présentes. Et elles le sont, mais pas de manière uniforme. Elles apparaissent spécialement dans les gravures et sont quasi absentes dans les peintures » (p. 233).

L'auteur se trompe en affirmant que les images sexuelles sont surtout gravées et absentes en peintures ; on vient d'apporter la preuve que l'une et l'autre technique artistique étaient employées, à part plus ou moins égale. Pourtant Lajoux a collaboré avec Bernard Fouilleux l'un des meilleurs connaisseurs de l'art tassilien. Ce dernier dispose d'une remarquable iconographie de ces images. En témoignent les exemples que nous produisons dans cet ouvrage et dont il m'a aimablement confié les clichés. Ces documents proviennent de sites tassiliens peu ou pas connus dans lesquels ses amis touaregs l'ont amené et dont ils ne souhaitent pas voir divulguées les localisations.

Dans son petit texte sur les images sexuelles, Jean-Dominique Lajoux produit six images d'hommes au pénis démesuré, non ithyphallique, dont deux « djenoun » et quatre images de relations sexuelles dont deux peintes. Et encore ces images sont-elles de facture assez grossière, sauf la scène d'accouplement à I-n-Aouanrhat (voir fig. 264). Ces exemples sont fort peu démonstratifs de la grande variété des thèmes et des sujets à finalité sexuelle disséminés dans tout le Sahara dont je viens de donner un aperçu.

Par ailleurs, l'auteur indique (p. 237) : « l'abondance des gravures à sujets sexuels nécessiterait un volume particulier pour en aborder les principaux aspects (…). Gageons que leur inventaire photographique associé à celui des gravures de la Libye voisine, apporterait de riches enseignements sur les préoccupations sexuelles des antiques sahariens ».

Cette remarque atteste que l'auteur a conscience de l'importance du sujet. C'est d'ailleurs ce constat qui m'a motivé pour élaborer ce travail – sans doute le premier du genre pour l'art saharien.

On sait que le thème de la sexualité est universel depuis au moins 35 000 ans dans les arts pariétaux, rupestres et mobiliers du monde entier. Cette fonction tant biologique et physique que psychique est en effet le seul consensus entre les humains !

Si le thème est universel, son expression graphique est infiniment variée. On s'en est aperçu au Sahara, au cours de la revue des représentations sahariennes dans des régions, dans des époques et pour des cultures anciennes différentes.

Si l'abstraction des images sexuelles domine dans les arts du Paléolithique supérieur, bien que plusieurs représentations féminines montrent un réalisme anatomique proche du figuratif, c'est plutôt le naturalisme qui semble caractériser l'art néolithique au Sahara – un naturalisme dans les images génitales, dans les attitudes, dans les positions de rapports sexuels. La simplification, la schématisation ne sont pourtant pas absentes. Les gravures féminines sur le plateau du Messak libyen en sont de bons exemples.

Bien sûr, l'iconographie présentée ici ne saurait être exhaustive. Sur le thème étudié, comme sur tous les autres, l'immense Sahara recèle certainement un nombre important de gravures et de peintures encore à découvrir. Mais on a rassemblé un échantillonnage significatif d'images sexuelles. On s'aperçoit, par exemple, qu'il y a environ deux fois plus d'hommes représentés dont la posture ou l'attitude sexuelle est avérée que de femmes en position semblablement suggestive. C'est intéressant à signaler car il semblerait que l'élément masculin domine dans cette imagerie, toutes époques confondues, sans qu'on puisse cependant en tirer des conclusions quant à la prééminence de l'homme sur la femme dans les diverses paléocultures sahariennes. Cela, entre autres, n'implique pas nécessairement l'existence d'un « patriarcat » préhistorique.

Une autre observation d'ordre général concerne la représentation des rapports sexuels. Le plus souvent, ces derniers ne sont pas dissimulés aux regards. Chacun, dans ses déplacements quotidiens ou pour se rendre à une manifestation d'ordre rituel, pouvait les voir exposés ici et là. Il semble qu'aucun interdit ne limitait la liberté des artistes dans ce domaine. Les images « secrètes » (cachées), à caractère sexuel, sont exceptionnellement rares. Dans l'illustration de cet ouvrage, deux exemples seulement sont rapportés, l'un d'un homme à l'érection courbe dissimulé au plafond d'un abri bas, dans le wadi Tabrakat, région de l'Aramat (fig. 211), l'autre, d'une femme ouverte, assise, cachée par un auvent au pied de la paroi d'un petit abri dans le wadi Taleshut au Messak (fig. 254). Ces deux scènes montrent des anomalies sexuelles ou des particularités et on peut s'interroger sur les motifs de leur dissimulation. On peut naturellement parler d'interdit religieux ou rituel (un tabou), idée que renforceraient de nombreux exemples ethnologiques. En voici un, surprenant : James Cook, lors de son premier voyage en Polynésie en 1769 avait été choqué de voir que des couples de tous âges s'ébattaient en public, vivement encouragés par les spectateurs, mais s'isolaient et se cachaient pour s'alimenter ; chez eux, à l'inverse de la gentry anglaise, l'interdit était alimentaire et non sexuel. Que sait-on des « tabous » néolithiques ?

Dans les images à caractère sexuel, pour plusieurs thèmes évoqués dans cet ouvrage, on peut se demander si des mythes, peut-être même des concepts d'ordre religieux, perceptibles dans l'art pré — et protohistorique du Sahara, n'ont pas survécu, transposés et transformés, dans des sociétés ou des civilisations postérieures, par exemple pendant l'Antiquité dans le Bassin méditerranéen : en Égypte, en Grèce, dans le monde romain et chez les Étrusques.

Si les thèmes du mégaphallisme, des théranthropes, des « Djenoun », semblent être spécifiques de l'art saharien et circonscrits à cette aire géographique, ceux de l'ithyphallisme et des « femmes ouvertes », en revanche, se retrouvent ailleurs et dans d'autres cultures et, dans ce cas, on peut se demander s'il n'y a pas eu diffusion d'idées, de symboles et/ou de rites à moins qu'il ne s'agisse d'une universalité de la perception de la femme et de sa « porte d'entrée ».

L'exposition, voire l'exhibitionnisme de la vulve, est en effet un thème fort répandu tant géographiquement que chronologiquement.

Selon G. Devereux ([1983] 2011), « à Çatal Hoyük, la Déesse est souvent représentée avec les cuisses écartées et la vulve béante, comme pour un accouchement. »

Il cite aussi le mythe de Baubo, appartenant à diverses cultures – sumérienne (fig. 352), grecque, égyptienne (?), étrusque, japonaise (?)... – qui, par l'exhibition de son sexe en train d'enfanter Iakchos, guérit la Déesse des Moissons (donc de la Fertilité), Déméter de son chagrin et de son apathie en la faisant rire.

Dans la mythologie grecque, le geste de relever son vêtement pour exposer sa vulve devant des hommes pouvait aussi avoir pour but de faire honte aux fuyards et de les renvoyer vers le combat ou, comme ce fut le cas des femmes de Lycie, d'effaroucher l'ennemi (Bellerophon) et de le faire fuir.

Dans Pantagruel, Rabelais – imité plus tard par La Fontaine – a repris ce rôle effrayant de la vulve dans l'histoire de la « Papefiguière » qui fait fuir le Diable en retroussant ses vêtements pour découvrir la terrible blessure dont elle prétend avoir été victime : « lors se descouvrit jusques au menton en la forme que jadis les femmes Persides se présentèrent à leurs

Fig. 352 – Décor partiel d'un cylindre sumérien montrant la déesse Ishtar. D'après illustration dans G. Devereux (2011, p. 61).

enfants fuyants de la bataille et luy monstra son comment ha nom. Le diable voyant l'énorme solution de continuité en toutes dimensions… » [quitte le champ]. (Rabelais, Pantagruel, Livre IV chap. XLII)

Une vulve exagérée figure également sur les sculptures de Sheela-Na-Gig représentées dans les églises et les châteaux médiévaux d'Europe (en particulier en Irlande). Le rôle de ces sculptures féminines d'aspect grotesque fait l'objet de controverses chez les spécialistes : pour certains, il s'agit de la réutilisation d'une divinité païenne ; pour d'autres, elles symbolisent la fertilité ; dans les églises, elles pourraient aussi avoir servi d'avertissement religieux contre les excès de la chair ou encore elles auraient un pouvoir de protection contre le Mal (comme dans l'histoire de la « Papefiguière »)

On pourrait encore ajouter le rôle d'excitant sexuel que jouait ce geste, simulé, dans le célèbre French cancan de la Belle Époque en encourageant le voyeurisme des spectateurs.

Tous ces exemples montrent que, comme l'indique Robert Neuburger, psychanalyste, dans sa préface « éloge de la vulve » au livre de Georges Devereux : « Baubo, la vulve mythique » ([1983] 2011) « la signification de l'exhibitionnisme de la vulve varie selon les contextes : signe de mépris, provocation sexuelle, figure de fertilité, incitation au rire comme dans le mythe de Baubo (…) ». Comme la langue d'Ésope, la vulve peut être la meilleure ou la pire de choses.

Deux questions se posent alors à propos des « femmes ouvertes » du Sahara : a-t-on affaire à une image de portée symbolique universelle qui n'aurait pas nécessairement un support mythologique et que l'on peut donc trouver en tout temps et en tous lieux, avec une valeur emblématique générale, celle de la Fertilité féminine, celle de l'invite à la sexualité ou encore celle d'une position évoquant l'accouchement ou bien peut-on voir dans les divers cas d'exhibitions du sexe féminin cités plus haut une filiation avec les « femmes ouvertes » – thème récurrent au Messak libyen et qu'on rencontre aussi au Djerat tassilien ? Il serait hasardeux de le prétendre mais on ne peut nier, au moins, une certaine convergence formelle sinon sémantique.

Dans son livre « Les Dieux menteurs » (2002), Françoise Gange explique que l'ordre patriarcal s'est imposé partout après l'Âge du Bronze, la « Grande Mère » ayant été attaquée en plusieurs vagues et démonisée pour aboutir à l'effacement de sa mémoire et au remplacement de son culte par le nouvel ordre du Père dominant mais certaines images rupestres sahariennes pourraient peut-être modifier cette position chronologique : dans le style pictural « Têtes rondes », d'époque néolithique, on peut voir des femmes en procession, les bras levés comme pour une invocation ou une imploration (des orantes) se dirigeant vers un grand personnage masculin (un « Grand Dieu » selon l'expression de Henri Lhote). Ces images pourraient déjà évoquer, quelques millénaires avant l'Âge du Bronze, un culte religieux « phallocentré ».

Comme l'écrit R. Neuburger (2011), « il y aurait donc (...) des religions phallocentrées, organisées autour d'un Père, la plupart connues dans le monde occidental ; et des religions « vulvocentrées » qui semblent avoir disparu, organisées autour d'une déesse Mère. Certaines religions maintiennent les deux traditions. C'est le cas de la religion catholique qui parle à notre inconscient en maintenant les deux cultes juxtaposés : celui d'un corps masculin érigé et dénudé, et celui d'une femme dotée d'une vulve ce qui est rappelé constamment par le fait de la nommer « Vierge ».

Dans l'art saharien, tantôt la femme paraît être l'objet d'une vénération, sinon d'un culte, tantôt l'homme, par ses attributs génitaux emphatisés ou même hypertrophiés (personnages mégaphalliques, certains « Djenoun », ithyphalles à gros phallus, etc.) a fait l'objet d'une considération, si ce n'est d'une vénération particulière. Il est difficile, dans une même époque, néolithique ou protohistorique, d'apprécier le degré d'intérêt porté par une société à la femme ou à l'homme, ou encore aux deux sexes en même temps. Il apparaît cependant que, selon les régions et probablement selon les cultures, l'accent est plutôt mis sur les représentations d'un sexe ou de l'autre.

Là où l'image de la femme est magnifiée, peut-on parler d'une société de type matriarcal qui la représentait sur les rochers ? À l'inverse, si c'est celle de l'homme – de son phallus surtout – qu'on voit plus fréquemment, une société patriarcale en est-elle responsable ? Sans autre information sur les organisations sociales des groupes préhistoriques qui se sont développés au Sahara, il est impossible de préciser ce qu'il en fut. Le sexe rupestre et ses manifestations ne donnent finalement que peu d'informations sur la réalité passée des relations entre les hommes et les femmes, mais une dichotomie sociale sexuelle est probable.

Les positions du coït sont assez peu variées dans l'art saharien, bien moins en tout cas que dans le Kamasutra ! On voit en effet des coïts frontaux, des coïts fronto-dorsaux (hétéro — ou homosexuels) ou des coïts où les partenaires sont assis face à face. L'homme peut être allongé sous la femme ou bien debout, face à elle, ou encore debout, face à une femme ouverte. Enfin, on observe parfois la position « classique », l'homme et la femme face à face, tous deux allongés.

Sur un plan général, deux types de figurations permettent de distinguer deux types de sexualités. Couples et rapports sexuels en position frontale dans l'espace privé d'une hutte, sont des scènes rupestres qui décrivent une sexualité « normale » qu'on pourrait qualifier de « familière », d'« ordinaire » voire même, pourquoi pas, de « quotidienne ». Ce sont des images qui montrent la simplicité, le naturel de la sexualité entre l'homme et la femme. Par contre, les femmes ouvertes en posture stéréotypée, les hommes mégaphalliques et ithyphalliques au sexe hypertrophié, les personnages en posture de Bès, les théranthropes, manifestent, de près ou de loin, une sacralisation ou une symbolisation de la sexualité – une sexualité où les organes et les actes deviennent surhumains, hors normes. Si le mot sacralisation paraît inadapté, parlons alors d'une sexualité fantasmée ou mythifiée. Au Sahara, les exemples sont nombreux, on l'a vu. Bien que réticent à l'interprétation mythologique de scènes préhistoriques, sexuelles ou non, faute de supports solides, on ne peut s'empêcher de penser à une fonction mythique pour certains personnages et pour certaines situations. Il y a des dérivations symboliques pour les « femmes ouvertes ». A. et A.-M. Van Albada l'ont parfaitement établi. Dans ce cas le support mythologique n'a pas lieu d'être. Mais la femme, associée à des animaux domestiques, des chiens ou des bovins, ou bien en relation avec des cavités naturelles de la roche, des creux, des fissures, participe peut-être à des récits mythiques où la « Caverne — Matrice » donne une charge symbolique à la gestation et à l'enfantement. J.-L. Le Quellec (1998) a évoqué cette symbolique, en particulier dans des wadis du Messak libyen.

Le sexe de l'homme est représenté de façon très variée, davantage quant il est flaccide que lorsqu'il est en érection, – un état qui impose plutôt une représentation conventionnelle. Les verges, de dimensions normales ou exagérément allongées n'ont pas toujours, – loin s'en faut ! – la morphologie qu'une anatomie normale pourrait montrer. Plus ou moins courbées, plus ou moins sinueuses, elles dénotent chez les artistes, des peintres surtout, des vues particulières de cet organe, parfois éloignées de la réalité. Par exemple, cet homme peint en rouge au Tassili-n-Ajjer (fig. 353) présente un phallus flaccide, allongé, avec des courbures non conformes à l'anatomie normale. À moins d'une maladresse dans le dessin, – peu probable compte tenu de la silhouette du personnage –, pourquoi l'artiste a-t-il voulu montrer une verge déformée ? Parce qu'il a vu une telle anomalie chez un contemporain ? Parce qu'il se faisait une idée particulière de cet organe ? Toujours est-il que dans ce cas comme dans de nombreux autres, on est bien en peine d'imaginer les motifs d'une telle représentation du pénis. Ce n'est pas la moindre des interrogations qu'on peut avoir à propos des images sexuelles de l'homme nu dans l'art saharien…

Dans un ouvrage considérable, en trois volumes, sous la direction de Alain Corbin : « Histoire de la virilité » (2011), il est démontré que certaines valeurs liées au corps ont évolué à travers les siècles, en particulier la virilité. C'est cette « valeur » de virilité qui est contestée à travers les siècles et non pas la masculinité, c'est-à-dire le fait d'avoir des trait masculins, qui elle, reste stable.

Dans l'Antiquité, notamment chez les Spartiates, existaient deux catégories de citoyens : les hommes « vrais » et ceux qu'on appelait les « trembleurs ». La virilité est donc déjà une idée à part et centrale ; la réputation d'homme viril se mérite.

Le masculin et le viril étaient-ils distingués pendant la préhistoire, celle du Sahara en particulier ?

L'évidente masculinité des ithyphalles en faisait-elle aussi des hommes virils ? Ce n'est pas sûr si on considère la virilité comme une valeur qu'un homme peut acquérir en montrant des qualités de force, de puissance, de courage, par exemple au combat. En revanche si on se réfère à la courte définition du dictionnaire pour virilité : « ce qui est propre à l'homme », tous les ithyphalles sont virils (du latin vir, viri, l'homme).

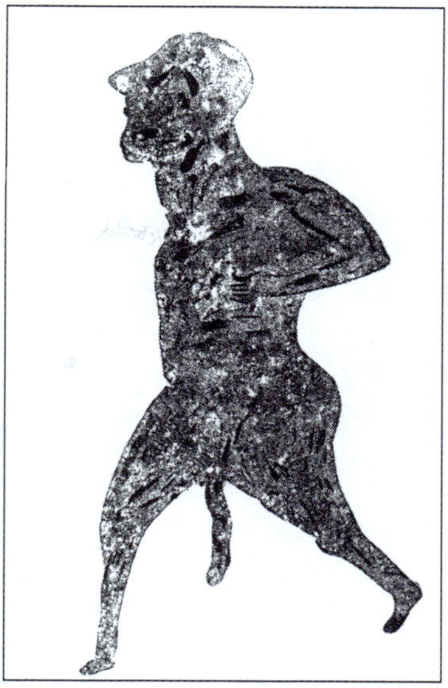

Fig. 353 – Peinture à l'ocre rouge d'un homme en marche, au crâne chauve (?). Son pénis flaccide, allongé, présente plusieurs courbure non conformes. Tassili-n-Ajjer. D'après photo B. Fouilleux.

Au XVIe siècle, entre 1565 et 1590, Montaigne s'insurgeait contre certaines violences de la virilité « à l'ancienne ». Il souhaitait, par exemple, que le duel soit supprimé, alors même que les édits interdisant cette pratique n'étaient pas encore publiés (ils le seront en 1625 et seront peu suivis d'effet).

L'Ancien Régime attribuait à la virilité des valeurs combatives et guerrières chez les hommes. Il en est toujours de même de nos jours. Il suffit de voir l'entraînement des « marines » américains ou de n'importe quel groupe militaire ou para-militaire dans le monde, mais on commence à y voir des femmes, modernes Amazones. Quelles que soient ses variations conceptuelles au cours du temps, l'idée de la virilité repose sur des constantes : la force ou la domination par les armes (ou le sexe – viols).

Est-ce alors dans les images rupestres sahariennes d'hommes armés de javelots, de lances, de poignards, d'épées, de boucliers que les artistes de la période paléoberbère affichaient la virilité ? Davantage en tout cas que dans les périodes antérieures, pastorales ou « Têtes rondes » où l'on ne voit pratiquement jamais d'hommes armés.

Si la masculinité caractérise l'homme depuis l'origine, la virilité serait-elle née dans les temps protohistoriques, à l'âge des métaux ?

La sexualité animale a été évoquée au chapitre VI, mais principalement en termes d'éthologie sexuelle : copulations, mises bas, femelles suitées, groupes « familiaux », soins apportés aux petits, etc. En matière de symbolique sexuelle animale on a montré des scènes de coïts humains en présence d'animaux (voir fig. 275, 280). Interpréter le rôle de ces animaux dans ces scènes est difficile, sauf à se lancer dans une description mythologique qui tente de les comparer avec des mythes actuels. Le sexe de l'animal, essentiellement chez le mâle, fait souvent l'objet, cependant, d'une symbolique sexuelle. C'est le cas pour

Fig. 354 – Un éléphant gravé dans le wadi I-n-Hagarin, Messak libyen, possède un sexe bien dessiné. Le cercle en piquage fin, à son extrémité, renvoie à une symbolique sexuelle indéchiffrable.

plusieurs gravures d'éléphants en érection ou non. Par exemple, dans le wadi I-n-Hagarin au Messak, un éléphant aux oreilles festonnées, en double trait et dont la surface interne est polie (fig. 354) possède une queue en équerre (signe d'excitation) et un sexe au dessin anatomiquement conforme dont l'extrémité est entourée d'un cercle en fin piquage. C'est ce cercle, peut-être ajouté, qui pose question. Il a certainement une signification, mais il est impossible de la déterminer. En tout cas, pour diverses raisons, celle d'une sexualité féconde par exemple, chez l'animal, le sexe mâle a fait l'objet d'attentions particulières.

Pour en finir avec ces quelques fragments de conclusion, il faut évoquer le rôle que le paysage pouvait jouer dans l'imaginaire des peuples sahariens, pendant la préhistoire et certainement après.

On sait qu'à certaines époques, par exemple au Néolithique ancien, pendant la période des peintures « Têtes rondes », les artistes recherchaient des lieux reculés, parfois d'accès malaisé pour y placer leurs œuvres : des plafonds bas d'abris sous-roche, des parois perchées au sommet de chaos périlleux de blocs, des abris perdus au cœur des « forêts de pierre » du Tassili-n-Ajjer, etc. Ces choix de lieux particuliers dénotent sans doute une volonté de cacher les œuvres ou de les entourer de mystère. À d'autres époques, notamment protohistorique paléoberbère, les peintres et les graveurs plaçaient au contraire leurs œuvres dans des endroits ouverts, aisément accessibles à tous.

Fig. 355 – Relief granitique isolé dans la plaine (inselberg) dont la forme sexuelle est suggestive, Hoggar. Photo S. Donon.

Cela peut expliquer les deux grandes formes d'art au Sahara : un art du mystère, d'essence spirituelle, voire sacrée et un art de la lumière, ouvert à tous, où les sujets sont plutôt « profanes ».

À propos des représentations à caractère sexuel, on a évoqué plus haut la relation entre certains aspects de la morphologie rocheuse du paysage et des images sexuelles : grottes, abris profonds qui symbolisent l'utérus, ou bien fissures, cupules naturelles, évoquant la vulve.

Mais certaines formes du paysage pouvaient-elles donner des idées érotiques aux populations ? Des colonnes de pierre d'aspect phallique, comme on en voit tant dans les ruiniformes tassiliens ? Des érosions en croupes arrondies, féminines, dans les granites du Hoggar ?

Un remarquable exemple se trouve précisément au Hoggar où un dôme granitique émergeant de la plaine sableuse (fig. 355) rappelle avec réalisme une croupe féminine, sexe et anus compris. Si un photographe contemporain peut être frappé par cette forme rocheuse naturelle, on peut supposer que les préhistoriques de la région l'avaient remarquée. Mais gardons-nous bien d'affirmer que cet élément « érotique » du paysage, comme d'autres, évocateurs, ait pu être source d'inspiration pour des artistes rupestres. À Ben Amira, en Mauritanie, un inselberg offre une image comparable et les autochtones y voient la représentation d'une Aïcha mythique au sexe démesuré.

On l'a vu, traiter de l'art rupestre érotique au Sahara n'est pas un exercice très aisé car les interrogations sont plus nombreuses que les certitudes qu'on peut avoir pour la plupart des scènes. Aussi, on s'est contenté le plus souvent de décrire les images, sans pour autant, du moins l'espère-t-on, avoir établi un simple catalogue.

Les images à caractère sexuel dans l'art saharien, en dépit de leur modeste quantité parmi une masse considérable de représentations humaines et animales, apportent d'intéressants éléments pour tenter de saisir des idées, des concepts, des fantasmes, des mythes, des symboles, des pratiques, que les populations anciennes ont pu avoir. Sur ce sujet, la réflexion, on s'en doute, est loin d'être close. La littérature poétique, scientifique, psychanalytique est particulièrement riche. De fait, elle est inépuisable ! Quoi de plus naturel en somme pour ce qui concerne le moteur essentiel de l'humanité…

Postface

Yves Coppens
Professeur au Collège de France

Amoureux du Sahara et passionné par sa préhistoire – le postfacier aussi –, François Soleilhavoup s'est lancé ici dans la recherche difficile des figures ou des scènes de son art rupestre se rapportant de près ou de loin à la thématique de la sexualité. Recherche difficile, car cet art, qui s'est généreusement exprimé 10 à 12 000 années durant sur toutes les dalles ou presque d'une large ceinture latitudinale de l'Atlantique à la Mer rouge et de l'Atlas à la forêt, n'a pas fait de ces sujets sa préoccupation principale. Il a donc fallu à l'auteur, dont je salue l'érudition, aller chercher partout ce qui décrit, raconte, évoque, symbolise les organes génitaux, les comportements à connotation sexuelle, l'acte lui-même, réalisé ou simulé et ses conséquences, la grossesse et la parturition.

Et non seulement il y est parvenu, mais il nous a montré que ce sujet avait été abordé plus souvent qu'on ne l'avait imaginé et qu'il l'avait été de mille manières, toutes aussi intéressantes les unes que les autres, révélant bien des aspects des mœurs, des mentalités, des mythes des sociétés qui ont produit les œuvres en question. Il en est résulté un beau corpus, original et quasi complet, d'un propos très riche qui va de la représentation évidente de la puissance, de la fécondité, de la prospérité à celle, plus complexe, de l'interprétation des figurations exagérées, des configurations homme-animal ou de leur fusion et de celles de l'accompagnement ou du remplacement du sexe par sa schématisation ou son symbole.

Une postface ne saurait dépasser son rôle qui est bien sûr de dresser un bref bilan ou travail qu'elle clôt. Mais le postfacier a quand même une terrible envie d'y ajouter deux remarques, qui, parmi beaucoup d'autres, toutes passionnantes, ont particulièrement piqué sa curiosité.

La première concerne le temps. Par-delà les origines différentes des artistes, il est frappant de noter les liens qui unissent les styles de l'immense ensemble du Bubalin naturaliste, des Têtes rondes et du Bovidien pastoral et la manière dont au contraire s'en démarquent les œuvres des périodes caballines et camélines dites paléoberbères. Des oscillations climatiques de cette dizaine de millénaires (peut-être un peu moins) ont pourtant fait monter l'humidité ou descendre la sécheresse, déplaçant en même temps les faunes que contenaient ces environnements et les humains qui les accompagnaient. On comprend le choix de l'auteur de traiter des sujets de la sexualité toutes époques confondues.

La seconde concerne l'espace. La vallée du Nil fait un joli liseré bleu et vert à notre grand bandeau noir et doré puisqu'il en est à la fois marge et partie ; or ce liseré a été le berceau et le creuset de trois millénaires d'une des plus éclatantes civilisations du Monde compris dans la tranche de temps traitée ici. Or il n'est guère possible d'imaginer pareille proximité sans aucune influence. Et, en effet, bien des aspects, des thèmes, des styles, des caractères des cultures rupestres qui ont couvert les rochers des déserts d'à côté ont participé à l'inspiration de ces dynasties de pharaons – l'intrusion étrange de l'oryctérope dans l'art et les mythes par exemple – qui, elles aussi, sont tantôt montées de Nubie, tantôt descendues de Méditerranée.

Merci François Soleilhavoup pour ce prélèvement intelligent d'une des grandes écoles d'art rupestre de la planète ; revenez nous raconter l'illustration d'autres thèmes de cette somptueuse exposition de dix mille années de gravures et de peintures que vous connaissez mieux que quiconque, nous en serons ravis.

Bibliographie

ALLARD-HUARD L. et HUARD P. (1986) – « La femme au Sahara avant le désert ». *Études scientifiques,* sep.-oct. 1986. Éditions et publications des Pères Jésuites en Égypte, Le Caire. 91 p. 76 fig.

ALLARD-HUARD L. (1993) – *Nil-Sahara, dialogues rupestres.* I. Les chasseurs. Chez l'auteur, 26 400 Divajeu. 354 p., 93 fig., 17 cartes.

ALLIN M. (2000) – *La girafe de Charles X. Son extraordinaire voyage de Khartoum à Paris.* Jean-Claude Lattès éditeur, Paris. 272 p.

ANATI E. (1989) – *Les origines de l'art et la formation de l'esprit humain.* Albin Michel édit., Paris. 255 p., 182 fig.

ANATI E. (1997) – *L'art rupestre dans le monde. L'imaginaire de la préhistoire.* Larousse – Bordas, édit., Paris. 422 p., 325 fig.

ANATI E. (2003) – *Aux origines de l'art. 50 000 ans d'art préhistorique et tribal.* Fayard édit., Paris. 507 p., nombreuses illustr.

ANGULO CUESTA J. et GARCIA DIEZ M. (2008) – « Sexualidad y erotismo en la Prehistoria ». *Rev. Int. Androl.*, vol. 6, n° 2, pp. 127-139.

ANGULO CUESTA J., GARCIA DIEZ M., MILLARA A. et EGUIZABAL J. (2009) – « Erection and circumcision represented in Palaeolithic art in Europa ». *EAU annual congress*, 2009. Stockholm.

ANSELIN A. (2006) – « Iconographie des rupestres sahariens et écriture hiéroglyphique : signe et sens » (p. 13-28). *Cahiers de l'AARS*, 16 « Hic sunt Leones », mélanges sahariens en l'honneur d'Alfred Muzzolini.

AUMASSIP G., JACOB J.-P., MARMIER F., TRECOLLE G. (1976) – « Les fresques du Taureau à Ti-n-Hanakaten ». *Lybica*, XXI, p. 55-65.

AUMASSIP G. (1993) – *Chronologies de l'art rupestre saharien et nord-africain.* J. Gandini. édit., 31 p.

BAILLOUD G. (1997) – *Art rupestre en Ennedi – Looking for Rock Paintings and Engravings in the Ennedi Hills.* Editions Sépia. 157 p., 204 fig. (Art rupestre).

BARGUET P. (1986) – *Les textes des Sarcophages égyptiens du Moyen Empire.* Paris.

BATAILLE G. (1999) — *L'érotisme.* Editions de Minuit, Paris

BLUNDELL G. et LEWIS-WILLIAMS D. (2002) – « Nouvelles découvertes dans le Nomansland, Afrique du Sud ». *International Newsletter on Rock Art (I.N.O.R.A.)*, 33 : 1-7, 6 fig.

BONNARD M. et SCHOUMAN M. (1999) – *Histoires du pénis*. Editions du Rocher, Monaco. 245 p. nombreuses illustrations.

BORDA M. (2011) – « Rock art finds at Garet Shezzu and an aardvark » *Sahara*, n ° 22, p. 130-133, 11 fig. Editioni Pyramids, Milan, Italie.

BOURDIER F. (1965) – « Le rôle du climat Würmien dans la genèse de l'art paléolithique ». *Atti d. Congress. Int. D. Sc. Prehist. E Protohist.*, vol. II, session I-IV, p. 122-125, p. 14-16. Roma.

BOSINSKI G. (2011) – « Femmes sans tête. Une icône culturelle dans l'Europe de la fin de l'époque glaciaire ». Editions Errance, Paris. 231 p. nombreuses fig.

BRUNEL P. (sous la dir. de) (2002) – *Dictionnaire des mythes féminins*. Editions du Rocher, Monaco. 2124 p.

CAMPS G. (1974) – *Les civilisations préhistoriques de l'Afrique du Nord et du Sahara*. Doin éditeur, Paris. 373 p., 100fig., 39 tabl., XXX pl.

CAMPS G. (1993) – « Chacal ». *Encyclopédie Berbère*. T. XII, p. 1858-1859. Edisud, Aix-en-Provence.

CHAUVET J.-M., BRUNEL-DESCHAMPS E., HILLAIRE Ch. (1995) – *La grotte Chauvet à Vallon Pont-d'Arc*. Le Seuil éditeur, Paris. Collection « Arts Rupestres ». 119 p., 94 fig.

CHOPPY J. et B. (1996) – « Le "Djenoun", définition et aire de répartition ». *Sahara*, 8, p. 86-90, 27 fig. Edit. Pyramids, Milan.

CHOPPY J. et B. (s.d.) – Zimbabwe. Art rupestre. Synthèse. 70 p.

CIVRAC M.-A., DESNOS P., Giannelli G., HONORE N., LACHAUD G. et S., MAESTRUCCI F., VAISON Cl.-N. (2009) – *Diversité de l'art rupestre dans la région d'Iharhaïen (Tassili Nord)*. P. 37-80, 166 fig.

COHEN Cl. (2003) – *La femme des origines. Images de la femme dans la préhistoire occidentale*. Belin – Hercher éditeurs, Paris. 191 p., nombreuses illustr.

Collectif d'auteurs (1990) – *Marcel Mauss*. Librairie Duponchelle, Paris. 91 p.

Collectif d'auteurs (1998) – « Le corps tabou ». *Internationale de l'Imaginaire*. Nouvelle série, n ° 8. Babel – Maison des cultures du monde. Actes Sud éditeur. 195 p.

COLLEYN J.-P. (2006) – *Extraits du catalogue de l'exposition « Ciwara, chimères africaines »*. Coédition Musée du Quai Branly et 5 continents (23 juin – 15 déc. 2006). Paris.

COMINARDI F. (1980) – *Gouiret Bent Saloul, 4° Gara, façade occidentale. Station rupestre de la dépression centrale de l'Atlas saharien, au nord des Arbaouat, wilaya de Saïda, Algérie.* Mémoire de l'Ecole Pratique des Hautes Etudes, Paris. Dactylogramme inédit.

CONRAD J.R. (1978) – *Le culte du Taureau. De la préhistoire aux corridas espagnoles.* Payot éditeur, Paris. 225 p. 40 fig.

DANIELOU A. (1993) (1998) – *Le phallus.* Editions Pardès, Puiseaux. 125 p., illustr.

DELLUC G. (2006) – *Le sexe au temps des Cro-Magnons* Pilote 24 éditeur, Périgueux. 367 p., 82 fig.

DELPORTE H. (1971) — *Préhistoire de l'art occidental.* Editions d'art Lucien Mazenod. Paris. 500 p., nbses illustr.

DELPORTE H. (1979) – *L'image de la femme dans l'art préhistorique.* Picard édit., Paris. 320 p., 137 fig.

DEVEREUX G. ([1983] (2011) – *Baubo, la vulve mythique.* Petite Bibliothèque Payot. Editions Payot, Paris. 301 p.

DUHARD J.-P. (1989) – « Les figurations féminines sculptées de l'art rupestre paléolithique en France ». *Bull. de la Soc. Historique et Archéologique du Périgord.* Tome CXVI, p. 87-109, 13 fig. Actes du Colloque de Brantôme, août 1988.

DUHARD J.-P. (1992) – Les humains ithyphalliques dans l'art paléolithique. Bulletin de la Société Préhistorique Ariège-Pyrénées, vol. 47, pp. 133-159, 27 fig.

DUHARD J.-P. (1993) – Réalisme de l'image féminine au Paléolithique. Editions du CNRS, Paris.

DUHARD J.-P. (1996) – *Réalisme de l'image masculine paléolithique.* Jérôme Millon éditeur, Grenoble ; Collection « l'Hommes des origines ». 245 p., 101 fig.

DUHARD J.-P. et ROUSSOT A. (2011) – « Une vulve anatomique sur un bâton percé magdalénien du Roc-de-Marcamps (Prignac-et-Marcamps, Gironde) ». *Bull. de la Soc. Préhist. Française*, t. 108, n ° 1, p. 141-143, 2 fig. Rubrique : actualités scientifiques. Correspondances. Editions ATLAS (2003) – Atlas de la Mythologie.

EGO R. (2000) – *San. Art rupestre d'Afrique australe.* Adam Biro édit., Paris. 206 p., 127 fig.

EGO R. (2000) – « Le Testament du peuple de l'éland. Afrique Australe ». *Terre Sauvage*, octobre 2000, p. 70-78, 14 fig.

ETIENNE R. (1987) – *Pompéi, la cité ensevelie.* Découverte Gallimard ; Gallimard édit., Paris. 216 p., nombreuses illustrations.

FALESCHINI G., NEGRO G., SIMONIS R. (1996) – « Niola Doa, "il luogo delle fanciulle" (Ennedi, Tchad) ». In Arte rupestre nel Ciad, Borku, Ennedi, Tibesti. *Sahara*, edizioni Pyramids, Milano.

FROBENIUS L. (1952) (1987) – *La civilisation africaine.* Gallimard édit., Paris (1952) ; Le Rocher édit., Monaco ((1987). 363 p., 51 cartes, photos N & B, 181 fig.

GANGE F. (2002) – *Les Dieux menteurs. Notre mémoire ensevelie : l'humanité aux temps de la Déesse.* La Renaissance du Livre. Belgique. Collection « Paroles d'Aube ». 491 p.

GARLAKE P. (1995) – *The Hunter's vision. The Prehistoric Art of Zimbabwe.* British Museum Press. 176 p. 185 fig.

GAUTHIER Y. et C. (2002) – « Ithyphalliques, Traditions orales, Monuments lithiques et Art Rupestre au Sahara. Hommages à Henri Lhote ». *Les Cahiers de l'AARS*/Association Française d'Urologie. [Photo, p. 248].

GAUTHIER Y. et LIONNEL D. (2005) – *Abris peints du plateau de Tadjelahine et leur relation avec des peintures de l'Immidir. Sahara*, 16 : 128-137. Edit. Pyramids, Milan.

GETTY A. (1992) – *La Déesse. Mère de la Nature Vivante.* Editions du Seuil. 96 p., nombreuses illustrations.

GOUDET-DUCELLIER M. et PORTE C. (1991) – *Eves et Rêves ou regards sur les femmes préhistoriques.* Catalogue de l'exposition. Musée de paléontologie humaine de Terra Amata, Nice. 108 p., 186 fig.

GRAZIOSI P. (1971) – « Le incisioni rupestri dell'Udei El Chel in Tripolitania ». *Libya Antiqua*, vol. V, p. 9-38, 7 fig. The Department of Antiquities, Tripoli, Libya

GUNN R. G. (1992) – « Bulajang. A reappraisal of the archaeology of an aboriginal religious cult ». *State of the Art,* Melbourne (1 st AURA Congress, Darwin, 1988), vol. 6, p. 174-194.

HACHID M. (1998) – *Le Tassili des Ajjer. Aux sources de l'Afrique, 50 siècles avant les pyramides.* Edif 2000, Alger – Paris Méditerranée, Paris. 310 p., 458 fig.

HANSEN J. W. (2009) – *Tassili. Art rupestre dans les tassilis de l'Ouest et du Sud algérien.* Somogy – Editions d'art, Paris. 571 p., nombreuses illustrations + CD.

HERITIER F. (1996) – *Masculin/Féminin. La pensée de la différence.* Editions Odile Jacob, Paris. 332 p., 9 fig.

HONORE N., SEARIGHT-MARTINET S., SOLEILHAVOUP F. et F. (2011) – « Wa-n-Kalia : an exceptional engraved site in the Aramat massif (North-West Fezzan, Libya) ». *Sahara*, 22 : 47-56, 16 fig. Edit. Pyramids, Milan.

HUARD P. et LECLANT J. (s.d.) – « La culture des chasseurs du Nil et du Sahara ». 2 tomes. *Mémoires du Centre de Recherches Anthropologiques, Préhistoriques et Ethnographiques d'Algérie (CRAPE),* n° XXIX, 569 p., 202 fig., XVIII pl., VII cartes. S.N.E.D. éditeur, Alger.

HUGOT H.-J. et BRUGGMANN M. (1999) – *Sahara – Art rupestre.* Les éditions de l'Amateur. 591 p., 660 fig.

IAKOVLEVA L. et PINCON G. (1997) – *La frise sculptée du Roc-aux-Sorciers, Angles sur l'Anglin (Vienne).* Editions de la Réunion des musées nationaux, Paris ; Editions du Comité des Travaux Historiques et Scientifiques, Paris. 168 p., 173 fig.

JELINEK J. (2004) – *Sahara. Histoire de l'art rupestre libyen.* Jérôme Millon éditeur, Grenoble. Collection « l'Homme des origines ». 556 p., 559 fig.

KELLEY H. (1951) – « Outils à gorge africains ». *Journal de la Société des Africanistes*, tome 21, fasc. 2, pp. 197-206.

KURZAWA F. (2012) – « Îles britaniques. Les Sheela-na-gigs. Un antidote contre la luxure ». *Archéologia*, n° 495, janv. 2012, p. 56-64, 11 photos. Editions Faton, Dijon.

LAJOUX J.-D. (2012) – *Murs d'images. Art rupestre du Sahara préhistorique.* Collection « pierres tatouées » Editions Errance. 314 p.

LEFEBVRE G. et L. (1967) – « Corpus des gravures et des peintures rupestres de la région de Constantine ». *Mémoires du Centre de Recherches Anthropologiques, Préhistoriques et Ethnographiques d'Algérie (CRAPE),* n° VII, 289 p., 207 fig., XXIV pl. Arts et métiers graphiques édit., Paris

LE QUELLEC J.-L. et GAUTHIER Y. (1992-1993) – « Un dispositif rupestre du Messak Mellet (Fezzan) et ses implications symboliques ». *Sahara*, 5 : 29-40, 13 fig., 4 photos. Edit. Pyramids, Milan.

LE QUELLEC J.-L. (1993) – « Scènes de taurokatapsia au Sahara central. L'arte e l'ambiente del Sahara preistorico : dati e interpretazioni ». *Memorie della Società Italiana di Scienze Naturale del Museo Civico di Storia Naturale di Milano,* vol. XXVI, fasc. II, p. 319-324, 3 fig.

LE QUELLEC J.-L. (1995) – « Les contacts homme-animal sur les figurations rupestres anciennes du Sahara central ». *L'Anthropologie*, t. 99, n° 2/3 : 393-404, 5 fig. Masson & Cie édit., Paris.

LE QUELLEC J.-L. (1995) – « Aires culturelles et art rupestre : Théranthropes et femmes ouvertes au Messak (Libye) ». *L'Anthropologie*, t. 99, n° 2/3, p. 405-443, 42 fig. Masson & Cie, éditeurs, Paris.

LE QUELLEC J.-L. (1995) – « Symbolisme de position et art rupestre au Messak (Libye) ». *Anthropologie*, XXXIII/13, p. 231, 67 fig.

LE QUELLEC J.-L. (1996) – « À l'ombre du plaisir : à propos d'un site du Messak (Libye). *Anthropologie*, XXXIV/3, p. 231-268, 67 fig. Brno, Tchécoslovaquie..

LE QUELLEC J.-L. (1998) – *Art rupestre et préhistoire du Sahara.* Bibliothèque Scientifique Payot. Editions Paris & Rivages, Paris. 616 p. 189 fig., 16 cartes, 32 photos.

LE QUELLEC J.-L. (2002) – « Ithyphalliques, traditions orales, monuments lithiques et art rupestre au Sahara ». Hommage à Henri Lhote. *Cahiers de l'Association des amis de l'art rupestre saharien (AARS)*, n° 7, p. 13-15.

LE QUELLEC J.-L., DE FLERS P. & Ph. (2005) – *Peintures et gravures d'avant les pharaons. Du Sahara au Nil.* Librairie Arthème Fayard et éditions Soleb. Etudes d'égyptologie, n ° 7, 382 p., 902 fig.

LE QUELLEC J.-L. (2005) – « Une nouvelle approche des rapports Nil-Sahara d'après l'art rupestre ». *Archéo-Nil,* n° 15 : 67-74, 7 fig.

LE QUELLEC J.-L. (2007) – « Un art rupestre inconnu dans le Sahara ». in Les adorateurs de la Bête. *Archéologia*, 441, fév. 2007. p. 50 à 62 ; 21 fig. éditions Faton, Dijon.

LEROI-GOURHAN A. (1965) – *Le Geste et la Parole, 2e partie : La mémoire et les rythmes.* Albin Michel édit., Paris ; collection « Sciences d'aujourd'hui ». 285 p., 153 fig.

LEROI-GOURHAN A. (1971) (5ème édition, 1978) – *Préhistoire de l'Art Occidental.* Editions d'art Lucien Mazenod, Paris. 499 p., 804 fig.

LEROI-GOURHAN A. (1992) – *L'art pariétal, langage de la préhistoire.* Jérôme Million éditeur, Grenoble ; Collection « l'Homme des origines ». 420 p. 85 fig.

LHOTE H. (1958 [1973]) — *À la découverte des fresques du Tassili.* Arthaud édit., Paris. 262 p. 61 illustr.

LHOTE H. (1976) — Les gravures rupestres de l'Oued Djerat (Tassili-n-Ajjer). 2 tomes, 862 p., 2605 fig., tableaux, plans. *Mémoires du Centre de Recherches Anthropologique, Préhistoriques et Ethnographiques*, n° XXV, SNED éditeur, Alger

LHOTE H. et de VILLARET F. (1984) – *Les gravures rupestres de l'Atlas saharien. Monts des Ouled Naïl et région de Djelfa.* Publications de l'Office du Parc National du Tassili, SNED éditeur, Alger. 335 p., nombreuses figures, 69 photos.

LORENZ K. (1965) (1970) – *Essais sur le comportement animal et humain.* Le Seuil éditeur, Paris. 484 p.

MAESTRUCCI F. et G. (2004) – « Il riparo dell'elefante nell'uadi Afar (Tadrart Acacus, Libia) ». *Sahara*, n ° 15, p. 128-133, 12 fig. Edit. Pyramids, Milan, Italie.

MARET P. de (2005) – « L'oryctérope, un animal "bon à penser" pour les Africains, est-il à l'origine du dieu égyptien Serth ? ». *Bulletin de l'Institut français d'archéologie orientale du Caire*, n° 105 : 107-128.

MATTELAER Johan J. (2000) – *Le phallus dans l'art et la culture.* Groenïnghe éditions Pana. 160 p., nombreuses illustrations.

MAUSS M. (1936) – « Les techniques du corps ». Communication présentée à la Société de Psychologie (17 mai 1934). *In Journal de Psychologie*, XXXII, n° 3-4, 15 mars 1936.

MELLAART J. (1971) – *Catal Hüyük. Une des premières cités du monde.* Tallandier éditeur, Paris.

MILBURN M. (1975) – « Note de préhistoire saharienne : les énigmatiques gravures des régions du Djado, de l'Atlas saharien, du sud-marocain et de la Saguiet el Hamra. I. C. » – *Nachrichten*, n ° 20, p. 3-4, 10 croquis.

MINISTERE DE L'AGRICULTURE ET DE LA REFORME AGRAIRE, Alger (s.d.) – *Arts populaires en Algérie.*

MONOD Th. (1932) – « L'Adrar Ahnet. Contribution à l'étude archéologique d'un district saharien ». *Travaux et mémoires de l'Institut d'Ethnologie*, n° XIX, 198 p., 103 fig., III pl., 3 cartes. Institut d'Ethnologie, Paris.

MOHEN J.-P. (2002) – *Arts et Préhistoire. Naissance mythique de l'Humanité.* Finest S.A./Editions Pierre Terrail, Paris. 207 p. nombreuses illustrations.

MOREAU J.-B. (1976) – *Les grands symboles méditerranéens dans la poterie algérienne*. Société National d'Edition et de Diffusion (SNED), Alger. 191 p. nombreuses illustrations.

MORI F. (2000) – *Le Grandi Civiltà del Sahara Antico. Il distacco dell' uomo dalla natura et la nascita delle religioni antropomorfe*. Bollati Boringhieri, Turin,Italie. 349 p. 237 illustr.

MULLER J.-Cl. (1991) – « Entre mythe et réalité, ou pourquoi le chef rukuba est un oryctérope ? » *L'Homme*, 31e année, n ° 118, p. 67-78.

MUSEE NATIONAL DE PREHISTOIRE, *Les Eyzies-de-Tayac (2011) – Mille et une femmes de la fin des temps glaciaires*. Edit. de la Réunion des Musées Nationaux. 137 p., nombreuses fig.

MURAZ G. (1932) – « Les cache-sexe du centre-africain ». *Journal de la Société des Africanistes,* vol. 2, n° 2-1 : 103-112.

MUZZOLINI A. (1995) – *Les images rupestres du Sahara*. Edité par l'auteur, Toulouse. 447 p., 510 fig.

NILSSON M. P. (1955) – *Geschichte der grierchischen Religion*. Beck, Munich.

NEUBURGER R. (2010) – *L'art de culpabiliser*. Petite Bibliothèque Payot. Editions Payot, Paris.

NOIRET P. (1990) – *Le décor des bâtons percés paléolithiques*. Liège, Préhistoire liégeoise, ASBL 25, vol. 1 texte 319 p. et catalogue 227 p., 278 ill. ; vol. 2 : planches, 215 p.

PACHUR H.-J. et ALTMANN n. (2006) – *Die Ostsahara im Spätquartär. Ökosystemwandel im grössten hyperariden Raum der Erde*. Vol. 1 (texte) + vol. 2 (maps). Berlin Heidelberg : Springer Verlag.

PALES L. et TASSIN DE SAINT PEREUSE M. (1976) – *Les gravures de La Marche. II. Les humains*. Editions Ophrys. 178 p., 188 pl., 63 observations.

PARRY E. (2000) – *Legacy on the Rocks. The Prehistoric Hunter-Gatherers of the Matopo Hills, Zimbabwe*. Oxbow Books (Oxford). 134 p., nombreuses illustrations.

QUIGNARD P. (1994) – *Le sexe et l'effroi*. Gallimard éditeur, Paris. 320 p., nombreuses illustrations.

RACHEWILTZ B. de (1993) – *Eros noir. Mœurs sexuelles de l'Afrique Noire, de la préhistoire à nos jours*. Le Terrain Vague édit., Paris. 336 p., nombreuses illustrations.

ROGER A. (1987) – « Vulva, vultus, phallus ». *Communications*, 46, p. 181-198.

ROME L. et J. (1982) – *L'érotisme primitif.* Editions Solar. Productions Liber SA, Fribourg. 96 p. 89 photos.

ROUAUD J. (2007) – *Préhistoires.* Editions Gallimard, Paris, 100 p.

SACCASYN DELLA SANTA E. (1947) – *Les figures humaines du Paléolithique supérieur.* Anvers (De Sikkel).

SAINT MATHURIN S. de (1984) – *L'art des cavernes. Atlas des grottes ornées paléolithiques françaises. Atlas Archéologique de la France.* Ministère de la Culture. Imprimerie Nationale. 673 p.

SCHUMANN ANSELME R. et ROSSINI S. (1999) – *Les secrets d'Hathor. Amour, érotisme et sexualité dans l'Égypte pharaonique.* Editions du Rocher, Monaco. Collection Champollion. 281 p., 130 illustr. + compléments + hors texte.

SCHMID E. (1984) – « The human form and the human face in the paleolithic art. *In La contribution de la zoologie et de l'ethnographie à l'interprétation des peuples chasseurs préhistoriques* ». 3e Colloque de la Société Suisse des Sciences Humaines (Fribourg, 1979). Editions Universitaires.

SIMONIS R., FALESCHINI G., NEGRO G. (1994) – Niola Doa « il luogo delle fanciulle » (Ennedi, Ciad). Sahara, 6 : 51-62, 15 fig. Edit. Pyramids, Milan.

SOLEILHAVOUP F. (1993) – « Une statuette en terre modelée au sud du Sahara algérien ». *Bulletin de la Société Préhistorique Française*, tome 90, n° 5 : 365-367, 7 fig.

SOLEILHAVOUP F. (1993) – « L'art rupestre de plein air : étude des sites et relevé des surfaces. L'arte e l'ambiente del Sahara preistorico : dati e interpretazioni ». *Memorie della Società Italiana di Scienze Naturali e del Museo Civico di Storai Naturale di Milano*, vol. XXVI, fasc. II, p. 509-519.

SOLEILHAVOUP F. (1993) – « Paléoenvironnements sahariens et Ethnocultures : données nouvelles au sud de l'Ahaggar (Algérie). in L'arte e l'ambiente del Sahara preistorico : dati e interpretazioni ». *Memorie della Società Italiana di Scienze Naturali et del Museo Civico di Storia Naturale di Milano.* Vol. XXVI, fasc. II, p. 479 – 508, 74 fig.

SOLEILHAVOUP F. (1993) – « Signes rupestres énigmatiques dans l'Enneri Blaka (Djado, Sahara nigérien) ». *Archéo-Nil*, n° 6. 16 p.

SOLEILHAVOUP F. (1996) – « À propos des universaux symboliques dans l'art rupestre. Les empreintes gravées animales ». *L'Anthropologie*, t. 100, n° 2/3 : 383-419, 40 fig. Masson & Cie éditeurs, Paris.

SOLEILHAVOUP F. (1997) – Art rupestre dans les tassilis du Nord (Sahara central). Sahara, 9 : 63-86, 14 fig. Edit. Pyramids, Milan.

SOLEILHAVOUP F. (1997) – « Animaux sacralisés dans l'art rupestre de l'Atlas saharien. Le cas du Bélier orné ». *Archeologia Africana* – Saggi occasionali, n° 3 : 49-79, 34 fig. Centro Studi Archeologia Africana, Milan.

SOLEILHAVOUP F. (2001) – « À propos des images rupestres d'ithyphalles dans les massifs centraux du Sahara ». *Archeologia Africana* – Saggi occasionali, n° 7 : 59-72, 13 fig. Centro Studi Archeologia Africana, Milan.

SOLEILHAVOUP F. (avec la collaboration de MASY Ph., DELUSSET H., GOMANI S., GUERRIER J., HONORE N., KANE A., MONNERY E., POTTIER F. et F. [2000] – « Art rupestre dans les confins nord-orientaux du Tassili-n-Ajjer [région de l'Aramat, Libye] ». *Sahara,* 12 : 45 – 81, 43 fig., 5 photos couleur. Edit. Pyramids, Milan.

SOLEILHAVOUP F. [2001-2002] – « Géométrisation et symbolisation des formes rupestres de palanquins au Sahara ». *Almogaren* XXXII – XXXIII, p. 177-215, 29 fig.. Vienne [Autriche]. Institutum Canarium.

SOLEILHAVOUP F. [2003] – *Art préhistorique de l'Atlas saharien.* Pilote 24 éditeur, Périgueux. 191 p., 339 fig.

SOLEILHAVOUP F. [2003] – « Images sexuelles dans l'art rupestre du Sahara ». *Sahara,* 14 : 31-47, 38 fig. Edit. Pyramids, Milan.

SOLEILHAVOUP F. [2007] – « Les pseudo-nasses : gravures énigmatiques au Sahara préhistorique ». *Sahara,* n° 18 : 109-126, 14 fig. Edit. Pyramids, Milan.

SOLEILHAVOUP F. [2007] – *L'art mystérieux des Têtes rondes au Sahara.* Editions Faton, Dijon. 277 p., 404 fig.

SOLEILHAVOUP F. [2008] – « Images rupestres de la girafe au Sahara : manifestations du réel et de l'imaginaire chez les peuples anciens ». *Bull. de la Soc. d'études et de recherches préhistoriques des Eyzies [SERPE],* n° 57, p. 62-114, 62 fig.

TAYLOR J. [2010] – « Becoming a deity ». *The 153 Club Newsletter,* n° 124, july 2010, p. 22-23, 3 fig. England.

TILLES G. et WALLACH D. [sous la dir. De] [1999] – *Les musées de médecine. Histoire, patrimoine et grandes figures de la médecine en France.* Editions Privat, Toulouse. 164 p.

VAN ALBADA A. et A.-M. [1992] – *Art rupestre du wadi Ti-n-Sharuma [Messak Settaffet, Fezzan libyen].* Dactylogramme illustré. 12 p., 19 fig. Publié in Sahara, n° 5 [1992-1993], p. 96-97, 4 fig.

VAN ALBADA A. et A.-M. [1993] – *L'eau et le symbolisme lié à la fertilité dans l'art rupestre du Messak Settaffet [Fezzan, Libye].* 13 p. 17 fig. La Religione della sete. Centro Studi Archeologia Africana, Milano.

VAN ALBADA A. et A.-M. [1994] – « Les représentations humaines dans l'art naturaliste du Messak [p. 46-59, 32 fig.]. In Art rupestre du Sahara – Les chasseurs-pasteurs du Messak libyen » *Les Dossiers d'Archéologie,* n° 197. Editions Faton, Dijon. Coordination A. et A.-M. Van Albada.

VAN ALBADA A. et A.-M. [1995] – « Le Messak libyen. Jardin secret de l'art rupestre au Sahara central ». *Archéo-Nil, Lettre d'information*, n ° 8, p. 8-44, 19 pl. illustr. Cabinet d'égyptologie, Collège de France, Paris.

VAN ALBADA A. et A.-M. [1995] – « La femme, le chat, l'aurochs et le rhinocéros dans le Néolithique saharien ». *Anthropologie*, XXXIII/3 : 145-170, 20 fig.

VAN ALBADA A. et A.-M. [2000] – *La montagne des Hommes-Chiens. Art rupestre du Messak Libyen.* Seuil, Collection « Arts rupestres », Paris.

VEDY J. [1962] – « Contribution à l'étude de la station rupestre de Dao-Timni-Woro-Yat ». *Bull. de l'Institut Fondamental de l'Afrique Noire [IFAN],* tome XXIV, série B, n°3-4. Dakar.

VIALOU D. [1991] – *La Préhistoire.* Gallimard, Paris ; collection « l'Univers des formes ». 433 p., 436 illustrations.

VIALOU D. [sous la dir. de] [2004] – La Préhistoire. Histoire et Dictionnaire. Collection « Bouquins », Robert Laffont, édit., Paris. 1637 p.

WALKER N. J. [1987] – « The dating of Zimbabwean Rock Art ». *Rock Art Research*, vol. 4, n° 2 : 137-149, 6 fig. Melbourne, Australie.

WOLFF R. [2007] – « Les gravures rupestres de "nasses" et l'étui pénien : quelques éclaircissements ». *Sahara* n° 18 : 95-108, 14 fig. Edit. Pyramids, Milan.

ZWANG G. [1994] – *Histoire des peines de sexe. Les malheurs érotiques, leurs causes et leurs remèdes à travers les âges.* Maloine éditeur, Paris. 392 p., 182 fig.

REMERCIEMENTS

Un ouvrage destiné à étudier des images rupestres sur un thème circonscrit, même si son acception est élargie, celui de la sexualité dans la préhistoire et dans la protohistoire saharienne, nécessite une importante documentation, tant bibliographique qu'iconographique. Bien sûr, je possède des archives personnelles rassemblées pendant plus d'une quarantaine d'années. Cependant, on l'aura vu dans les pages qui précèdent, nombre de documents m'ont été communiqués par des amis, passionnés comme moi par l'art saharien.

Il m'est agréable de remercier toutes ces personnes qui ont contribué à étoffer ce livre : Sylvia Donon, Patrick Dumoulin, Bernard Fouilleux, Yves et Christine Gauthier, Jacques Guerrier, Nicole Honoré, Suzie et Gérard Lachaud, Gianna Gianelli et Fabio Maestrucci, Pier Paolo Rossi, Françoise Sauthier-Delabre, Monique Sylvestre, Anne-Michèle et Axel Van Albada. Que tous trouvent ici l'expression de ma gratitude, en même temps que celle de mon amitié : le Sahara rassemble ses fervents dans une grande famille, une famille qui peut se retrouver régulièrement dans deux associations françaises : les « Amis de l'Art Rupestre Saharien » [AARS], fondée en 1991 et « La Rahla, Amicale des sahariens » qui existe depuis 1946.

Je ne saurais oublier tous ceux, informateurs, correspondants, personnes rencontrées ici et là, avant, pendant et après la rédaction de ce travail qui m'ont prodigué conseils et encouragements pour ce sujet non pas scabreux mais rare dans la littérature scientifique sur l'art rupestre du Sahara. Des encouragements chaleureux et une inestimable aide technique, aussi, de la part de Bernard Cesari, éditeur d'Ibis Press à Paris à qui j'avais soumis le projet et qui a suivi jusqu'au bout sa réalisation.

Le docteur Jean-Pierre Duhard, gynécologue et docteur en Préhistoire, s'est spécialisé dans l'étude des images humaines paléolithiques. Il m'a aidé de ses conseils pour élaborer le plan de cet ouvrage. Il m'a fait des remarques judicieuses et professionnelles sur plusieurs sujets abordés et il m'a communiqué des documents spécialisés fort éclairants pour la compréhension de certaines illustrations présentées ici. Qu'il soit donc vivement remercié pour l'ensemble des conseils qu'il m'a prodigués.

On sait que pour nous autres, Français et Européens, la visite du Sahara central et son exploration rupestre, ne peuvent se faire que grâce aux Touaregs, guides, chauffeurs, cuisiniers, informateurs. Leur connaissance intime du terrain, leur sens inné du repérage et de l'orientation, les rendent bien plus performants que les systèmes sophistiqués du GPS de repérage par satellite. Pour ce qui concerne nos expéditions en Libye, au Fezzan, pendant une douzaine d'années, la liste de nos amis Touaregs est longue, mais je dois rendre un hommage particulièrement chaleureux à Kalia Mohamed Aghali, résidant à Al Aweinat qui, régulièrement, guidait nos tournées rupestres et qui, souvent, nous faisait découvrir de nouvelles stations. Son sens du terrain, son calme, sa sérénité souriante en faisaient toujours un guide totalement fiable, dans une relation particulièrement agréable et amicale. Qu'il soit ici remercié et, avec lui, toutes les équipes de Touaregs qu'il savait si bien rassembler pour chacune de nos tournées.

Il est certain, enfin, que sans mon épouse, première lectrice – ô combien ! – critique de mes travaux, le manuscrit serait longtemps resté à l'état d'un premier jet. Qu'elle trouve ici, une fois de plus, mes affectueux remerciements.

Table des matières

L'histoire aux éditions L'Harmattan

Dernières parutions

MENSONGES (LES) DE L'HISTOIRE
Monteil Pierre
Chaque génération hérite des *a priori* et des idées reçues de la génération précédente. Ainsi, nombreux sont les mensonges de l'Histoire qui ont survécu jusqu'à nos jours. Nos ancêtres les Gaulois ? Napoléon était petit ? Au Moyen Age, les gens ne se lavaient pas ? Christophe Colomb a découvert l'Amérique ? Ce livre revient sur 80 poncifs considérés par beaucoup comme une réalité...
(Coll. Rue des écoles, 28.00 euros, 282 p.)
ISBN : 978-2-336-29074-4, ISBN EBOOK : 978-2-296-51351-8

FLAVIUS JOSÈPHE – Les ambitions d'un homme
Cohen-Matlofsky Claude
Quelles furent les ambitions cachées de Flavius Josèphe, historien Juif de l'Antiquité ? Il prône, à travers ses écrits, le retour à la monarchie de type hasmonéen, à savoir d'un roi-grand prêtre, comme réponse à tous les maux de la Judée. La question fondamentale est la suivante : comment les élites locales ont-elles géré leurs relations avec la puissance romaine et quel rôle les membres de l'élite ont-ils assigné à leurs traditions et constitution politique dans cet environnement d'acculturation ?
(Coll. Historiques, série Travaux, 15.50 euros, 152 p.)
ISBN : 978-2-336-00528-7, ISBN EBOOK : 978-2-296-51387-7

MER (LA), SES VALEURS
Groupe «Mer et valeurs» Sous la direction de Chantal Reynier – Préface de Francis Vallat
La mer, plus que jamais, est la chance des hommes et la clef de leur avenir. Elle leur apprend la responsabilité, suscite l'esprit d'initiative, mais elle oblige tout autant à rester humble devant ses forces naturelles. Le groupe de réflexion «Mer et Valeurs», réunissant navigants et universitaires, examine l'influence de ces valeurs rapportées à toutes les activités humaines. Des références historiques et géographiques illustrent le développement intellectuel et économique des pays qui se sont tournés vers la mer.
(21.00 euros, 188 p.) *ISBN : 978-2-336-00836-3, ISBN EBOOK : 978-2-296-51412-6*

MÉTAMORPHOSES RURALES
Philippe Schar : itinéraire géographique de 1984 à 2010
Sous la direction de Dominique Soulancé et Frédéric Bourdier
Philippe Schar était convaincu que la géographie ne saurait exister sans la dimension du temps et la profondeur de l'histoire, seules capables de mettre pleinement en lumière le présent et de le restituer dans toutes ses dimensions. On retrouve en filigrane dans ses recherches concises et pointues la volonté de replacer les opérations de développement à l'interface des logiques promues par les décideurs d'un côté et par les populations de l'autre. Cet ouvrage présente une sélection de ses écrits.
(33.00 euros, 320 p.)
ISBN : 978-2-296-99748-6, ISBN EBOOK : 978-2-296-51501-7

POUVOIR DU MAL – Les méchants dans l'histoire
Tulard Jean
L'Histoire n'est pas une magnifique suite d'actions héroïques et de gestes admirables. Sans le Mal pas d'Histoire. Et il faut l'avouer, les méchants sont les personnages les plus fascinants de

la saga des peuples. En voici treize, présentés à travers des dramatiques interprétées jadis sur les ondes. Treize portraits où l'on retrouve méchants célèbres comme Néron ou Beria et héros insolites comme Olivier Le Daim ou le prince de Palagonia. Ils illustrent le pouvoir du Mal.
(Coédition SPM, 25.00 euros, 270 p.)
ISBN : 978-2-917232-01-9, ISBN EBOOK : 978-2-296-51010-4

VIES (LES) DE 12 FEMMES D'EMPEREUR ROMAIN
Devoirs, intrigues et voluptés
Minaud Gérard
Grâce à un méticuleux travail de recherche se redéploie ce que furent les vies de 12 femmes d'empereur et leur influence, non seulement sur leur mari mais aussi sur le destin de Rome. Les pires informations se mêlent. Un amour maternel allant jusqu'à l'inceste, un amour conjugal virant au meurtre, un amour du pouvoir justifiant tout. D'un autre côté, un sens du devoir exceptionnel, une habileté politique remarquable, un goût du savoir insatiable.
(34.00 euros, 332 p.) *ISBN : 978-2-336-00291-0, ISBN EBOOK : 978-2-296-50711-1*

MONDE (LE) DES MORTS
Espaces et paysages de l'Au-delà dans l'imaginaire grec d'Homère à la fin du Ve siècle avant J.-C.
Cousin Catherine
Ce livre propose d'étudier l'évolution des conceptions que les Grecs ont pu se former des espaces et des paysages de l'au-delà, jusqu'à la fin du Ve siècle avant J.-C. Monde invisible, interdit aux vivants, mais sans cesse présent à leur esprit, les Enfers relèvent pleinement de l'imaginaire. Une comparaison entre productions littéraires et iconographiques enrichit cette étude et laisse entrevoir l'image mentale que les Grecs se forgeaient du paysage infernal.
(Coll. Kubaba, série Antiquité, 39.00 euros, 402 p.)
ISBN : 978-2-296-96307-8, ISBN EBOOK : 978-2-296-50624-4

CORPS ET ÂMES DU MAZDÉEN – Le lexique zoroastrien de l'eschatologie individuelle
Pirart Eric
Selon les conceptions mazdéennes, l'individu posséderait plusieurs types d'âmes. Est-ce vrai ? Et qu'advient-il de telles âmes au-delà de la mort ? De quel sexe sont-elles ? Et le corps ? Pour répondre à de telles questions, Éric Pirart analyse les textes zoroastriens des diverses époques anciennes ou médiévales et y décrypte le lexique de l'eschatologie individuelle.
(Coll. Kubaba, 29.00 euros, 294 p.)
ISBN : 978-2-296-99286-3, ISBN EBOOK : 978-2-296-50580-3

3000 ANS DE RÉVOLUTION AGRICOLE
Techniques et pratiques agricoles de l'Antiquité à la fin du XIXe siècle
Vanderpooten Michel
De la Grèce et la Rome antiques à l'Andalousie arabe, des campagnes gauloises à la France des Lumières et de la Révolution industrielle du XIXe siècle, l'évolution des connaissances et des pratiques agricoles est ici retracée à travers l'étude de près de 4000 documents. Les étapes de la production agricole, à différentes époques, sont étudiées, ainsi que l'entrée de l'agriculture dans l'ère de la chimie et du machinisme.
(Coll. Historiques, série Travaux, 34.00 euros, 332 p.)
ISBN : 978-2-296-96444-0, ISBN EBOOK : 978-2-296-50329-8

ANTIQUITÉ (L') MODERNE
Wright Donald
Ce livre étudie le regard que l'homme de la Belle Époque porte sur l'Antiquité. Il analyse la modernité de la Troisième République et ce que celle-ci doit à une interprétation systématique et scientifique des apports grecs et romains. Au travers des textes littéraires et scientifiques ainsi que de nombreux documents ensevelis puis retrouvés dans les archives françaises, ce livre est une étude sociologique d'une époque moderne par excellence qui se veut «classique».
(Coll. Historiques, série Travaux, 27.00 euros, 274 p.)
ISBN : 978-2-296-99168-2, ISBN EBOOK : 978-2-296-50407-3

GRANDEUR ET SERVITUDE COLONIALES
Sarraut Albert - Texte présenté par Nicola Cooper
Albert Sarraut fut l'un des maîtres-penseurs du colonialisme de la période de l'entre-deux-guerres. Cet ouvrage de 1931 est l'un des meilleurs exemples de la justification du colonialisme français : il touche à tous les impératifs coloniaux de la France, du tournant du siècle aux débuts de la décolonisation. C'est essentiellement Sarraut qui façonna le langage avec lequel les Français parlaient de leur empire colonial.
(Coll. Autrement mêmes, 24.00 euros, 200 p.)
ISBN : 978-2-296-99409-6, ISBN EBOOK : 978-2-296-50121-8

HOMO SAPIENS (L') ET LE NEANDERTAL SE SONT-ILS PARLÉ EN RAMAKUSHI IL Y A 100000 ANS ?
Paléontologie génétique et archéologie linguistique
Diagne Pathé
Cet ouvrage présente les découvertes qui permettent pour la première fois d'éclairer de manière factuelle la révolution culturelle et linguistique, qui a planétarisé avec l'avènement de la parole de Sapiens, voire de Néandertal, le monothéisme et les cultes bachiques de bonne fortune et de fécondité, à partir de 300000 et 200000 ans av. J.-C. Les faits qui rendent compte de manière précise de cette révolution sont portés par le ramakushi et son vocabulaire comme langage datable matériellement entre 8000 et 10000 ans av. J.-C.
(Editions Sankoré, 14.50 euros, 138 p.)
ISBN : 978-2-296-99334-1, ISBN EBOOK : 978-2-296-50189-8

HISTOIRE DES PEUPLES RÉSILIENTS (Tome 1)
Traumatisme et cohésion VIe-XVIe siècle
Benoit Georges
Ce livre revient sur l'histoire de communautés éparses qui, surmontant le traumatisme de leur naissance improbable, firent preuve de résilience collective. Histoire particulière, marginale, de rescapés et de fuyards qui se prirent en charge pour se sauver, trouvant en eux-mêmes, dans leur cohésion intime, cette énergie qui les hissa au-dessus de l'ordinaire. Histoire de petites sociétés horizontales qui, vivant en périphérie du continent européen, irradièrent au loin jusqu'à se poster en économies-monde, quand la société médiévale, toute pétrie de verticalité hiérarchique, clouait la population au sol.
(Coll. Historiques, série Essais, 23.00 euros, 222 p.)
ISBN : 978-2-296-99201-6, ISBN EBOOK : 978-2-296-50168-3

HISTOIRE DES PEUPLES RÉSILIENTS (Tome 2) – Confiance et défiance XVIe-XXIe siècle
Benoit Georges
Au XVIe siècle, la Contre-Réforme déclara le meilleur de la bourgeoisie *persona non grata* et, poussant des communautés entières à l'exil, elle les contraignit à se réfugier dans une Eglise plus sociétaire, à tramer du lien social - source de cohésion et de puissance, à faire preuve de cette résilience collective qui fit la fortune de l'Amérique puritaine. Dans ce second tome, cette histoire dit aussi ce que - privées d'une aventure commune - l'Inde des castes et l'Italie du Mezzogiorno ne furent pas ; ce que - par esprit de défiance - l'Amérique des temps modernes pourrait ne plus être.
(Coll. Historiques, série Essais, 23.00 euros, 224 p.)
ISBN : 978-2-296-99200-9, ISBN EBOOK : 978-2-296-50167-6

VAGABOND (LE) EN OCCIDENT. SUR LA ROUTE, DANS LA RUE (Volume 1) – Du Moyen Age au XIXe siècle
Sous la direction de Francis Desvois et Morag J. Munro-Landi
Les textes ici réunis se proposent de fixer une image du vagabond dans les cultures occidentales. Du Moyen Age à nos jours, les sociétés occidentales ont hésité entre fascination et répulsion pour le nomadisme, enviable quand il est choisi, détestable et harassant quand il est imposé. Ces contributions reviennent sur l'histoire de ce phénomène, son accueil et sa pénalisation, ainsi que sur ses représentations dans la littérature et les arts plastiques.
(38.00 euros, 378 p.) *ISBN : 978-2-296-99153-8, ISBN EBOOK : 978-2-296-50110-2*

VAGABOND (LE) EN OCCIDENT. SUR LA ROUTE, DANS LA RUE (Volume 2)
Sous la direction de Francis Desvois et Morag J. Munro-Landi
Ce volume s'interroge sur l'esthétisation progressive et simultanée, partout en Occident, du vagabond. Bohème et poète, on le voit dériver lentement d'une recherche d'identité plus ou moins consciente et assumée vers la désagrégation personnelle et le désenchantement incarnés par les bandes de voyous et les punks. Le vagabondage retrouve alors sa fonction première de quête de la survie, mais avec un horizon beaucoup plus sombre désormais.
(35.00 euros, 346 p.) *ISBN : 978-2-296-99154-5, ISBN EBOOK : 978-2-296-50111-9*

BALEINES (LES) FRANCHES
Soulaire Jacques
Véritable encyclopédie richement illustrée, ce livre nous plonge dans les mers froides, à la découverte de l'univers passionnant des baleines franches. Un premier volet détaille l'anatomie et la physiologie de ces géants du monde animal, un second déroule l'histoire de leur pêche par pays de manière chronologique, ce qu'aucune histoire de la chasse à la baleine n'avait fait auparavant.
(SPM, 39.00 euros, 560 p.) *ISBN : 978-2-901952-93-0, ISBN EBOOK : 978-2-296-50078-5*

HISTORIQUE DE L'ARTILLERIE DE MARINE ET DE LA COLONISATION FRANÇAISE
Laloire Jean-Claude - Préface du général de brigade Bertrand Noirtin
Cet ouvrage présente les *Bigors*, les Artilleurs de Marine, engagés hors du territoire métropolitain, en particulier sur les continents africain et asiatique, depuis leur création officielle en 1692. Ils ont apporté une contribution décisive à la constitution des empires coloniaux successifs, et à leur gestion. L'artillerie de Marine constitue aujourd'hui une armée d'excellence face aux menaces actuelles.
(11.50 euros, 94 p.) *ISBN : 978-2-296-99254-2*

HISTOIRE NAVALE HISTOIRE MARITIME
Mélanges offerts à Patrick Villiers
Textes réunis par Christian Borde et Christian Pfister
Ces contributions traitent de l'histoire navale et maritime de l'Antiquité romaine à la période contemporaine. Transgressant la frontière entre marine de guerre et de commerce, P. Villiers a ensuite mené des travaux sur l'archéologie du vaisseau de guerre à l'Âge classique, la bataille navale, les dynamiques portuaires, le commerce colonial et la traite des esclaves, les convois atlantiques et la guerre de course, sans oublier la marine de Loire.
(SPM, 21.00 euros, 210 p.) *ISBN : 978-2-901952-92-3*

ROYAUMES (LES) NÉO-HITTITES À L'ÂGE DU FER
Les Hittites et leur histoire
Freu Jacques, Mazoyer Michel
Ce livre présente l'époque dite néo-hittite et fait une conclusion globale sur l'histoire et la civilisation hittites. L'histoire des États «néo-hittites» débute après l'effondrement, vers -1180, du grand royaume de Hatti. Elle a connu plusieurs phases : l'âge d'or, celui des contacts réguliers avec les Assyriens et les rois d'Urartu, d'Israël et de Phrygie ; la période finale et la conquête assyrienne, de la seconde moitié du VIIIe siècle à la fin du VIIe siècle avant JC.
(Coll. Kubaba, série Antiquité, 36.00 euros, 366 p.) *ISBN : 978-2-296-99244-3*

SOLEIL (LE) ET LA LUNE DANS LE PAGANISME SCANDINAVE DU MÉSOLITHIQUE À L'ÂGE DU BRONZE RÉCENT (DE 8000 À 500 AV.J.-C.)
Ettighoffer Patrick
Le Soleil et la Lune jouent un rôle déterminant dans les structures mêmes du paganisme nordique. Les deux luminaires sont indissociablement liés sous le terme de «cycle vital», autrement dit l'alternance vie-mort-renouveau. Voici un exposé historique, archéologique et iconographique, enrichi de recours à l'ethnographie, la tradition littéraire, la linguistique, l'étymologie et la toponymie.
(Coll. Kubaba, série Antiquité, 36.00 euros, 348 p.) *ISBN : 978-2-296-96990-2*

L'HARMATTAN, ITALIA
Via Degli Artisti 15; 10124 Torino

L'HARMATTAN HONGRIE
Könyvesbolt ; Kossuth L. u. 14-16
1053 Budapest

ESPACE L'HARMATTAN KINSHASA
Faculté des Sciences sociales,
politiques et administratives
BP243, KIN XI
Université de Kinshasa

L'HARMATTAN CONGO
67, av. E. P. Lumumba
Bât. – Congo Pharmacie (Bib. Nat.)
BP2874 Brazzaville
harmattan.congo@yahoo.fr

L'HARMATTAN GUINÉE
Almamya Rue KA 028, en face du restaurant Le Cèdre
OKB agency BP 3470 Conakry
(00224) 60 20 85 08
harmattanguinee@yahoo.fr

L'HARMATTAN CAMEROUN
BP 11486
Face à la SNI, immeuble Don Bosco
Yaoundé
(00237) 99 76 61 66
harmattancam@yahoo.fr

L'HARMATTAN CÔTE D'IVOIRE
Résidence Karl / cité des arts
Abidjan-Cocody 03 BP 1588 Abidjan 03
(00225) 05 77 87 31
etien_nda@yahoo.fr

L'HARMATTAN MAURITANIE
Espace El Kettab du livre francophone
N° 472 avenue du Palais des Congrès
BP 316 Nouakchott
(00222) 63 25 980

L'HARMATTAN SÉNÉGAL
« Villa Rose », rue de Diourbel X G, Point E
BP 45034 Dakar FANN
(00221) 33 825 98 58 / 77 242 25 08
senharmattan@gmail.com

L'HARMATTAN TOGO
1771, Bd du 13 janvier
BP 414 Lomé
Tél : 00 228 2201792
gerry@taama.net

Achevé d'imprimer par Corlet Numérique - 14110 Condé-Sur-Noireau
N° d'imprimeur : 98133 - Dépôt légal : mai 2013 - *Imprimé en France*